W0323140

CONFESSIONS D'UN BRAQUEUR

Suivi éditorial et mise en pages :
Marie-Mélodie Delgado

Corrections :
Catherine Garnier

© Nouveau Monde éditions, 2013
21, square Saint-Charles - 75012 Paris

ISBN : 978-2-36583-389-9
Dépôt légal : juin 2013

Didier CAULIER

CONFESSIONS D'UN BRAQUEUR

nouveau monde
éditions

Ce livre n'est pas écrit « contre ».

Ce livre est écrit « pour ». Pour rectifier certaines erreurs qui ont été dites, écrites et répétées. Pour ne rien cacher aux gens qui m'entourent. Ceux que je rencontre au quotidien ne savent, pour la plupart, rien de mon passé.

Je n'ai aucun compte à régler avec le défunt Albert Spaggiari qui, pourtant, a beaucoup affabulé. Aucun compte à régler avec les policiers qui ont tendu des pièges, les chasseurs de prime qui nous ont trahis, les faux amis qui se sont défilés. Tout cela fait partie d'une époque à jamais révolue.

Ce livre est une mise au point.

Mise au point par rapport à des erreurs qui ont été dites, écrites et répétées. Mise au point aussi par rapport à mon entourage.

De nombreuses personnes que je rencontre au quotidien ne savent rien de mon passé. Je ne tiens pas à me valoriser mais à leur dévoiler la vérité. Me présenter face à elles à cœur ouvert, tel que je suis vraiment, avec mes antécédents de voyou. Je tiens à être sincère et loyal, mais ne regrette ni ne renie rien de mon passé.

Certains, peut-être, après lecture, s'éloigneront de moi. Je ne leur ai pourtant jamais menti. Simplement rien dit parce que le cadre, le moment ne s'y prêtaient pas. D'autres, les plus nombreux j'espère, continueront à me témoigner confiance et amitié.

Depuis les faits que je raconte ici, quelques décennies se sont écoulées. Beaucoup de ceux qui ont participé avec moi ne sont plus présents. Nous avons fait l'un des métiers les plus dangereux du monde et bienheureux sont ceux qui ont pu mourir dans leur lit. Les autres ont trouvé la mort sur un coin de trottoir.

Tous, nous avons fondé une famille. Ne connaissant que trop bien les aléas de notre métier, nous avons veillé à protéger nos enfants et à les élever dans le respect des traditions familiales. Aucun de mes enfants n'a basculé dans la marginalité, ce qui me remplit de fierté. Un voyou n'engendre pas un voyou. Il faut des raisons profondes pour passer de l'autre côté de la loi, souvent liées au tissu familial.

Les vrais voyous ont, le plus fréquemment, passé leur adolescence dans la rue. N'ayant pas bénéficié d'une éducation leur permettant de distinguer clairement le bien du mal ou se sentant victimes d'injustices flagrantes, ils se sont révoltés. À leur manière. Sans monter sur les barricades mais en descendant dans les égouts. Ni vicieux, ni fainéant, le voyou peut garder toute sa vie durant une âme d'enfant. Cela lui donne une forme de pureté qui le pousse à respecter certaines règles.

Les médias nous ont parfois qualifiés de gibier de potence. Certains malfrats méritent amplement de lourdes peines. Mais l'amalgame est dangereux. Nous ne sommes pas tous faits du même bois. Un braqueur ne considérera jamais comme l'un de ses pairs un violeur d'enfants ni un détrousseur de vieilles dames. Ces gens-là ne font pas et ne feront jamais partie de notre confrérie. Nous les rejetons avec force et n'acceptons pas leur promiscuité ni à l'air libre ni en prison.

Je n'ai aucun regret de mon passé mais je ne veux pas faire l'apologie de la voyoucratie. Je constate que beaucoup d'entre nous ont fini par rentrer dans le rang, devenant de bons pères de famille. Nous ne sommes sûrement pas des exemples à suivre. Nous avons simplement suivi des parcours de vie hors norme.

Comme celui que je voudrais partager avec ce livre.

Didier Caulier

PROLOGUE

À peine avais-je mis le pied dehors que je les ai sentis. Cela faisait un bout de temps qu'ils tournaient autour de moi, mais ce matin-là, ils me semblèrent plus présents. Plus nombreux, peut-être. Les flics. Pas très discrets. Ils se croyaient fondus dans le décor mais je les avais repérés depuis le premier jour. Leurs attitudes bizarres, leurs façons de détourner le regard.

Je marchais vers ma voiture. Sans précipitation. Je n'avais rien à me reprocher. Enfin rien qui eût pu justifier une arrestation. Mes discothèques marseillaises attiraient du monde sans aucun incident majeur et mon dernier braquage remontait à plusieurs années. Je comprenais mal cette surveillance permanente. Car où que j'aille, quoi que je fasse, ils étaient derrière moi. À mes amis je parlais de ces policiers en civil comme ma « garde rapprochée ». Vrai que s'il m'arrivait quelque chose, ils étaient aux premières loges pour intervenir. Ce matin de juin, je trouvais cette garde beaucoup trop proche.

Une fois installé dans ma voiture, je quittai ma place de stationnement pour me diriger vers le centre-ville. Dans le rétroviseur, je reconnus l'un des véhicules participant à ma filature. Je ressentis comme un agacement. Mais je savais qu'il ne serait plus que de courte durée. En effet, j'avais décidé de quitter Marseille, de changer de juridiction, de mettre de la distance entre les poulets phocéens et moi. Mes valises étaient prêtes, dans le couloir d'entrée de mon appartement. Le temps de régler quelques affaires et au revoir.

J'étais en train de remonter la rue Paradis quand la voiture derrière moi accéléra. Elle me doubla et, dans un crissement de freins, me fit une queue de poisson. Quatre hommes en jaillirent, l'arme au poing. Ils encerclèrent ma voiture, pointant leurs flingues dans ma direction. L'un ouvrit ma portière en hurlant :

« Police, sors de là ! »

Derrière, une autre voiture se cala pour m'interdire toute tentative de fuite.

« Sors de là ! » insista le poulet.

Je descendis calmement.

« Mets les mains sur le toit. »

Le canon de son arme se trouvait à moins d'un mètre. Trois autres étaient toujours braqués sur moi. Au moindre geste brusque, je risquais d'être canardé.

En guise de réponse, je soulevais lentement mon tee-shirt pour leur prouver que je n'étais pas armé. Puis, sans dire un mot, je tendis mes poignets.

Mon attitude les sidéra. Ils devaient s'attendre à une arrestation musclée et s'étaient conditionnés pour cela. Tout au contraire, ils tombaient sur un homme placide agissant sans brusquerie. Leurs mines déconfites les rendaient amusants. Au point qu'un passant d'un certain âge se mit à se marrer en assistant à cette scène hors norme.

« Tu n'as pas l'air surpris qu'on t'arrête, commenta l'un des flics en me retournant pour me passer les menottes dans le dos.

« Non, pas tellement.

– Tu nous diras pourquoi ?

– Bien sûr. »

La tension venait de retomber comme un soufflé. Les quatre policiers rangèrent leurs armes. D'autres s'approchèrent de mon véhicule pour le fouiller. Je savais qu'ils ne trouveraient rien. Même mon calibre, que je portais habituellement sur moi, était planqué dans mon appartement. Quand on se sait surveillé par la police, on prend quelques précautions.

Ils me firent asseoir à l'arrière de la voiture qui m'avait coincé. Un flic se mit au volant de la mienne. Ayant renoncé à toute forme d'agressivité, les policiers commencèrent à se montrer presque aimables.

« Si vous n'y voyez pas d'inconvénient, on va se tutoyer, m'annonça l'un d'eux.

– Ok, ça facilitera nos échanges. »

Je n'avais aucune intention de leur taper sur le ventre, mais cette fausse familiarité ne me dérangeait pas. La forme ne changeait pas le fond. Je n'avais rien à leur dire.

Sur la route qui nous menait à l'Évêché, j'eus le temps de réfléchir. Cette arrestation n'était pas le fruit du hasard. La police avait dû comprendre que je m'apprêtais à quitter la ville et m'a serré juste avant mon départ. À quelques heures près, elle était marron.

À la maison mère, on me fit asseoir devant un bureau. Un inspecteur se croyant plus futé que les autres, me proposa un marché :

« Nous avons assez d'éléments pour te faire passer quelques années en prison. Mais on sait que tu aimes tes enfants. Si tu es coopératif, dans quarante-huit heures on te relâche, parole d'homme. »

Traduction : si tu nous balances des infos, tu repars par la grande porte.

Je leur répondis du tac au tac :

« Je ne vois pas sur quoi je pourrais coopérer. Je n'ai rien à me reprocher.

– On va te mettre en cellule. Tu as deux heures pour réfléchir. »

Je réfléchis. Au début je me traitais de cave. J'avais eu mille occasions de me faire la malle. Mille fois je m'étais posé la question : « Tu attends ou tu te tires ? » Au final, j'avais préféré affronter la situation plutôt que me mettre en cavale. Une cavale pour combien de temps ? Je ne savais toujours pas sur quelles bases on m'avait arrêté.

Deux heures plus tard, ils vinrent me rechercher :

« Alors, tu as réfléchi ?

– Si vous avez l'intention de continuer à m'insulter, emmenez-moi directement au juge, on gagnera du temps.

– Bon, comme tu veux. Alors, on va jouer au jeu con-con des questions réponses. »

Le surlendemain, je fis connaissance avec le juge Debacq en charge de l'instruction de mon dossier. Un juge très remonté depuis l'assassinat de son ami, le juge Michel. Il s'était promis de nettoyer Marseille de toute sa voyoucratie. J'étais sur sa liste. Une liste qui comportait une quinzaine de noms. Il me fit asseoir devant lui et, avec fermeté, mais sans aucune forme d'animosité, m'annonça :

« Vu la gravité des faits qui vous sont reprochés, je me vois dans l'obligation de vous mettre en détention provisoire. Le temps d'effectuer diverses vérifications. »

Enchristé ! Pour la première fois, j'allais me retrouver en prison. Les flics allaient en profiter pour éplucher ma vie. Une vie de braqueur.

PREMIÈRES ARMES

I

Mon âme est provençale, mes racines sont au nord. Hormis quelques longues escapades dans des contrées exotiques et de nombreux séjours à Paris, j'ai toujours vécu en Provence. Dans une zone qui part d'Avignon, s'étend jusqu'à Marseille et fait une pointe du côté de Nîmes. Là, je me sens chez moi. Dès que je m'éloigne trop longtemps, le mistral me manque ainsi que le rythme régulier des saisons. Bien sûr, j'aime le soleil, mais, pour l'avoir vécu, je ne supporte pas une année sans un peu d'automne et quelques semaines d'hiver. Il suffit d'en être privé pour apprécier d'autant plus lumière et chaleur provençales. Cette Provence, je ne me risquerai pas à la décrire. De Pagnol à Mistral, de Giono à Daudet, d'autres l'ont fait avant moi. Et avec quel talent. Je me contenterai de dire que je l'ai dans mon cœur et cela suffit à mon bonheur.

Pourtant, je suis né dans l'Aisne, non loin de Saint-Quentin, à Gauchy. Lorsque j'y vis le jour, c'était un petit village tranquille, peuplé d'environ deux mille cinq cents personnes. Typiquement picard, m'a-t-on dit. Je n'en garde aucun souvenir. Je l'ai quitté à l'âge de 9 mois.

Il faut préciser que je fis mon apparition en 1939, époque peu propice aux plans d'avenir. De plus mon père est militaire. Après s'être perfectionné au bataillon de Joinville, lieu d'entraînement des meilleurs sportifs de l'armée, il est resté dans le sport et a formé de nombreux appelés. Quand les prémisses d'une guerre que nul ne sait encore mondiale s'annoncent, mon père a la sagesse d'expédier sa famille dans le Sud. Loin du front, pense-t-il. Confiant dans ses chefs autant que dans la France, il demeure convaincu que les Boches ne traverseront jamais la frontière. Toutefois, Saint-Quentin ne se trouvant qu'à une quarantaine de kilomètres de la Belgique, il se méfie. Il n'a pas tort.

Ma mère, mes deux sœurs et moi prenons donc la route de la Provence, traversant une France qui ne s'attend pas encore au pire. Expédition dont je ne conserverai, bien entendu, aucun souvenir et qu'on ne me racontera que par bribes, mes parents étant avares d'histoires vécues.

Nous atterrissons au Pontet, juste à côté d'Avignon. Autant je peux difficilement parler de Gauchy, autant je peux m'étendre longuement sur Le Pontet puisque j'y vivrais jusqu'à 16 ans. Ce village bordé par le Rhône et traversé par la nationale 7 conserve un charmant aspect campagnard. Lorsque nous y arrivons, c'est une très jeune commune. Auparavant elle était classée comme lointain quartier d'Avignon. En 1925, les habitants parvinrent à arracher leur indépendance et à en faire un village à part entière. Économiquement, il n'a pas grand-chose à envier à sa puissante voisine et s'épanouit autour d'un port fluvial et de nombreuses usines. Cela expliquera le développement du Pontet qui, contrairement à la plupart des communes du secteur, voit sa population augmenter régulièrement. De moins de 3 000 en 1939, elle dépassera les 5 000 quinze ans plus tard. Là, ma petite famille regarde la guerre passer, lentement.

Mon père nous y rejoint à la Libération. Sa confiance en l'armée française n'ayant pas été suffisante pour repousser l'envahisseur, il se retrouva prisonnier et dut attendre les derniers jours du conflit pour recouvrer la liberté. Il descend à Orange, à une trentaine de kilomètres au nord du Pontet, où il est affecté à la gérance du matériel militaire.

Suis-je heureux auprès de mes parents ? Non. Ils ne s'entendent pas. Mais alors pas du tout. Leur relation n'est qu'une longue succession de heurts, de reproches, d'engueulades et même, parfois, de paires de baffes. Nous, les enfants – mes deux sœurs plus âgées que moi ainsi que ma cadette – ne souffrons jamais directement de cette tension, ni battus, ni maltraités. Mais il règne dans la maison un tel malaise qu'il nous sape le moral et nous attriste. Ma mère et mon père ne manifestent pas la moindre tendresse envers nous et nous traitent plus comme des objets encombrants que comme des enfants. Les fêtes de Noël se déroulent dans une tristesse accablante et aucun moment de vraie joie ne viendra ponctuer ma trop longue enfance. En revanche, ils m'inculquent un vernis d'éducation et de morale qui me collera à jamais.

Ainsi, mes premières années s'écoulent dans un ennui pesant. Je n'ai le goût à rien et ne rêve que d'un ailleurs que j'imagine forcément meilleur. Tout me paraît terne. J'en développe une sorte de complexe d'infériorité. Je ne me sens nulle part à ma place.

Par chance, si je puis dire, mon père est muté en Indochine. Il laisse derrière lui sa femme et ses quatre enfants. Ma mère se débrouille tant bien que mal et nous accorde beaucoup de liberté. Ça l'arrange, moi aussi. Je vis dehors. Le beau temps incite à s'épanouir à l'extérieur, où je me fais quelques amis.

Un soir, rentrant à la maison, je surprends une conversation entre mes sœurs et ma mère. Il est question d'un voisin qui ne cesse de les importuner. L'individu profite de l'absence du père pour faire des avances à ma mère. Il oublie qu'il y a encore un homme à la maison : moi. Je n'ai que 14 ans mais aucune intention de laisser ce malotru agir à sa guise. Le type a 40 ans et plutôt costaud. Une force de la nature, comme on dit. Cela ne me fait pas peur. Je suis sûrement moins musclé mais je déborde de méchanceté. Sans hésiter, je le provoque. Beaucoup plus grand moi, il ricane. Il a tort. Je lui saute dessus et sans qu'il ait le temps de comprendre ce qui lui arrive, il reçoit une raclée mémorable. Il en sort avec le visage tuméfié. Moi, je n'ai même pas une égratignure. Pourtant nous nous sommes battus à mains nues. Je crois l'affaire définitivement réglée. On ne l'y reprendra plus ! Cruelle erreur. N'écoutant que son courage, le gars s'empresse d'aller porter plainte à la gendarmerie. Les pandores viennent me chercher et me traînent jusque devant le juge. Celui-ci laisse le choix à ma mère : la pension ou la maison de correction. Elle opte pour la première.

Telle est ma première vraie confrontation avec le monde réel. Le voisin s'est plaint de la raclée que je lui ai infligée mais n'a pas dit un mot sur son comportement vis-à-vis de ma mère. Personne ne m'écoute. Pour moi, la décision du juge symbolise l'hypocrisie de la société. Ce voisin est fils de riches commerçants et occupe un poste en vue dans l'administration, moi je ne suis qu'un moins que rien, presque un va-nu-pieds. Je comprends que si je veux m'en sortir, je ne devrai compter que sur moi-même. Ne faire confiance à personne et ne surtout pas espérer une quelconque aide de la société. Sans en avoir pleinement conscience, je fais un pas vers la marginalité. Je continuerai sur cette voie.

Dans l'immédiat, me voici chez les frères maristes, à Aubenas, à une bonne centaine de kilomètres au nord du Pontet. Mais que m'importe la distance puisque je n'ai pas le droit de sortir ? La communauté des Frères maristes Saint-Louis est une institution réputée. Depuis sa création, cette congrégation s'est éparpillée à travers le monde avec vocation d'éduquer les enfants, à commencer par les défavorisés. Pourtant à Aubenas, la majorité des élèves est constituée par des fils de bonne famille venus acquérir une éducation à la fois solide et religieuse, dans une discipline de fer. Tout s'y fait sous l'égide de Marie et des dogmes du catholicisme. Dans ce contexte, je fais figure de vilain petit canard et on ne manque jamais de me le faire remarquer.

Je m'endurcis et, entre les messes et les chants religieux, je compte profiter de cet endroit pour acquérir un savoir. Hélas, je souffre de trop de retards dans bien des matières. Si j'excelle en géométrie et en espagnol, je suis nul en français et en mathématiques que les frères maristes considèrent comme les matières nobles. Au lieu de m'aider à progresser, ils se désintéressent totalement de moi ou me mettent des bâtons dans les roues. Quoi que je dise, quoi que je fasse, ils me sanctionnent. Le bâtard que l'on écarte à coups de bâton. Plutôt que de me casser, cette accumulation de punitions me met en rage.

Je me referme comme une huître et m'accroche comme une moule. Je deviens un solitaire. Le seul élève qui se rapproche de moi a pour surnom Mickey, du fait de ses grandes oreilles.

Un enfant gentil mais, lui aussi, tenu à l'écart en raison de sa petite taille et de sa mauvaise santé. Il sent mon malheur et m'offre son amitié. Grâce à lui, les journées me paraissent un peu moins longues.

En raison de la distance séparant Aubenas d'Avignon, je ne bénéficie d'aucune permission de week-end. Je ne suis pas le seul. Nous sommes une vingtaine à traîner là les samedis et les dimanches et à nous ennuyer ferme. Je ne rentre chez moi qu'à Noël, à Pâques et pour les grandes vacances d'été. Les lendemains de fête ne font que raviver mes blessures. J'entends les autres élèves parler de joies familiales, de cadeaux, de rires. Moi je ne reviens avec rien si ce n'est une profonde douleur.

L'ambiance religieuse dans laquelle nous sommes censés grandir ne me pèse pas. En réalité, je m'en contrefiche. Les cours de religion, les messes et tout le tintouin m'indiffèrent. Pour moi ils ne sont qu'une manière de tuer le temps. Comme tout le monde, je vais à confesse où j'avoue mes maigres péchés de la semaine. Je constate bien vite que l'attention du curé grandit dès que je lui parle de masturbation. Il réclame des détails, veut tout savoir du début à la fin et semble ne jamais se lasser quand, semaine après semaine, je lui raconte sensiblement la même chose.

Il me fait penser à un autre curé rencontré peu d'années auparavant au cours d'une colonie de vacances. Un jour, souffrant d'une angine, on m'expédia à l'infirmerie. Le directeur de la colonie faisait office d'infirmier. Un frère Saint-Jean-Baptiste-de-la-Salle. Je le vis s'approcher de moi, sa main me tripota à un endroit qui n'avait rien à voir avec l'angine. Je n'eus pas besoin de le repousser ni même de lui parler. Rien que le regarder. Il vit dans la dureté de mes yeux qu'il n'avait pas intérêt à insister. C'est vrai que je n'aurais pas hésité à le corriger s'il avait eu le culot de prolonger son geste. Il repartit sans rien dire mais non sans regret…

Le comportement général des maristes renforce mon envie de rébellion. Cette pension, je la ressens comme une injustice.

Après tout, je n'ai fait que laver l'honneur de ma famille, remplacer un père absent. Pourquoi suis-je ici, au milieu de ces frères qui m'ignorent ou m'humilient, de ces élèves qui se dressent contre moi ? Car si je ne suis pas accepté par le corps professoral, je le suis encore moins par l'ensemble de ceux censés être mes « camarades de classe ».

L'un d'eux, que je trouve foncièrement antipathique parce qu'obséquieux et fier de son rang, me fait une réflexion devant l'ensemble de la chambrée. Il n'a pas fini de ricaner que je lui expédie mon poing en pleine figure. Et me revoici devant un juge, en l'occurrence le directeur de l'école. Je sais ma cote de popularité auprès de lui proche de zéro mais je tiens à défendre ma cause… autant qu'on m'y autorise.

« Pourquoi l'avoir frappé ? me demande-t-il.

– Parce qu'il passe son temps à m'insulter.

– Cela vous paraît un motif suffisant ?

– Dans son cas, oui.

– Je veux bien faire preuve de charité chrétienne à condition que vous reconnaissiez votre faute. Avez-vous des regrets ?

– Aucun.

– Vous voulez dire que vous seriez prêt à recommencer ?

– Sans hésitation.

– Dans ces conditions, sachez que vous n'êtes plus le bienvenu dans cet établissement. Nous espérons ne plus vous compter parmi nous à la rentrée de Pâques.

– Moi aussi, je l'espère. C'est même mon vœu le plus cher. Et puisque vous préférez me voir ailleurs, je vais partir sur-le-champ. »

Il n'a pas l'occasion de me retenir : dans la nuit, je réunis mes maigres affaires et m'en vais.

Non sans mal, j'arrive chez moi au Pontet. Je ne m'y attends pas à trouver mon père, toujours en Indochine, mais sans doute pas ma mère. Or elle est là, et bien là. J'entends sa voix à travers un volet entrouvert. Les mots qu'elle prononce sont sans équivoque, des mots de passion adressés à un homme. Je risque un œil à travers le volet et reconnais un gars que ma mère nous a toujours présenté comme un « bon ami ». Entre ami et amant, il n'y a qu'un petit pas que ce monsieur est en train de franchir allègrement. À nouveau mon monde s'écroule. Je viens de tirer un an chez les maristes pour avoir défendu ma mère alors que, peut-être, elle avait laissé entendre au voisin qu'il avait ses chances. J'ai la nette impression qu'elle s'est foutue de moi.

Je repars aussi vite que je suis venu.

Je ne réapparais que plusieurs jours plus tard et, bien entendu, ne dis rien à ma mère.

Je reprends mes études au pensionnat Notre-Dame d'Orange. Un professeur m'a à la bonne et me fait faire des bonds de géant. Bien meilleur que les maristes, il sait trouver les mots pour me soutenir et m'aide à remonter mon niveau général. Sous sa coupe, je comble une partie de mes lacunes. À 17 ans, âge auquel il me faut penser à mon avenir, je tente ma chance du côté de l'aviation. Le concours est ardu et mes lacunes encore trop nombreuses. Recalé.

Que faire ? Je n'en ai pas la moindre idée. En fait, depuis que les maristes m'ont rendu ma liberté, je suis de plus en plus attiré par les dames. L'idée d'exercer un métier me permettant d'être en contact constant avec elles me titille. Comme il n'est pas question de devenir gynécologue ni chirurgien esthétique, j'opte pour le métier de coiffeur. Coiffeur pour dames ! Pourquoi pas ? En même temps, je me dis que cela me permettra de monter à Paris. Ah, Paris ! Rien que le nom me fait rêver. Loin de ma famille, loin de mes soucis j'y trouverai sûrement une nouvelle vie.

Ma vision de Paris doit beaucoup à un film qui m'a marqué : *Touchez pas au grisbi*. Gabin en Max le Menteur, ce gangster sur le retour qui veut prendre sa retraite, me fascine. L'ambiance des cabarets, la solidarité entre voyous, la classe des caïds… J'écoute les mots d'argot en devinant leur sens : « Il voulait tout simplement l'emmener dans un coin tranquille et puis le travailler à la caresse pour savoir où on avait planqué notre grisbi. Et puis, pour être plus sûr, il voulait m'emballer, moi aussi. » J'en suis tellement imprégné que je m'invente un oncle truand qui tient un cabaret à Paname. Cela me permet d'enjoliver mes conversations auprès de mes camarades. À aucun moment je ne me doute que, d'ici peu, je basculerai à mon tour chez les voyous.

Désormais les choses sont claires : devenir coiffeur, monter à Paris, faire carrière.

II

J'ai fait le bon choix. J'en ai rapidement la conviction. L'apprentissage me plaît beaucoup, je suis entouré de jeunes et jolies élèves, je possède de vrais dons de coiffeur. M'occuper d'une tête, de cheveux, m'enchante. J'ai l'impression d'être un artiste chargé à chaque fois de relever un nouveau défi. La directrice de l'école d'Avignon remarque mes dispositions et me pousse à me perfectionner. Oui, décidément, je suis aux antipodes de la communauté des Frères maristes. Cette même directrice me fournit des lettres de recommandations pour L'Oréal, Eugène Perma et divers grands salons de coiffure parisiens.

Je monte à la capitale en compagnie de mon père. Il m'installe dans un petit hôtel de la rue Boissy d'Anglas, dans le 8e, pas très loin de la place de la Madeleine. C'est la première fois qu'il s'occupe ainsi de moi. J'en suis très heureux. Trop vite, il repart, me laissant seul dans cette grande ville.

Loin d'être cafardeux, je prends cela comme un défi. Ma vie change du tout au tout. Je suis totalement indépendant. Grâce aux recommandations je trouve rapidement un travail dans un beau salon. Je gagne convenablement ma vie et je ne compte plus mes conquêtes féminines. Sacrée revanche. Et même un pied de nez à un destin qui s'annonçait beaucoup plus sombre. Contrairement à mes aspirations cinéphiliques, je ne fréquente pas du tout les voyous ni les cabarets mais les gens de mon milieu et les cafés. Cela me convient.

Néanmoins, je rentre souvent à Avignon. La Provence m'appelle, déjà. Les paroles, dues à Louis Amade, des *Marchés de Provence*, chanté par Gilbert Bécaud, résonnent continuellement dans mon esprit.

« Il y a tout au long des marchés de Provence
Qui sentent, le matin, la mer et le Midi
Des parfums de fenouil, melons et céleris. »

Oui, ces parfums me manquent, comme me manquent la chaleur du soleil, la fraîcheur des accents, et le sourire des jeunes femmes. Ce sourire-là n'est pas tout à fait comme les autres. Ce que je me dis lorsque je tombe amoureux d'une jolie Avignonnaise. Nous nous aimons, nous nous promettons le mariage. Et nous tiendrons parole. Mais inutile de précipiter les choses, dans un premier temps nous nous fiançons.

Le cœur léger, je remonte à Paris. Le cœur battant, je redescends à Avignon. Ces allers et retours finissent par me lasser comme me lasse la vie parisienne. J'aime mon métier mais je n'aime pas l'ambiance des salons de coiffure. À l'ombre de la tour Eiffel, ce ne sont que ragots et coups bas. De toute façon, je ne peux plus rester longtemps car le service militaire m'attend.

Après un an de vie parisienne, je redescends en Provence. Définitivement. Du moins je le crois. Je transforme mes fiançailles et, âgé de seulement 18 ans, me marie au début de l'été. Ce mariage est pour moi un symbole : je suis amoureux et veux fonder un vrai foyer. Un symbole qui s'oppose au comportement de mes parents qui ont bafoué leur mariage et ne se sont jamais occupés de leurs enfants. À ce moment, je me vois vraiment mari et père de famille. Pour longtemps. Pour toujours. Pourtant, notre union ne durera que huit mois. Reconnaissant tous deux être trop jeunes pour le mariage, nous divorcerons en bons termes.

Avant d'aller faire le zouave sous les drapeaux, je reprends mon travail de coiffeur. Mes excellents états de service me permettent de postuler chez Berger, le plus beau salon d'Avignon. Le patron me prend d'abord à l'essai mais au bout de deux jours confirme mon engagement. J'apprécie beaucoup l'ambiance nettement plus bon enfant qu'à Paris. Ici on travaille en s'amusant et sans jamais se crêper le chignon.

Me voici appelé. Par chance, je suis affecté à une caserne du génie située en plein Avignon. À moins de trois cents mètres du petit appartement que j'occupe avec mon épouse. Difficile pour moi de rester si proche de ma dulcinée sans la voir. Je fais le mur presque tous les soirs mais par deux fois me fais prendre. J'écope de jours de prison. Pour moi une nouvelle injustice. De quel droit peut-on interdire à un jeune homme dans la force de l'âge de retrouver son épouse ? Que je couche à la caserne ou dans le lit conjugal ne représente pas une si grande différence. Les militaires ne l'entendent pas de cette oreille.

Les soirs où je ne suis pas derrière les barreaux, je sors. Pas seulement pour retrouver ma femme. Je remarque des jeunes à qui l'argent semble brûler les doigts. Ils dépensent sans compter et n'ont pas l'air accablés par le labeur. Des marginaux d'Avignon. Des voyous. Je ne les juge pas car mon parcours a détruit la plupart de mes barrières morales. Du fait des nombreuses injustices que j'ai subies, il me paraît normal de prendre ma revanche sur la société. À elle de payer la facture de mes douleurs. Je me rapproche de plus en plus de ces jeunes qui m'acceptent bien volontiers. Ils ne cachent pas être des voleurs faisant feu de tout bois. Sportif et agile, je peux leur être utile.

Pour notre premier coup en commun, ils me demandent de me glisser par la petite fenêtre d'une imprimerie. Elle est si étroite qu'un tel exploit paraît impossible. Pourtant, j'y parviens sans difficulté. J'entre et leur ouvre la porte. Cela me vaudra le surnom de « l'homme-serpent ». Par trois fois nous cambriolerons cette imprimerie. Pratiquement sans rien prendre car elle contient peu d'argent liquide mais beaucoup de rames de papier inutiles pour nous. Ça devient presque un jeu. Un jeu dangereux car si nous nous faisons prendre, la police et la justice se montreront sévères. La raison pour laquelle, dès ce moment, et jusqu'à la fin de ma carrière de voleur, je ressens une forme de stress avant de monter sur un casse ou un braquage. Comme un acteur avant de monter en scène. Mais, dès que ça commence, le trac disparaît, me voilà totalement investi dans l'action.

Plus d'un demi-siècle plus tard, je continuerai de passer devant ce bâtiment. L'imprimerie aura disparu mais les murs seront toujours là. Je reverrai cette petite fenêtre, depuis fermée par des barreaux, et aurais un petit pincement au cœur.

Le vol de l'imprimerie ne constitue pas tout à fait mon premier larcin. En réalité, j'ai déjà volé à l'âge de 7 ans, alors enfant de chœur. Lors d'une fête religieuse au Pontet, il y avait tellement de monde que le tronc pour faire la quête s'est rapidement rempli jusqu'à ras bord. Je n'avais d'autre choix que de mettre l'argent supplémentaire dans mes poches. Au moment de restituer le fruit de la quête, à la sacristie, je me suis bien gardé de les vider. Cet argent me permit de payer quelques parties de baby-foot aux copains…

De l'imprimerie, nous passons à une chemiserie. Toujours à Avignon. L'un de nous a remarqué une fenêtre ouverte à l'étage. Je grimpe le long de la façade, monte sur un balcon, et me glisse dans cette ouverture. J'ouvre la fenêtre en grand pour permettre à mes deux complices de me rejoindre et nous commençons à remplir les sacs. Soudain retentit un bruit caractéristique. Celui de la 403 de la police municipale qui s'entend de très loin. Nous restons figés mais les pandores ne font que passer. Ils ne voient rien. Ils repasseront d'ailleurs quelques minutes plus tard, sans nous remarquer. Une fois les sacs pleins, nous franchissons la même fenêtre et jetons les sacs par-dessus le balcon. Heureusement que les policiers n'effectuent pas un troisième passage à ce moment-là !

Nous irons vendre notre marchandise à Marseille. Ma première visite à la cité phocéenne. Je suis fasciné par les truands traînant dans les bars en exhibant d'énormes chevalières qui renvoient les reflets du soleil. Ce monde-là sera le mien. Adieu la coiffure.

La police aura sa revanche peu après. Cette fois j'opère à Nîmes où habite mon père. Je me trouve dans le fond d'une impasse, m'apprêtant à crocheter la serrure du bureau d'un important négociant en vin. Soudain surgissent les poulets. Cavale impossible. Ma seule issue consisterait à foncer sur eux mais je ne pourrais les contourner. Ils n'hésiteront pas à tirer sur moi au moindre mouvement brusque. J'ai sur moi une paire de gants et un tournevis que je dissimule dans mon pantalon, maintenu à l'aide d'une ceinture à hauteur du sexe. J'ai l'espoir qu'ils n'oseront pas toucher à cet endroit lors d'une palpation. Espoir comblé ! Les flics m'entourent. L'un me fouille. Il évite cet endroit de mon anatomie. Bilan : il ne trouve que mes gants. Je raconte que je les ai empruntés à mon père et compte sur mon passage à Nîmes pour les lui rendre. Ils me traînent jusqu'au commissariat.

Dans l'attente d'être auditionné par un inspecteur, je suis enfermé dans une cellule. J'en profite pour me débarrasser de l'encombrant tournevis que je planque sous un banc en bois. Je passe la nuit-là. Ma première garde-à-vue.

Le lendemain, on me fait monter dans un bureau. S'y trouve déjà mon père, dans son uniforme d'adjudant-chef, arborant fièrement sa médaille militaire. L'un des flics lui demande si les gants lui appartiennent bien. D'une voix mal assurée, il confirme. Les poulets ne sont pas dupes. Ils ont trop l'habitude des gens qui mentent pour ne pas remarquer la légère incertitude de mon père. Mais ils comprennent aussi que cet homme souffre parce qu'allant à l'encontre de ses principes. Un père tentant de préserver son fils. Ils ferment les yeux et nous laissent repartir. Pour la première fois, je ressens une bouffée d'amour et de fierté pour mon militaire de père. Il ne fait aucun commentaire mais, intérieurement, je me jure de ne plus jamais le placer dans une situation si désagréable.

Pendant ce temps, les « événements en Algérie » se transforment en une véritable guerre. Les appelés sont envoyés en renfort. Je refuse d'y aller. Ce n'est pas ma guerre, c'est une guerre colonialiste qui ne me concerne pas. En plus, je n'ai aucune envie de me battre pour une société qui m'a trahi. Seulement, à moins d'avoir des relations très haut placées, impossible d'y échapper. Seule solution : être envoyé à l'hôpital suite à un accident. Je demande à un ami de me casser le bras à l'aide d'une barre de fer. Je pose mon bras sur une table, je le serre entre deux morceaux de bois pour ne pas qu'il bouge au moment du choc et l'autre tape d'un coup sec. Crac ! Un bruit terrible !

On m'envoie me faire soigner à l'hôpital d'Avignon. Qui se situe encore plus près de chez moi que la caserne ! Je fais le mur… et me fais prendre. Au lieu de retourner en prison, je suis muté dans un établissement plus éloigné, l'hôpital Michel-Lévy, un grand bâtiment dans le 6e arrondissement de Marseille. Là, je tombe sur de vrais spécialistes qui s'intéressent à mon bras de très près. Pour empêcher qu'il ne se ressoude trop vite, chaque nuit, j'accroche de gros brodequins à mon plâtre. Ça le tire vers le bas et empêche les os de rester en contact. Les médecins trouvent étrange ce bras qui ne se répare pas et décident de m'opérer. Je comprends que je risque gros et décide de ne plus faire le mariole.

Tout cela s'étale sur plusieurs semaines. L'occasion pour moi de voir des jeunes d'une vingtaine d'années revenir d'Algérie blessés, estropiés à vie. À les regarder, brisés à jamais, je me renforce dans mon refus de la guerre. Au début ces jeunes arrivent par grappes mais rapidement le flot ne s'arrête plus. L'hôpital a besoin de place et se débarrasse des malades de seconde importance, comme moi. Je pars pour Fréjus, encore plus loin d'Avignon. Là, le médecin chef est un coriace. Il étudie avec minutie mes radios et s'étonne du fait que la cassure de mon bras est nette alors qu'elle devrait être en biseau si, comme je l'affirme, elle résulte d'une chute dans l'escalier. Je ne sais pas quoi lui répondre mais maintiens ma version des faits.

Quelques jours après cette confrontation, comme je traîne beaucoup dans les couloirs pour tromper mon oisiveté, je fais connaissance d'un jeune gars qui travaille à l'administration de l'hôpital. On sympathise.

« Je quitte mon boulot dans une semaine, finit-il par m'annoncer. Ça t'intéresse ?

– Ça consiste en quoi ton boulot ?

– Secrétariat du commandant. Un peu homme à tout faire mais rien de compliqué. Faut être attentif et disponible, c'est tout.

– Le commandant ? Tu veux dire le médecin chef ?

– Oui, ça te pose un problème ?

– Euh… Non, s'il veut bien de moi. »

Le gars organise une rencontre avec son patron, qui me reconnaît mais ne dit pas un mot sur mon étrange blessure. Alors que je crains un renvoi définitif, il m'accepte comme secrétaire ! Effectivement le boulot n'est pas bien compliqué. Beaucoup de paperasserie mais le médecin chef est quelqu'un de très organisé, il est inutile de passer derrière lui ni même de lui rappeler ses rendez-vous. C'est un colosse au caractère bien trempé. Nous nous entendons bien. Au point que, même une fois mon plâtre enfin enlevé, il me garde auprès de lui. C'est une bonne planque. D'autant meilleure que je travaille deux mois pleins et bénéficie d'un mois de permission, et ainsi de suite.

Un jour, il me demande à brûle-pourpoint :

« Tu veux aller en Algérie ?

– Pour rien au monde. J'en n'ai rien à foutre de cette guerre.

– Eh bien, au moins tu es sincère, toi ! »

Il ne m'en parlera plus jamais. Au bout de six mois, il m'annonce qu'il ne peut plus me garder. Mais, comme je suis, selon lui, un bon secrétaire, il me recommande auprès de ses collègues marseillais. Je termine donc mon service militaire dans la cité phocéenne, en face de cette Algérie où j'ai refusé de me rendre.

Je n'en ai pas abandonné la voyoucratie pour autant. À chacune de mes permissions, je renoue avec mes contacts. Il ne s'agit pas à proprement parler d'une bande mais d'éléments épars qui se réunissent pour organiser un coup. Je participe ainsi à plusieurs cambriolages sans jamais avoir l'impression d'être hors la loi. Je considère presque cela comme un boulot guère différent des autres. Nous attaquons des magasins mais aussi un dépôt de cars où nous volons un fond de caisse et quelques vêtements. Je reste « l'homme-serpent » capable de se faufiler dans les plus petites ouvertures, ce qui est très apprécié.

Il n'y a que les flics pour nous rappeler à quel point notre boulot est différent. Par deux fois, nous sommes surpris en pleine action. Face à nous, une voiture de police d'où sortent des policiers armés. En ce début des années 1960, ils ne font pas dans la dentelle : ils tirent à vue ! Heureusement ce sont de très mauvais tireurs et d'exécrables coureurs de fond. Nous sommes jeunes et agiles et n'avons aucun mal à les semer dans les ruelles d'Avignon.

Au sortir de mon service militaire, je reprends mes activités marginales. Les salons de coiffure sont loin derrière moi. De l'argent vite gagné et vite dépensé. Il nous brûle les doigts. Nous faisons la fête, nous amusons beaucoup. Nous profitons de la vie. Dès que les poches sont vides, nous repartons à l'assaut d'une nouvelle cible. Une vie facile, sans réel souci. La police nous paraît tellement inefficace et inorganisée que nous sommes convaincus qu'elle ne nous arrêtera jamais. Dans mon cas, cela se révélera presque vrai.

Un poulet finit quand même par comprendre que nous nous ne sommes pas blanc-bleus. Un brave homme, père de famille, qui nous observe de loin. Le père Carretier n'est pas dangereux. Amical, même. Ne disposant d'aucune preuve contre nous, il se contente de nous sermonner, comme le ferait un vieil instituteur dans une école à la Pagnol.

Il me prend à part :

« Didier, pourquoi tu fais ça ? »

Je ne réponds pas.

« Tu n'es pas comme les autres, insiste-t-il. Tu n'es pas un voyou, toi, tu as un bon fond. Tu devrais arrêter. Ça pourrait te coûter très cher. »

Je ne l'écoute pas.

J'ai peut-être tort.

L'été, l'afflux des touristes nous facilite encore la tâche : il n'y a qu'à voler dans les voitures. L'époque n'est pas encore à la Carte bleue et très peu aux chéquiers, donc les gens planquent pièces et billets sous les sièges de leur automobile, sous le tapis de sol ou dans la boîte à gants. Il nous faut moins d'une minute pour ouvrir la portière et faire main basse sur les espèces.

Un jour nous décidons d'attaquer un internat. Il ne s'agit pas d'une revanche mais nous savons qu'une grande fête est organisée et que les parents laisseront leurs affaires personnelles dans les dortoirs. Un jeu d'enfant pour des voleurs de notre trempe. Nous n'avons qu'à entrer et ramasser ce qui se trouve à portée de mains. J'attrape un sac de belle maroquinerie fermé par une serrure. Ne pouvant l'ouvrir sur place, je l'emmène avec moi. Alourdis de notre butin, nous filons nous planquer dans un chantier. Personne ne nous a remarqués. Là, nous procédons à la répartition des biens. Le sac me donne du fil à retordre par la solidité de sa serrure. Mais, à coups de pierre, j'en viens à bout. Il contient deux enveloppes avec, dans chacune, un peu d'argent, pas grand-chose, plus une lettre. Je ne peux m'empêcher de lire et comprends que je viens de voler une vieille dame qui passe ses vacances en Provence et a préparé ses enveloppes pour faire des cadeaux à ses petits-enfants. J'en éprouve un immense remords. Comment ai-je pu saccager cette union, briser un cordon familial ? Je m'en veux terriblement. Si c'est ça être un voleur, alors ça ne m'intéresse pas.

« J'arrête. »

Mes amis sont interloqués par mon annonce.

« Tu arrêtes quoi ? me demandent-ils.

– Ces vols minables. Nous ne faisons que du mal aux gens dont beaucoup ont sans doute encore moins d'argent que nous.

– Que comptes-tu faire ? Redevenir coiffeur ?

– Non, désormais je n'attaquerai plus que les gros : les banques ! »

III

Depuis un peu plus de trois ans que je fais le voyou, j'ai rencontré pas mal de gens dont certains prendront vite du galon et deviendront des pointures. Je me lie avec une petite bande de mecs plus âgés que moi. Ils connaissent ma réputation et me font confiance. Leur spécialité : attaque de fourgons postaux. Un travail qui nécessite plus de culot que de savoir-faire.

Les estafettes de la Poste quittent le centre de tri vers 5 ou 6 heures du matin pour arpenter les routes de campagne et desservir les petites postes locales. Dans la cabine, rien que le chauffeur, jamais armé. À l'arrière, personne. Les véhicules sont de banales camionnettes non blindées dont la porte s'ouvre avec un simple pied de biche. Heureuse époque ! Le job consiste à bloquer le fourgon à l'aide d'une voiture mise en travers de la route, à sortir l'arme au poing et à se montrer suffisamment menaçant pour que le chauffeur ne tente rien. Ensuite, pendant qu'il descend de la cabine, le reste de l'équipe vide le contenu du fourgon.

Mon premier braquage se déroule exactement de cette manière. On me confie un pistolet, ce qui ne me fait ni chaud ni froid. Un outil de travail comme un autre. Les autres m'ont prévenu qu'ils ne s'en servent jamais vraiment. Au cours de leurs précédents braquages, ils n'ont jamais tiré le moindre coup de feu. Nous avons repéré la route prise par l'estafette de la Poste. Un endroit dégagé nous convient pour organiser notre attaque. La fourgonnette se pointe. Nous la bloquons. Le chauffeur comprend instantanément. Il ne fait pas de zèle. Il se laisse docilement faire et nous regarde jeter les sacs dans le coffre de la voiture. Cagoulés, nous ne risquons pas d'être reconnus. Butin : trente millions. Pas mal.

À Avignon, je fais la connaissance de Carole, une jeune femme superbe qui vend ses charmes. Elle a trop de classe pour travailler sur le trottoir et opère en voiture, une DS. Une méthode nouvelle comme est nouveau le fait qu'elle reçoive ses clients dans son appartement et non à l'hôtel. Carole est une indépendante qui connaît beaucoup de succès. Je la rencontre dans un cabaret. Je m'y rends presque tous les soirs car j'ai levé l'une des stripteaseuses de la troupe. Or Carole est son amie. Je tombe vite sous son charme et abandonne ma danseuse pour cette professionnelle du tapin. Nous nous mettons en ménage. Elle me propose de l'argent mais, comme je gagne confortablement ma vie avec les braquages, je le refuse. Finalement, nous nous installons dans une existence presque bourgeoise où monsieur et madame ramènent leur « paye » à la maison et, pour de nombreuses dépenses, font pot commun. Sauf que madame est une prostituée et monsieur un voleur. Son métier ne me dérange aucunement. Pour moi, elle prend l'argent dans la poche des bourgeois, ce qui me paraît normal. Nos motivations sont identiques mais pas nos moyens d'y parvenir.

Carole aime les plaisirs de la vie dont ceux de la table. Moi qui suis d'un naturel déplumé, utile pour jouer à « l'homme-serpent », je prends une douzaine de kilos en l'espace de quelques mois. Il convient de préciser que Carole est abonnée à un magazine intitulé *La Route fleurie*. Rien à voir avec la célèbre opérette de Francis Lopez puisqu'il s'agit d'une revue gastronomique qui indique les meilleures adresses. Avec Carole, nous passons d'un grand restaurant à un autre, dormant parfois sur place quand il s'agit de belles auberges de campagne. Nous sillonnons les routes de Provence et, élaborant notre petit guide personnel, retournons dans nos endroits préférés.

Notre groupe de braqueurs s'organise de mieux en mieux, se professionnalise même. Nous avons nos adresses pour nous fournir en armes et nos combines pour voler des voitures. Nous savons organiser des filatures de fourgons et repérer les lieux idéaux pour nos attaques. Jamais de précipitation. Il faut oser perdre plusieurs jours pour bien vérifier que le chauffeur est toujours seul et qu'il emprunte le même trajet. Nous cachons également une voiture relais. C'est avec elle que nous repartons après avoir, une nouvelle fois, transféré les sacs. La première, parce que vue par le chauffeur, devient dangereuse. Parfois, pour nos braquages les plus lointains, notamment du côté de Marseille, nous prenons une maison pour nous planquer avant ou après le coup.

Les armes sont cachées dans des garages. Nous les achetons à des personnes de confiance dont c'est la spécialité. Quand on est dans le circuit, on sait toujours qui vend quoi. Les armes ne représentent jamais un problème et, petit à petit, on se constitue un véritable arsenal.

Pour les voitures aussi, le choix est vaste. Mes premiers vols concernent des Peugeot et des Renault. Rien de plus simple : il suffit de tourner un bouton pour les faire démarrer ! Dans le pire des cas, il faut recourir à un tournevis, mais aucune ne nous résiste.

Tout nous paraît facile.

Nous formons une équipe de quatre mais non une bande. En ce sens qu'il n'y a aucun chef. Toutes les décisions sont prises à la majorité et chacun apporte ses compétences sans rechigner ; qui pour voler une voiture, qui pour échafauder un plan, qui pour menacer le chauffeur, etc. Tout au long de ma carrière de braqueur et de casseur, je n'ai jamais eu à subir l'autorité d'un chef. Je crois que je ne l'aurais jamais supporté.

De plus, nous allons de groupe en groupe. Chacun apporte son affaire. Il m'arrive de repérer un coup et de monter une équipe comme il m'arrive d'être appelé par une équipe qui a un coup en vue. Tout se fait au feeling et selon les besoins. Jamais d'anicroche car nous partageons toujours le butin en parts égales.

Parfois, je refuse les coups parce que je ne les sens pas. Notamment un jour où nous sommes en repérage pour un gros cambriolage. Nous planquons toute une nuit afin de noter les allées et venues. Mais nous nous mettons à un mauvais endroit et un couple de riverains nous demande de bouger parce que nous occupons son emplacement. Pour moi, c'est foutu. Nous venons d'être « retapissés », comme on dit entre nous, c'est-à-dire repérés par des témoins. En cas d'enquête, ils n'auront aucune difficulté à nous décrire, voire de nous identifier. Pour cette raison je me retire du coup et conseille à mes amis de faire de même. Ils ne m'écoutent pas. Ils procèdent au cambriolage. Sans moi. Et le réussissent haut la main. Jamais nos deux riverains ne feront le rapprochement entre notre voiture gênante et les voleurs. Dommage pour moi car le butin est conséquent ! Ma légendaire prudence souvent me sourit mais, parfois aussi, me dessert.

Aucun de nous ne possède un métier de façade. Nous gagnons beaucoup d'argent et le dépensons sans que personne ne vienne nous demander des comptes. Les agents du fisc ne se préoccupent pas de nos sources de revenus et les policiers semblent avoir d'autres chats à fouetter. Personne ne se cache. Nous allons au café, au restaurant, dans les boîtes de nuit sans prendre la moindre précaution. Nos grandes virées s'effectuent en Espagne. Sur la Costa del Sol où nous passons pratiquement tout l'été. La vie y est peu chère et, loin de la maréchaussée française, nous nous sentons en totale sécurité. Je dépenserai des millions en Espagne, sans y acheter jamais de château.

Tous les truands sont comme moi : nous dépensons tout, tout de suite. Personne ne pense à mettre de l'argent de côté pour les vieux jours. L'argent, il suffit d'être un peu organisé et bien armé pour en ramasser à la pelle. Nous pensons tous que cela durera éternellement. Ce qui explique pourquoi bien peu de truands finissent riches.

Je monte souvent à Paris pour mes affaires. C'est là que se nouent les contacts. Je rencontre de plus en plus de gens du milieu mais évite de me mêler de ce qui ne me regarde pas. Je n'ai pas envie de me retrouver au centre d'un règlement de comptes. Parmi les seigneurs du banditisme dont je croise la route se distingue Francis le Belge, véritable aristocrate de la voyoucratie. Une exception.

Car le monde des voyous m'apparaît très différent de celui que j'imaginais en regardant *Touchez pas au grisbi*. Au cinéma, tout est romancé, amélioré. Cette notion d'amitié indéfectible, par exemple, n'existe qu'au sein de tout petits groupes. À grande échelle, tout le monde trahit tout le monde, pour de multiples raisons. Règne tout de même un code d'honneur qui différencie les vrais bandits du tout-venant. Il repose sur deux axiomes :

Jamais tu ne balances aux flics, quoi qu'il t'en coûte ;

Jamais tu ne critiques ni convoites la femme d'un ami.

Mais la règle numéro 1 est de rester discret. Vivre en vase clos, ne jamais évoquer ses affaires. Le voyou qui se fait arrêter, c'est souvent parce qu'il est trop bavard. Il se vante d'avoir participé à un gros coup et il y a toujours quelqu'un pour le répéter aux flics. Moi, à peine une dizaine de mes proches savent que je ne travaille pas dans la légalité, sans plus. Je suis d'un naturel discret, jamais expansif. C'est pour cela aussi que les poulets ne verront jamais clair dans mon jeu. Bien sûr, ils finiront par noter mes relations. À mon arrivée à Marseille, ils sauront que je fréquente l'équipe de Zampa, mais je ne le ferai que d'une façon éphémère.

Quant aux soi-disant « juges de paix » que l'on voit dans certains films, ils n'existent que dans l'imagination des auteurs. Les conflits se règlent de gré à gré. À l'amiable. Mais pas toujours.

IV

Il est temps pour moi de prendre un « vrai » métier, tout en continuant mon activité de braqueur. Le monde de la nuit étant devenu le mien, je commence, dans le milieu des années 1960, à travailler dans les discothèques. À cette époque, ces établissements se trouvent sous le régime des clubs privés, donc de la loi de 1901 pour les associations. De ce fait, ils ne paient pas d'impôts ! Pour moi, un moyen de se faire beaucoup d'argent dans un cadre et une ambiance agréables.

Ma première boîte est *La Péniche* qui, comme son nom l'indique, se trouve dans une péniche réaménagée sur un bras mort du Rhône, à Avignon. Je l'ouvre avec Alain, mon associé. Un garçon gentil et intelligent qui a eu son bac à 15 ans et a fait deux ans de licence de lettres avant de changer d'orientation. Son problème : c'est un noceur invétéré et il adore vivre la nuit. Il ne saura d'ailleurs pas se contrôler et profitera un peu trop des plaisirs nocturnes, à commencer par l'alcool. Je l'ai connu par un ami commun qui m'a demandé de lui rendre service :

« J'ai un copain, Alain, un bon gars, qui a des ennuis. Tu ne pourrais pas t'en occuper ? »

De fait, Alain a un don pour se placer dans les pires situations et ne sait jamais comment s'en dépêtrer. Comme il possède un bon fond, il n'est pas difficile d'expliquer ses erreurs par son inexpérience. Alain n'a jamais été et ne sera jamais un voyou. Tel est le topo que je dresse auprès des gars qui lui cherchent des crosses. Ils comprennent et écrasent. Sans le savoir, je me fais un ami proche pour les sept années à venir.

Le succès d'une discothèque repose sur peu de choses : un minimum de sélection de la clientèle, un bon disc-jockey, un bon emplacement et un peu de publicité pour se faire connaître. Le reste c'est du bouche-à-oreille. Si les premiers clients sont satisfaits, ils le font savoir et la nouvelle se répand comme une traînée de poudre. En un mois, on peut être connu. Tel est notre cas.

L'argent entre vite et bien. J'ai un bon boulot et j'améliore l'ordinaire en effectuant en moyenne un braquage par mois, pas plus. Comme toujours, je dépense tout aussitôt gagné. Virées en Espagne, week-ends parisiens, rutilantes voitures... Sans oublier un bel appartement et de beaux hôtels car j'aime être bien logé. La Costa del Sol n'a plus de secret pour moi et j'y retrouve de nombreuses « relations de travail » car Marbella et Torremolinos sont des repaires de la pègre française. Cela me permet d'entretenir des relations sous le soleil.

Un soleil qui finit par s'assombrir du côté d'Avignon.

Un voyou turc avec qui Fernand et moi sommes en affaire ne remplit pas sa part de contrat et refuse de nous verser l'argent qu'il nous doit. Je m'efforce de le calmer :

« Je dois me rendre à Paris. Laissons le Turc tranquille. Je reviens dans deux jours. Nous irons le voir à ce moment-là. En attendant, ne fais rien. Surtout, ne va pas à *La Péniche*, tu sais bien que le Turc y traîne toujours avec deux ou trois gars. Il veut nous provoquer mais nous n'entrerons pas dans son jeu. »

Fernand et le Turc sont deux sanguins. Je crains la confrontation.

Elle a lieu en mon absence. Le soir, sur le parking jouxtant la discothèque, les deux ennemis tombent nez à nez. Pas le temps de discuter, ils sortent leurs armes. Fusillade. Fernand blesse l'un des acolytes du Turc. La police, qui n'est jamais loin, finit par se pointer. Le Turc n'hésite pas à balancer Fernand comme étant le tireur.

Le lendemain matin, dès mon arrivée dans la Cité des Papes, Fernand me rejoint.

« Didier, tu pourrais m'accompagner chez moi ? me demande-t-il.

– Tu ne peux pas y aller seul ?

– Tu connais ma situation, je préférerai que quelqu'un vienne avec moi.

– Qu'est-ce que tu as à faire chez toi ?

– Récupérer des affaires personnelles. Ça ne prendra que quelques minutes.

– Après la fusillade d'hier soir, si quelqu'un t'a balancé, les flics doivent être à tes trousses.

– Ils pensent sûrement que j'ai pris le large. »

Bien que sceptique j'accepte de le conduire. À destination, nous tombons dans un véritable guet-apens. La cage d'escalier est truffée de policiers en planque. Ils sont si nombreux qu'ils ne parviennent pas à se cacher totalement et leurs ombres se reflètent sur les murs. Dès que je vois ça, j'attrape mon copain par la manche et l'entraîne vers l'extérieur. D'autres poulets surgissent dans la rue. Plus le temps de remonter dans la voiture, nous partons en courant. Les flics tirent. Fernand se retourne pour tirer à son tour. Nouvelle fusillade. Cette fois, Fernand se prend une balle dans la cuisse, qui ne l'empêche pas de continuer de courir. Nous nous échappons tous les deux.

Nous prenons une voiture, que je conduis, et filons sur Paris. Je possède un petit appartement qui a l'avantage de se situer rue d'Anjou, dans le quartier des ambassades, donc placé sous la surveillance de la police. J'ai rarement vu un quartier aussi tranquille ! J'installe Fernand. Quelques jours plus tard, un autre fuyard me demande asile. Il vient d'être condamné à mort par contumace. Étrange coïncidence : Fernand aussi sera condamné à mort par contumace pour avoir ouvert le feu sur les forces de l'ordre. Ce qui fait que j'héberge au même moment et au même endroit deux condamnés à mort.

Je leur conseille de changer d'apparence. Du coup le blond se noircit les cheveux tandis que le brun se les décolore ! Un matin, je les conduis gare de Lyon. Train pour Marseille où ils seront accueillis par des amis. Munis de faux papiers, l'un partira en Italie, l'autre, Fernand, s'en ira en Amérique du Sud où il restera longtemps.

La fusillade sur le parking de *La Péniche* fait grand bruit dans une petite ville comme Avignon où il ne se passe jamais rien, hormis un festival tous les étés. Les journaux en rajoutent et cela nous fait une mauvaise publicité. Personnellement, je n'y crois plus. J'informe Alain de ma décision de vendre mes parts de *La Péniche*. Plutôt que de me les racheter, il m'annonce qu'il a envie de faire comme moi. Nous revendons la discothèque à notre barman, qui fait une bonne affaire.

Il est temps pour moi de prendre le large. Besoin de changer d'air. Alain me parle de son frère instituteur au Laos :

« C'est le paradis là-bas, on devrait aller y faire un tour.

– On vivrait de quoi ?

– On trouvera toujours quelque chose. D'après mon frère, il y a tout à faire. Pour des gars décidés comme nous, c'est l'idée. Et puis il nous donnera des contacts.

– On va quand même pas ouvrir une discothèque !

– On trouvera autre chose, je te dis. Si les choses tournent mal, je pourrais toujours donner des cours de français. Il me suffira d'aller m'inscrire à l'ambassade. »

L'offre est tentante. Grâce à son frère, nous ne tomberons pas totalement en terre inconnue. La curiosité, l'attrait de la nouveauté balaient facilement mes dernières hésitations. Et puis si ça ne nous plaît pas, nous pourrons toujours revenir. Banco !

Ça me plaira tellement que j'y resterai quatre ans et demi.

Dès notre arrivée au Laos, nous entrons dans un autre monde. Fait de calme et de douceur. Les Laotiens suivent le cours tranquille de la vie, sachant profiter des bienfaits que chaque nouveau jour apporte. Pourtant le pays est en crise. Guerre civile. Les forces communistes gagnent du terrain au sud du pays, et les États-Unis déploient leur savoir-faire et leur matériel pour leur barrer la route. Après avoir agi à visage couvert, les Américains ne cachent plus leurs ambitions et font carrément venir des bombardiers qui déversent des tonnes d'explosifs autour de la plaine des Jarres. Le Vietnam est voisin. Les choses finiront par s'envenimer.

Là où nous nous trouvons, au nord – du côté de Vientiane, la capitale – ces soubresauts n'ont que peu de répercussions. Personne n'en parle. Le pays semble continuer de vivre sur des rites ancestraux, à peine secoué par un progrès issu d'Occidentaux pressés de faire avancer les choses. Historiquement, la France détient une place prépondérante mais qui s'amenuise face aux coups de boutoir des Américains. Malgré cela, si la puissance est américaine, la culture reste française. De ce fait, les Français sont globalement bien accueillis. La plupart de ceux qui sont installés ici n'ont aucune envie de rentrer au pays. Tel est le cas du frère d'Alain, heureux dans son métier d'instituteur, mais aussi celui de nombreux militaires que je croise. Après avoir fait leur temps, la plupart ont refusé de regagner la France. Pour eux, le Laos a un avant-goût de paradis. Je les comprends sans peine.

Après plusieurs semaines de farniente, à visiter des lieux magiques, à profiter de la beauté des femmes, à traîner dans divers cabarets à la clientèle essentiellement composée de soldats, Alain et moi envisageons de nous remettre au travail. Des Chinois nous proposent de nous associer avec eux pour monter un restaurant… chinois ! L'idée nous séduit. Une idée idiote pourtant. Il faut être fou pour faire confiance à des Chinois sur leur terrain. Dès le départ, nous ne pouvons exercer aucun contrôle. Ils sont toujours affables, souriants mais jamais nous ne verrons la couleur des bénéfices. Notre retour sur investissement sera pire que nul puisque nous partirons en leur laissant tout, à commencer par nos parts dans l'affaire ! Le seul intérêt pour nous est de pouvoir manger chinois gratuitement.

En d'autres circonstances, en d'autres lieux, cela m'énerverait. Mais pas là. Je suis calme, presque zen. C'est le pays qui veut cela. Surtout, j'ai une autre idée en tête, plus dans mes cordes. Par les Chinois, justement, j'apprends qu'il existe un vaste trafic d'or entre le Laos et la France. Contrairement à ce que l'on pourrait croire, ce n'est pas l'Asie qui envoie son or à l'Europe mais le contraire. Des tonnes d'or arrivent chaque semaine de Paris. À l'arrivée, les Chinois ont la mainmise sur tout ce qui touche de près ou de loin à l'or. Ils n'ont aucun besoin de l'aide de deux Français un peu perdus dans ce pays. Qu'à cela ne tienne. L'or, nous l'intercepterons. Mon plan : braquer les fourgons sur la route de l'aéroport. En tant que spécialiste de l'attaque de fourgons, je procède à de nombreux repérages. La sécurité laotienne me paraît encore plus lâche que son homologue française. Pas d'arme, pas de blindage, pas de radio embarquée, pas de voiture de patrouille. Il n'y aura qu'à pousser un peu pour faire tomber les lingots. Trouver des armes est aussi d'une facilité déconcertante tant le trafic est grand dans tout le pays. Tout juste si on n'en vend pas sur les marchés.

Bien qu'Alain n'ait jamais participé à aucun braquage, il saura se montrer efficace sur ce coup-là, j'en suis convaincu. Encore une fois, tout se joue à l'intimidation. Il n'est pas question de tirer, excepté pour nous défendre. Alain comprend la situation et accepte mes conditions. L'attaque est proche.

La politique française vient tout contrecarrer. Des émeutes éclatent à Paris. Étudiants en colère. Mai 68 débute. C'est la chienlit, comme dirait le général. Pour nous, c'est surtout la bérézina. Aéroports en grève. Plus aucun trafic aérien entre la France et le Laos. La route de l'or est coupée. Nous avons beau attendre plusieurs jours, rien ! Les fourgons restent aux garages et les chauffeurs au chômage technique. Personnellement, j'y vois un signe du destin. Peut-être que Bouddha, dans son infinie sagesse, veut nous prévenir contre les risques que nous nous apprêtions à prendre.

Ainsi s'arrête, avant même d'avoir commencé, ma carrière de braqueur au Laos.

Je reprends une vie plus « normale », dépensant mes derniers francs sans voir le temps passer. Lorsque je me « réveille », plus de deux ans se sont écoulés. Période durant laquelle je ne suis jamais retourné en France et n'ai renoué aucun contact avec le milieu. Cela ne me manque pas.

Un matin, Alain repart en Provence, moi je continue mon tour du monde.

À Vientiane j'avais fait la connaissance d'un Japonais dépendant de l'ambassade du Japon. C'était un professeur de judo chargé de faire découvrir cette discipline dans le pays. Il fréquentait les mêmes cabarets que moi et nous finîmes par faire connaissance. Je suis moi-même fan de judo et pas trop mauvais dans mon domaine. Bon terrain d'entente. Il m'avait suggéré de venir le voir si, d'aventure, je passais par Tokyo. Me voici donc à quitter le Laos non pour l'Ouest mais pour l'Est, le pays du Soleil Levant.

L'homme m'accueille chaleureusement et me propose de m'héberger dans son dojo. Je serai logé, nourri, blanchi et entraîné. En contrepartie je ne devrai qu'aider les novices en judo. Je deviens une sorte de coach habitant sur son lieu de travail.

Les journées se ressemblent mais ce n'est pas pour me déplaire. Lever tôt, cinq heures d'entraînement intensif quotidien, nourriture thé-poisson-riz. Une vie d'ascète. En quelques mois j'acquiers une forme physique remarquable. Deux des professeurs sont médaillés d'or aux Jeux asiatiques, donc d'un très haut niveau. Pour eux le judo est plus une discipline quotidienne qu'un sport. Ils y consacrent l'essentiel de leur vie. Je ne me hisse pas à leur niveau mais ne me sens jamais ridicule à leurs côtés.

Cette situation me convient parfaitement car je n'ai plus un sou en poche et, grâce aux Japonais, n'ai pas à me soucier du gîte et du couvert. Encore une fois, le temps s'écoule sans que je m'en aperçoive. Je me sens prêt à participer à des compétitions internationales mais, en tant que « travailleur immigré », n'y suis pas convié. Peu importe.

Au bout d'un an, divers incidents me mettent la puce à l'oreille. Un matin où je me lève plus tôt que d'habitude, j'arrive dans la grande salle et voit mes professeurs en train de trier des journaux et des tracts d'extrême droite. Je ne lis pas le japonais mais reconnais des sigles et des photos. Je mène alors ma petite enquête et comprends que cette association soi-disant sportive est en fait une organisation politique qui forme de jeunes extrémistes. Dans quel but ? Je préfère ne pas le savoir.

J'appelle Carole en France pour qu'elle me fasse parvenir un billet d'avion. Une fois en possession de ce viatique, je remercie mes hôtes nippons et pars sans demander mon reste.

Nous sommes en 1970. J'ai hâte de retrouver ma Provence.

V

L'une des premières personnes que je retrouve est Alain. Je n'avais que des nouvelles éparses depuis notre séparation au sortir du Laos. Il souhaite reprendre le turbin. Concrètement : ouvrir une discothèque. Les soucis de *La Péniche* étant loin derrière nous, j'accepte avec plaisir de replonger dans le bain. Pour ne plus rien à voir avec d'éventuels scories avignonnaises, nous prenons de la distance et montons sur Viviers, petite commune proche de Montélimar. À peine l'établissement ouvert, nous avons des soucis avec les gendarmes locaux. Nuit après nuit, ils se postent à l'entrée et à la sortie de notre parking pour contrôler l'identité des clients. Ces derniers en ont vite ras le bol. Pour comprendre les raisons de cet acharnement, je vais voir l'adjudant de gendarmerie.

« Je ne devrais pas vous le dire, monsieur Caulier, mais l'archevêque est intervenu auprès du préfet pour lui demander de vous faire quitter les lieux. »

En effet, Viviers est une cité épiscopale dotée d'un grand séminaire. Or, l'archevêque voyait avec terreur ses séminaristes fréquenter notre discothèque. Il craignait que cela ne les détourne de leur sacerdoce. Encore une fois, les soutanes me causent du tracas. Pour remercier l'adjudant de m'avoir dévoilé la vérité, j'offrirai une caisse de champagne à la gendarmerie. Mais, ayant compris la leçon, nous quittons l'endroit. Et Viviers retrouve son calme épiscopal.

Nous descendons vers Valence, cent trente kilomètres au nord d'Avignon. Là, nous reprenons notre idée de départ : ouvrir une discothèque dans une péniche. C'est reparti !

Parallèlement, je reprends ma vie de braqueur. Mes anciens contacts m'acceptent dans leurs équipes comme si j'étais parti la veille. Si je me remets aux braquages, ce n'est pas pour l'adrénaline mais pour l'appât du gain. Je suis un voyou à cent pour cent.

Je renoue aussi avec les demoiselles qui, après un an d'ascétisme nippon, me paraissent encore plus désirables. Céline, âgée de 18 ans, s'amourache de moi. Histoire de me mettre le grappin dessus, elle se fait mettre enceinte. Je me retrouve au pied du mur. Elle est convaincue que je vais céder. Elle me connaît mal. Je me brusque et refuse tout mariage voire même toute vie à deux. J'ai tort car elle interprète mon attitude comme un rejet et ne tarde pas à trouver épaule plus compatissante en la présence d'un banquier.

J'apprendrai ultérieurement la naissance de notre fille, Christelle.

Mon histoire avec elle sera faite d'absences et de retrouvailles. Pendant les deux premières années, je ne chercherai pas à la connaître. Je ne croiserai plus sa mère, bien qu'elle continue de vivre à Valence. Un jour, l'envie de voir cette gamine sera plus forte. Je m'en ouvrirai à Chichon, un ami propriétaire d'un bar et ancien client de *La Péniche*, qui connaît ma liaison avec Céline. Il est en relation avec mon ancienne petite amie.

« Ne fais pas ça, Didier, me conseille-t-il.

– Pourquoi ? C'est ma fille, après tout.

– Bien sûr c'est ta fille mais elle ne sait pas que tu es son père. Depuis que tu l'as quittée, sa mère a rencontré un gars très bien. Bonne situation, bonne mentalité. Il s'occupe de ta Christelle, elle ne manque de rien, crois-moi.

– Il travaille dans quoi ?

– La banque. »

Moi qui braque des banques, apprendre que ma propre fille est élevée par un banquier, je trouve que le destin ne manque pas d'humour.

« Qu'est-ce que je dois faire, d'après toi ?

– Rien. Tu ne fais rien, tu les laisses vivre leur vie. Y a pas d'urgence. »

Je ne fais effectivement rien. Je refrène même mon envie d'aller la regarder, en cachette à la sortie de l'école. Toutefois, grâce à ce même barman, je prendrai régulièrement de ses nouvelles. À chaque fois, il me fera la même réponse : « Tout va bien. »

Il m'annoncera même que, suite à une promotion du banquier, ils quittent Valence pour Paris.

Tout changera bien des années plus tard…

… Cela remonte à six ans désormais.

Un jour, je reçois un appel de la mère de Christelle. Notre fille, passé l'âge de 35 ans, a appris mon existence et souhaite me voir. Nous nous rencontrons. C'est le coup de foudre. Je lui dévoile mon passé, sans entrer dans les détails. Entre nous pas la moindre trace de regret. Je sais qu'elle a eu une enfance heureuse que je n'aurais sans doute pas pu lui offrir avec ma vie instable. Elle m'affirme qu'elle aimera et respectera toujours son père nourricier. Je la comprends totalement, ayant moi-même adopté des enfants.

Malgré mes années d'absence, les braquages n'ont pas changé. Quelques fourgons des tris postaux, comme avant, et de plus en plus de banques. On entre, on braque, on sort.

À aucun moment, les flics ne remontent jusqu'à moi. Pas forcément de la faute de leur incompétence. Les policiers ne sont pas légion et doivent traiter trop d'affaires en même temps. Imaginons qu'ils me soupçonnent : ne disposant d'aucune preuve, ils sont obligés de me placer sous surveillance, ce qui mobiliserait trois ou quatre fonctionnaires à plein temps, sans aucune garantie de résultat. Car je reste quelqu'un de très discret, ne fréquentant pas les bars peuplés de truands ni ne jouant les cadors au quotidien. Je mène grand train, certes, mais les policiers pensent que c'est grâce à l'argent de ma discothèque. Jamais il ne leur viendrait à l'esprit que mon pactole émane d'autres sources moins avouables.

Mon principal signe extérieur de richesse se situe dans les voitures que je paie cash, sans jamais aucun contrôle des impôts. Un jour, un concessionnaire Citroën qui traîne dans ma discothèque où il boit plus que de raison, m'explique qu'il est encombré par une magnifique DS décapotable carrossée par Chapron. Le nec plus ultra en la matière.

« Pourquoi tu l'as achetée ? je lui demande.

– Pour ma femme. C'est un cadeau. Je croyais que ça lui ferait plaisir.

– Elle n'aime pas les belles voitures ?

– Si, elle les adore. Mais pas celle-là.

– Elle a quelque chose contre les voitures françaises ?

– Pas du tout. Elle ne s'est jamais plainte de rouler en Citron. Manquerait plus que ça.

– Alors quoi ?

– Alors elle n'aime pas les décapotables. Elle a peur d'être décoiffée ! »

Retenant un sourire, je fonce dans mon bureau d'où je tire une liasse de billets. Je la dépose devant le mari marri. Il me tend les clés de la DS.

Tenir une discothèque permet de côtoyer énormément de monde. En particulier le gratin de la ville qui aime venir boire et s'amuser à n'importe quelle heure de la nuit. Cela concerne aussi les policiers avec qui j'entretiens des rapports très cordiaux.

Je finis par connaître tellement de monde que cela me joue des tours.

Un jour, le commissariat de Montpellier me convoque pour un interrogatoire. Je ne suis pas inquiet car, n'ayant jamais braqué dans ce secteur, cela ne peut me concerner directement. De fait, ils veulent me poser des questions sur un certain Stéphane.

« Stéphane ? Connais pas. »

L'un s'approche de moi :

« Tu me prends pour un con ? »

Je ne comprendrai le vrai sens de sa remarque qu'un peu plus tard. En effet, je connais bien un Stéphane. Surnommé Steph, ce qui fait que je ne fais pas immédiatement le lien avec lui. Nous nous retrouvons parfois au bar d'une discothèque proche de Montpellier. Un soir, le patron nous invite à trinquer avec lui. Nous nous retrouvons à une table où se détendent des flics, dont celui qui me fit cette singulière remarque. Désolé mais je n'avais pas fait le rapprochement.

Désormais, quand un policier me demandera :

« Vous connaissez Untel ? »

Je répondrai systématiquement :

« Oui.

– Vraiment ?

– Depuis vingt ans que je suis dans les boîtes, je connais tout le monde. Mais je ne sais plus forcément qui est qui. Alors si vous me demandez si je connais quelqu'un, dans le doute je préfère répondre oui. On ne va pas se disputer pour ça ! »

Histoire d'explorer un nouveau terrain de chasse, nous partons attaquer des banques en Suisse. La tâche est aisée car là-bas les guichets ne sont séparés du public par aucune glace. Il suffit presque de se pencher pour ouvrir les tiroirs et ramasser les billets.

En Suisse, j'effectue mon premier gros braquage de banque. Gros et dangereux.

À Carouge, dans la banlieue de Genève. Nous commençons par repérer les lieux. Le commissariat n'est pas loin de l'établissement visé. En Suisse, les flics sont des rapides. À la moindre alerte, ils sautent dans leur voiture et se précipitent arme au poing. Ils interviennent comme des commandos militaires et n'hésitent pas à tirer. Chez eux, les banques c'est sacré. Raison pour laquelle il n'y pratiquement jamais eu de hold-up... jusqu'à notre arrivée. De plus, les habitants, méfiants, sont toujours enclins à dénoncer des visages suspects. Tous les Suisses sont auxiliaires de police. Avec nos accents marseillais, nous risquons de ne pas passer inaperçus. Mais le jeu en vaut la chandelle.

Les préparatifs s'étalent sur plus de deux mois. Repérages mais aussi installation. Nous louons deux appartements et trois voitures. La première étape importante consiste à faire passer les armes par la frontière. Une fois équipés, nous répétons. Aucune caméra, aucune vitre de protection. Du gâteau. Le plan est d'attaquer à quatre. Trois descendront de la voiture pendant que le chauffeur restera prêt à démarrer. Nous avons relevé plusieurs itinéraires de fuite possibles.

L'ensemble de notre action ne doit pas excéder trois minutes. Le jour J, nous frappons. Notre véhicule s'arrête pile au bon endroit. La circulation est dense mais la chance nous sourit. Nous jaillissons, cagoulés. Entrés dans la banque, nous crions la phrase traditionnelle : « Que personne ne bouge. » Il faut être très déterminé. Que chacun comprenne que nous ne sommes pas là pour plaisanter. Tout passe par la voix et l'attitude. La moindre hésitation est une faiblesse que les employés mettront à profit. Mon rôle consiste à rester à l'entrée pour surveiller à la fois l'intérieur et l'extérieur, au cas où des clients se pointeraient. J'ai les yeux partout. Je vois un des employés s'approcher des caisses. Je lui hurle de ne pas bouger et de rester contre le mur. L'un de mes complices, entré dans un bureau où il vide les tiroirs, s'étonne du bruit. Il sort pour demander ce qui se passe. Erreur. Je détourne la tête un court instant pour lui expliquer. Un employé en profite. Il s'approche d'une des caisses et appuie sur la pédale d'alarme. Une action de kamikaze car j'aurais très bien pu tirer sur lui. Ce n'est pas mon genre. Sachant la police toute proche, nous quittons précipitamment les lieux, sans avoir terminé de vider les caisses. Regrettable car elles étaient bien pleines. Deux minutes de plus et c'était le jackpot. Cependant, notre départ n'est pas assez rapide. Dehors, nous voyons les voitures de police foncer sur nous. Heureusement, la circulation les bloque. Plusieurs policiers sortent de leur véhicule et pointent leurs armes vers nous. La fusillade est proche. S'ils tirent, nous répliquerons, qu'ils ne se bercent pas d'illusions. Heureusement, le grand nombre de badauds nous sert de bouclier. Les flics, craignant une balle perdue, d'un côté ou de l'autre, renoncent à nous canarder. Je leur jette un dernier regard avant de m'engouffrer dans la voiture qui démarre sur les chapeaux de roues. Notre chauffeur a des nerfs d'acier. Il se faufile avec habileté entre les voitures. L'itinéraire parfaitement mémorisé, il ne se trompe pas une seconde, ne commet aucune faute et distance les flics.

La police étant sur les dents, nous restons planqués une semaine, le temps que les choses se tassent. Pour passer la frontière, nous répartissons le butin dans les banquettes de plusieurs voitures. Les douaniers suisses s'intéressent plus aux véhicules qui entrent qu'à ceux qui sortent. Aucune fouille. L'un d'entre nous a même le culot de prendre le train. Il place le sac rempli de billets en début de compartiment et va s'asseoir à l'autre bout. Si un douanier a la curiosité de regarder à l'intérieur, il ne pourra pas faire le rapprochement avec le voleur. Cela reste quand même risqué mais le voyage s'effectue sans incident.

Ce premier braquage, en dépit de l'alarme intempestive, nous donne des ailes. Nous voilà bientôt de retour dans la Confédération helvétique. Nous sommes les premiers à véritablement braquer leurs banques. Au fur et à mesure, elles se perfectionneront : mise en place de vitres pare-balles, de gardiens, de caméras, etc. Nous avons le temps de les délester de quelques centaines de milliers de francs… suisses.

Nous continuons de surveiller les banques. Là, le comportement d'un homme nous intrigue. Des allures de comptable. Il vient déposer régulièrement de grosses sommes en liquide au guichet d'une banque sur laquelle nous avons des vues. Nous le prenons en filature. Ce type ne se déplace qu'en vélo. Nous le suivons jusqu'à une grosse fromagerie où il travaille. Plusieurs fois par semaine, il en sort avec sa sacoche qu'il installe sur le porte-bagage arrière de son vélo, simplement maintenue par une sorte de grille qui se rabat comme un crochet. Ni cadenas, ni chaîne, ni sécurité. Rien ! Nous n'en croyons pas nos yeux. Nous continuons de surveiller ce drôle de bonhomme et constatons qu'à chaque fois il sort de sa sacoche d'énormes liasses.

Monter ce vol est d'une déconcertante facilité. Un jour, nous suivons ce cycliste en voiture. Nous nous arrêtons à sa hauteur jusqu'à le frôler et n'avons qu'à tendre la main pour soulever la grille en fer et prendre la sacoche. Au moment de partir, nous l'entendons hurler :

« Sales cons ! »

LES DEMOISELLES D'AVIGNON

VI

Jacky m'appelle. Il veut me voir. En urgence.

Je le connais depuis quelque temps et j'ai déjà travaillé avec lui. Pas sur des braquages mais dans une arnaque au PMU. Jacky est un turfiste acharné qui connaît toutes les combines. Mon boulot consistait à récupérer le maximum de tickets de tiercé dans toute la région. Je n'étais pas le seul à sillonner les routes pour lui, nous formions toute une équipe. Le problème de Jacky est qu'il reste un joueur dans l'âme. L'argent qu'il gagne aux courses, il le perd aux cartes et vice versa. Il a toujours vécu du flambe et a touché à tout : les courses, les cartes, les dés. Ça lui a apporté beaucoup d'argent mais ça lui en a repris tout autant. Une vraie vie de flambeur. Aucune importance pour moi, je l'apprécie beaucoup.

S'il me veut voir, inutile de me faire un dessin, c'est pour me parler d'une « affaire ». Nous convenons d'un rendez-vous dans son bar fétiche, le *Welcome* à Marseille, face à la plage des Catalans. Endroit agréable sur le front de mer, ambiance de quartier marseillais avec ses clients forcément pittoresques et forts en gueule. Avec, surtout, des recoins suffisamment discrets pour pouvoir discuter en toute tranquillité. Jacky est un homme de relations. Beau parleur, d'un abord sympathique, il sait lier amitié et entretenir des contacts précieux dans son métier. Et son métier, bien sûr, le situe de l'autre côté de la loi.

L'un de ses plus fidèles amis se prénomme Marcel. Ils ont grandi ensemble dans le quartier des Catalans à Marseille. Dès l'école communale, ces deux-là surent qu'ils n'étaient pas faits pour suivre un parcours classique. Dans les cours des écoles, sur les bancs des classes, on dirait qu'une sorte de sélection naturelle s'effectue avec d'un côté les futurs diplômés, de l'autre ceux qui devront se contenter de pas grand-chose et, à la marge, quelques rares qui s'apprêtent à mener une succession d'aventures, parfois dangereuses. Marcel et Jacky formèrent un duo à part. En grandissant, Marcel devint un redoutable braqueur. Une carrière en dents de scie, comme c'est trop souvent le cas. Quelques passages par la case prison. Là il y gagna un surnom : le Loir. En dépit d'une nervosité permanente, Marcel est capable de dormir des heures, en toutes circonstances, comme un loir. Mais tout le monde n'est pas autorisé à lui balancer cet amusant surnom. Seulement les proches.

Pendant que son ami grimpait les échelons du braquage, Jacky profitait de ses propres réseaux pour mener diverses combines.

En réalité, le duo Marcel-Jacky est devenu trio. Suite à une regrettable erreur de parcours, le petit Marcel se retrouva derrière les barreaux de la centrale de Clairvaux, une ancienne abbaye cistercienne transformée en prison sous l'égide de Napoléon. La plus grande prison de France, mais pas la plus moderne. Marcel se lia avec César, un costaud. Autant le petit est une boule de nerfs et de muscles, toujours sur le qui-vive, autant le grand est un nonchalant qui ne se dépense jamais inutilement. Tous les deux condamnés à de lourdes peines et tous les deux libérés quasiment en même temps. Ça crée des liens. Indéfectibles dans leur cas. Ils se promirent de s'entraider. Non pour basculer dans l'honnêteté mais pour monter de nouveaux coups. Leur longue incarcération les avait transformés en têtes brûlées et, loin de se ranger des voitures, ils se révèlent prêts à toutes les audaces. Presque des kamikazes.

César, plus âgé que moi, sort de vingt ans de réclusion pour une attaque à main armée commise au Maroc alors qu'il n'avait que 21 ans. Peine très lourde compte tenu de l'acte, car César n'a blessé personne. Les juges décidèrent de faire un exemple.

Je pousse la porte du bistrot. Jacky est debout devant le bar, menant déjà grande conversation avec quelques clients. Nous nous saluons bruyamment et, histoire de donner le change aux non-affranchis, échangeons les banalités d'usage. S'isoler trop tôt eût été suspect. Après un moment, nous nous installons à l'écart. J'ai hâte de savoir ce qu'il a dans la manche.

« On va taper du côté d'Avignon, m'annonce-t-il d'emblée. Un gros coup. On a besoin d'une planque pour mettre le matos à l'abri. Comme tu connais bien le secteur, j'ai pensé à toi.

– Simplement pour le matos ou pour vous y planquer vous aussi ?

– Non. On vient, on déballe et on s'arrache.

– C'est quoi le matos que vous allez bouger ?

– Les tableaux de l'expo Picasso. »

Je ressens comme un choc. Difficile de ne pas être au courant de cette exposition. Surtout en habitant Avignon ! Depuis le 25 mai 1973, deux cents toiles et dessins sont offerts aux yeux du public dans le prestigieux cadre de la grande chapelle du Palais des Papes. La quasi-totalité de la production du peintre au cours des deux dernières années précédant sa mort. La grande chapelle est un édifice impressionnant : cinquante-deux mètres de long sur quinze de large et vingt de haut. Là, furent célébrées, à partir de Clément VI, toutes les cérémonies pontificales. Des milliers de visiteurs se sont déjà bousculés pour admirer ces chefs-d'œuvre et la ville résonne de ce succès international. Le vol me paraît audacieux mais, avant tout, inutile. Je ne peux m'empêcher de m'exclamer :

« Putain, Jacky, tu sais bien que c'est invendable ! Aucun fourgue n'est assez dingue pour t'acheter ça ! »

Voler c'est une chose, revendre en est une autre. Voleurs, braqueurs et casseurs possèdent leurs propres receleurs, plus ou moins fiables. Mais pour des œuvres d'art, c'est autrement plus complexe. Les toiles étant identifiées, leur disparition fait aussitôt l'objet d'une fiche détaillée d'Interpol expédiée aux polices du monde entier. Aucun musée ne se risquera à les racheter, pas plus qu'un riche collectionneur. Ou alors ces fameux amateurs américains ou japonais qui, dit-on, cachent dans de véritables bunkers des beautés dérobées en différents coins du monde. Mais il faut les connaître ces gars-là et avoir les moyens de les contacter. Et je doute que Jacky, en dépit de ses relations, possède les bons tuyaux dans ce domaine. Le trafic d'art est une spécialité qui n'est ni la sienne ni la mienne.

« Tu as raison, me répond-il. Mais on ne passera pas par un fourgue. Le mec qui m'a balancé l'affaire compte faire casquer les assurances. Il est en cheville avec un gros courtier en assurance. Si tu veux, il s'agit d'un kidnapping. On restitue le matos contre une rançon. Sauf qu'au lieu de kidnapper un môme ou un mec, ce que ni toi ni moi ne ferons jamais, on kidnappe des tableaux.

– C'est quoi comme assurance ?

– Des Anglais, la Lloyd's.

– Ce sont les plus gros sur le marché. T'as les moyens de leur parler ?

– Nous, on s'en occupe pas. C'est le courtier qui s'en chargera. Il affirme pouvoir toucher directement les gros bonnets de la Lloyd's.

– Vous avez chiffré le montant ?

– L'expo est assurée pour sept milliards de francs. On compte leur demander un milliard. Ils feront une affaire ! Ce milliard, on le partage en deux : moitié pour les exécuteurs, c'est-à-dire nous, moitié pour l'équipe chargée de la vente.

– N'empêche, même un milliard, ça ne va pas faire rire la Lloyd's. Faudra faire vachement gaffe.

– Encore une fois, c'est pas notre job. Nous, on se contente d'exploser l'expo et de planquer la marchandise. C'est là que tu interviens. Faut une planque sûre. C'est trop risqué de tailler la route tout de suite après le casse avec des tableaux plein le coffre.

– Te fais pas de mouron. Je te trouverai un endroit sans risque. T'as déjà ton équipe ?

– Il y aura trois gardiens à serrer alors on monte à quatre sur le coup.

– Je connais les garçons qui sont avec toi ?

– Je ne pense pas. Il y en a deux qui viennent de sortir de zonzon. Ils y sont restés quelques années. Mais ce sont des braves mecs, tu peux en être sûr. Tu t'entendras bien avec eux. »

Il s'agira de Marcel, César et Nino.

C'est ce dernier qui a apporté l'affaire. Petit, trapu, mâchoire carrée, imposantes rouflaquettes, gueule de boxeur et lunettes noires, Nino semble tout droit sorti d'un film de José Giovanni. Il bénéficie d'une certaine aura car en cheville avec de grands voyous que tout le monde respecte. Bien qu'originaire de Marseille, il a passé le plus clair de son temps à Paris où il gère toutes sortes d'affaires. Son défaut est identique à celui de Jacky : c'est un flambeur. Fervent de courses, il passe trop de temps sur les hippodromes. Y ayant perdu de grosses sommes, depuis peu il a effectué un retrait stratégique non loin de la cité phocéenne, à Pont-de-Vivaux où, comme par hasard, se trouve un hippodrome. Là, il a noué avec des petites bandes de quartier qui lui assurent ses subsides. Mais Nino a besoin de se refaire, de retrouver son ancien train de vie, son faste et sa réputation. Puisque Jacky s'en porte garant, je n'ai aucune raison de le mettre en doute, même si je me méfie toujours des gars à la ramasse prêts à tout pour reconstruire leur prestige d'antan. Et puis je ne suis pas censé intervenir directement sur le coup mais protéger les arrières des casseurs. Tout de même, je demande à voir l'ensemble de l'équipe.

« Organise une réunion avec tes amis, qu'on en discute, dis-je. Pas la peine de me dire l'endroit au téléphone. À Aix, chez Tonton, on sera tranquilles. Appelle-moi simplement pour me donner le jour et l'heure.

– Ok. Je les vois ce soir, je te rappelle demain. Faut pas traîner. »

Avant de partir, je tiens à lui faire un ultime rappel :

« On n'a jamais vu une équipe toucher des tunes avec des tableaux. C'est un piège à cons. Tu le sais bien, Jacky.

– Je sais, je sais, on me l'a déjà dit. Y aura pas de problème. »

Ce que moi je ne sais pas encore et que je découvrirai plus tard concerne les motivations de mon ami. Le vol des Picasso sera son dernier gros coup. Il ne s'agit pas d'une figure de rhétorique ni d'une forfanterie, il ne compte pas se retirer aux Bahamas avec de l'argent plein les poches. Seulement, Jacky est condamné. Pas par les tribunaux… par le crabe. Il a reçu ses résultats peu de jours avant notre rencontre. Son médecin ne lui a pas caché la vérité : au stade avancé de son cancer, il en a pour six mois, deux ans maxi. Alors Jacky a fait ses comptes : flambeur comme il est, il ne laissera pas suffisamment d'argent à sa famille. Sa femme Marie, mais aussi sa fille Martha et son fils Antoine qui marchent tous les deux bien au lycée. Les laisser sans rien le mine encore plus que la maladie. Il veut partir en leur offrant un petit matelas. Pour Marie, son idée est de lui offrir un petit commerce de fruits et qui marche bien, mis en vente par le vieux Titin. Il a mille fois raison. S'il m'en avait parlé lors de ce premier contact, je l'aurais soutenu. Le genre d'attitude que j'apprécie. Une forme de noblesse dans la voyoucratie. Le revers de la médaille est qu'il a sauté sur la première grosse affaire se présentant à lui. Plus précisément présentée par Nino dont je ne suis pas convaincu de la fiabilité. Jacky a-t-il suffisamment étudié le coup et ses conséquences ou est-il trop pressé pour s'attarder sur les détails ?

Dès le lendemain matin, il m'appelle : rendez-vous à 18 heures.

Tonton, qui tient l'*Auto-Bar* à Aix, est un homme de confiance. Si on lui demande une petite table pour causer business, il nous prépare un coin au fond et s'arrange pour que personne ne vienne nous déranger. Physiquement, il est le sosie de Raimu. Dont il a la faconde. Un rustre au grand cœur. Derrière son comptoir, il aime accentuer la ressemblance avec le patron du *Bar de la Marine* inventé par Pagnol en renforçant son accent marseillais. Il fait le spectacle. Je lui accorde une telle confiance que, à la veille de chaque gros coup, je passe le voir pour boire un verre et lui annoncer :

« Il va y avoir du pet demain, Tonton. Lis les journaux. »

C'est devenu une espèce de rituel qui, jusqu'à présent, m'a toujours porté chance. Quand je retourne le voir, après coup, il m'accueille par un :

« Putain, vous avez encore fait fort ! Mais fais gaffe, petit, qu'il ne t'arrive rien. »

L'Auto-Bar est un établissement discret, à l'écart du centre-ville. Clientèle d'habitués. J'arrive bien avant l'heure du rendez-vous. Je m'installe dans un coin avec vue sur la porte d'entrée. À 10 heures précises, je vois arriver Jacky avec deux gars qui n'ont pas des allures de séminaristes. Deux types tout en muscles aux mâchoires serrées qui ne donnent pas envie de leur taper dans le dos, et encore moins de leur faire une entourloupette. Marcel et César. Première fois que je les vois en chair et en os. Jacky fait les présentations. Les deux malfrats esquissent des rictus que j'interprète comme des sourires.

« On est contents que l'affaire t'intéresse, m'annonce le petit Marcel pour dégeler l'atmosphère.

– Avant d'aller plus loin, vous savez comme moi que pour toucher de la monnaie dans ce genre de turbin, il faut un receleur en béton. Vous êtes sûrs de votre gars ? »

Marcel n'est pas du genre à tergiverser. Ça me plaît. Il me répond du tac au tac :

« Non, on n'est pas sûrs à cent pour cent. Mais on est bien obligés de passer par lui. Deux solutions : soit on se méfie et on laisse tomber, soit on court le risque et on n'en parle plus. »

Il n'a pas tort, quoique j'aie un peu de mal à comprendre cette précipitation. En matière de vols plus qu'ailleurs, prudence est mère de sûreté. La nouvelle exposition étant annoncée comme permanente, nous avons de la marge, bien que perdre trop de temps fasse retomber l'énergie. Allons-y, alors. Il suffira de prendre un minimum de précautions pour encadrer les transactions. Ces tableaux représentent une énorme valeur tant financière que culturelle. Logiquement, la Lloyd's ne devrait pas rechigner à les récupérer. Jamais, elle ne prendra le risque de leur destruction.

« On n'en parle plus, dis-je après un court instant de réflexion. Comment vous avez prévu le partage ?

– On divise notre part en cinq : quatre pour ceux qui vont entrer et une pour la planque. Au final : cent briques chacun. »

Jolie somme. J'accepte. À partir de cette seconde me voici complice de ce qui deviendra l'un des plus gros casses de l'Histoire. Un vol dont on parlera encore une quarantaine d'années plus tard, dès qu'un tableau sera dérobé dans n'importe quel coin du monde. Une référence.

« Nino ne devait pas venir ? »

Mon inquiétude le concernant va grandissant. Ma question s'adresse à Jacky qui s'est montré discret jusqu'à présent.

« Il est occupé, m'explique-t-il. Mais il m'a dit de prendre la décision pour lui.

– Bizarre quand même, non ? »

À les regarder, je comprends que Marcel et César partagent mes doutes. Si notre confiance en Jacky n'était pas totale, nous serions prêts à ouvrir un débat sur la fiabilité de Nino.

VII

Dès le lendemain je me mets en chasse.

Je remonte sur Avignon par la nationale 7 chantée par Charles Trenet. Bordée de platanes des deux côtés, traversant des villages aux aspects disparates mais qui, tous, fleurent bon la Provence. Dans la cité papale, je dois rencontrer Michel. Un ami qui m'aidera à trouver la bonne planque. Comme le veut la tradition chez les voyous, nous nous retrouvons dans un café. Un de plus. *Le Central*, sur la belle place de l'Horloge, tenu par Jeannot, ancien pharmacien recyclé dans la limonade. L'hiver ne frappe pas en Provence comme ailleurs. La France tremble de froid mais cette place tant visitée par les touristes continuait d'être éclairée par un soleil éclatant. Jeannot a sorti sa terrasse. Quand j'y arrive, Michel est déjà assis, détendu comme en plein été. Nous commençons par discuter de tout et de rien. De nos boulots respectifs, de nos amis communs. Le déjeuner suit l'apéritif. Je n'ai toujours pas abordé la raison de ma visite. Inutile de précipiter les choses. Quand les cafés arrivent sur la table, j'entre dans le vif du sujet. Sans changer d'attitude, pour les éventuels regards indiscrets, mais en baissant le ton. Michel a l'ouïe fine. En quelques mots, je lui résume la situation. Je ne m'attends pas à une réaction aussi rapide de sa part :

« Je vais demander à ma frangine, m'annonce-t-il. Elle habite dans une maison à Pujaut, un peu à l'écart. Si tu as du temps, allons-y faire un tour, tu me diras ce que tu en penses. »

Et comment que j'ai du temps ! Si cette maison convient et si la frangine est d'accord, je peux boucler ma mission dans la journée. Je n'en reviens pas.

Nous nous levons pour partir. Jeannot dort sous son platane habituel, enfoncé dans une sieste réparatrice. Ses deux mains croisées sur son volumineux embonpoint, il a l'air tellement paisible que nous nous refusons à le réveiller. D'ailleurs rien ne le réveillerait. Ni la circulation environnante, ni les coups de klaxon. Quand Jeannot est avec Morphée, il est le plus heureux des hommes.

Pujaut n'est qu'à une dizaine de kilomètres au nord d'Avignon, de l'autre côté du Rhône. Et dans un autre département, le Vaucluse cédant sa place au Gard. La maison est discrète sans être totalement isolée. Elle me convient. Reste à convaincre la frangine. Michel sait y faire. Nous allons la voir. Il lui raconte qu'il aura besoin d'un endroit tranquille pour recevoir l'une de ses maîtresses. La sœur ne s'étonne pas un instant. Elle sait la cote qu'a Michel auprès de la gent féminine. Elle sourit même. Alors que je crains des complications, elle annonce qu'elle ira faire un court séjour chez leur mère, avec mari et enfants. Je me rends compte que Michel est tellement aimé par sa famille qu'elle ne peut rien lui refuser. Heureux homme.

Tout est désormais en place. Quand je reprends la nationale 7 à la nuit tombée, je sais que je vais pouvoir annoncer une bonne nouvelle à Jacky et sa bande. Nous convenons de nous voir prochainement pour fêter ça.

Nous voici au restaurant *la Mer* pour un repas qui s'annonce historique. Jacky, César et Marcel sont installés autour d'une des meilleures tables, face au front de mer. Devant eux, deux coupes de champagne plus un Martini pour Jacky dont c'est l'unique apéritif, ce qui lui vaut quelques railleries à l'heure du pastis. Un verre sombre au milieu des verres jaunes, ça se remarque !

En m'approchant, je devine un problème. Non pas dans leur attitude, ils sont tous les trois tout sourires, mais dans leur nombre. Nino brille à nouveau par son absence. Or, Jacky sait pertinemment que je tiens à le voir. C'est même une condition *sine qua non* à ma participation. Je ne m'embarque pas dans une affaire sans connaître chacun des participants. En croisant le regard de Jacky, je comprends qu'il a quelque chose à me dire.

Après avoir porté des toasts au paysage qui s'étend devant nous et à notre proche aventure, il annonce la couleur : Nino ne participera pas au casse. Il ne se retire pas de l'affaire mais bascule dans le groupe des revendeurs. Plus question pour lui d'aller chercher les tableaux au Palais. Intérieurement, j'en conclus qu'il a pris peur. Voler est plus dangereux que négocier. Il ne s'agit pas de contacter d'éventuels acheteurs, de marchander avec eux mais de foncer arme au poing, décrocher une centaine de toiles, embarquer le tout dans une estafette et prendre la fuite sans commettre le moindre impair. Pour moi, Nino ne s'en sent pas capable. Sans qu'il me l'avoue, je crois que Jacky est parvenu à la même conclusion. Mais Jacky est un vrai pro. Il a tout verrouillé avec Nino : puisque celui-ci ne participera pas au coup, il récupérera sa part dans le deuxième groupe.

Tout cela est expédié en quelques phrases. Jusqu'à ce que Jacky en arrive à la conclusion :

« Ça te dirait de faire partie du coup ? On en a parlé entre nous, on est tous d'accord. »

Si je m'attendais !

« C'est une super nouvelle. »

Je lève à nouveau mon verre :

« À ma promo ! »

L'idée de participer directement à l'action m'enchante.

Il est temps d'entrer dans les détails. Je leur en dis plus sur la planque de Pujaut, soulignant ses avantages, notamment le fait qu'elle ne se situe pas trop loin du centre d'Avignon et que nous l'aurons rejointe en une vingtaine de minutes. Jacky, de son côté, me raconte les résultats de ses observations. Vers 20 heures, les gardiens du Palais des Papes sont au nombre de trois. Un gardien de jour ouvre la porte à ses deux collègues qui feront la nuit. Chaque soir, ils se font un petit apéro avant le départ du gardien de jour. Détail supplémentaire : le Palais est en travaux et des échafaudages sont installés en divers endroits.

Concrètement, il nous faudra deux véhicules préalablement volés. Un fourgon pour transporter les toiles, une voiture placée en couverture dans une rue proche en cas de départ précipité. Nécessité de revoir les lieux à Avignon pour décider de leurs emplacements précis au moment du coup.

Avant de passer à un autre sujet, je tiens à régler un détail important : c'est la première fois que nous allons déménager des tableaux. Que dis-je ? Des chefs-d'œuvre ! Ça ne se manipule pas comme des liasses de billets, ni même des lingots. Nous convenons qu'il nous faudra agir avec doigté. Pas question de saboter le travail : on décrochera chacune des toiles, sans les découper, et on installera le tout sur des couvertures posées sur le sol de la fourgonnette. Même si aucun de nous n'est féru de peinture, nous avons conscience de leur valeur artistique. Tant pis si cela nous prendra du temps.

Au même moment, nous arrêtons une décision importante : que faire si les négociations n'aboutissent pas ?

« Dans le cas extrême où tout se passerait mal, on a décidé de rendre les toiles. On ne va pas faire comme ces abrutis qui détruisent les objets d'art pour se préserver. »

Ce sera, mot pour mot, ce que j'annoncerai à Michel.

Durant les jours suivants, nous plaçons nos pions. Pour entrer à l'intérieur du Palais, il existe une rampe d'accès en forme de plan incliné qui mène directement au portail principal. Sur l'immense place qui jouxte le bâtiment historique s'étend un parking. C'est là que nous placerons la fourgonnette. Personne ne la remarquera et Jacky bénéficiera d'un angle de vision idéal pour surveiller les alentours. De plus, en mettant le véhicule au bon endroit, il n'aura pas à manœuvrer pour monter la rampe d'accès. La voiture de secours, elle, sera installée à une centaine de mètres du lieu de l'exécution, place de la Mirande, sur un petit parking débouchant sur deux rues favorisant une sortie rapide de la ville. Nous placerons ces deux engins motorisés la veille du jour J. Ils ne seront pas fermés, les clés cachées sous le tapis de sol mais de manière à être rapidement récupérées. Michel s'en chargera.

Nous mettons au point notre plan d'attaque : entrer quand le gardien de jour est seul, juste avant l'arrivée des deux autres. Il faudra le neutraliser sans qu'il puisse donner l'alerte. L'un des moments décisifs de notre action. Depuis la fourgonnette, Jacky sera aux aguets. Au moindre incident, il tapera plusieurs coups rapides sur le micro de son talkie. Nous décamperons immédiatement. Si tout se passe bien, nous accueillerons les deux autres gardiens de l'intérieur. Voyant la porte s'ouvrir, ils ne devraient pas se méfier et pénétrer dans le bâtiment sans vraiment nous remarquer. Nous leur préparerons un comité d'accueil.

D'après nos observations, aucun garde n'est armé. Il est possible que se trouve, dans la salle de garde, un fusil, mais nous n'en avons aucune certitude. En revanche, quand le gardien de jour ouvre la porte à son premier collègue de nuit, il a les mains vides. Nous le savons pour l'avoir vu, de loin, à plusieurs reprises. Les neutraliser ne devrait pas poser de problème majeur. Ils ne sont que des gardiens de musée, pas des militaires rompus à toutes les disciplines de combats.

Dès que ces trois lascars seront bâillonnés et ligotés, je préviendrai Jacky de se mettre en route. Trois coups sur mon talkie. Nous ouvrirons les portes du Palais à la fourgonnette et y chargerons les tableaux. D'après nos calculs, en s'y prenant à quatre, le transfert ne devrait pas excéder trente minutes. Ensuite nous repartirons. Direction Pujaut. Michel se tiendra sur le pont pour vérifier que la route sera libre. À notre signal, il le traversera en voiture et nous donnera le feu vert. Marcel et César tiennent à récupérer la voiture de la place de la Mirande. Ils n'ont pas tort : en cas de souci, elle pourra servir de diversion ou même forcer un barrage. Je monterai donc dans la fourgonnette avec Jacky pendant qu'eux se chargeront de la bagnole. Une fois le pont traversé en toute sécurité, chacun taillera sa route. La fourgonnette ira déposer le butin à Pujaut, où je compte passer la nuit. Jacky repartira seul.

Nous révisons ce plan encore et encore pour soigner le moindre détail, repérer la moindre faille. Il nous paraît bon. Pas infaillible mais suffisamment solide pour tenter le coup.

« Il y aura un moment de chaleur, rappelle Jacky, si quelqu'un passe au moment où on serre les gardiens dans la rue.

– C'est clair, lui répond Marcel. Il ira porter l'alerte tout de suite. »

Effectivement, la manœuvre consistera à ouvrir la porte pour attirer les gardiens à l'intérieur. Porte qui donne directement sur l'immense place faisant face au Palais. Une personne passant à proximité comprendra immédiatement que se trame quelque chose de louche.

« Un petit risque que nous ne pouvons éviter », philosophe César.

Jacky surveillera les allées et venues et nous alertera au moindre signe suspect. Je lui rappelle :

« À chaque gardien, n'oublie pas de nous dire si tout va bien. Tout va se passer très vite, on n'aura pas le temps de vérifier si quelqu'un nous a mordus.

– T'inquiète pas, j'ai de bon yeux.

– Quand les trois gars seront saucissonnés, je descends t'ouvrir. Je tape trois coups sur le talkie, tu peux te mettre en route. J'attendrai que tu sois au milieu de la rampe pour commencer à ouvrir le portail.

– D'accord, je monterai doucement, en veilleuse. Pas besoin des codes avec les projecteurs qui éclairent la façade.

– T'as raison de ne pas en rajouter.

– Il nous faudra une demi-heure pour charger. Ce n'est pas lourd mais volumineux. Michel sera devant quand nous filerons ?

– Il sera à proximité du pont. Il faudra lui signaler notre arrivée pour qu'il ait le temps de le traverser et de nous avertir si tout va bien. Demain, j'irais voir avec lui où il se placera.

– C'est bien, Didier, qu'on ait Michel devant, mais je voudrais récupérer notre voiture pour qu'on puisse s'intercaler entre Michel et le fourgon au cas d'une mauvaise rencontre, explique Marcel. On pourra toujours tenter quelque chose pour faire diversion et vous donner la chance de passer.

– Ok, ça me va, répond Jacky. Didier, tu monteras avec eux, c'est pas la peine qu'on soit deux à prendre des risques.

– Non, je t'accompagne. Marcel et César ne s'arrêtent pas à la planque, moi je vais y passer la nuit.

– Ils peuvent te laisser au passage.

– Non, je reste avec toi. On ne sait jamais. Suppose qu'il te passe une idée bizarre dans la tête et que tu t'arraches avec les toiles ! »

Les trois hommes me regardent interloqués et, comprenant que je plaisante, éclatent d'un grand rire.

Jacky, par ses contacts, n'a aucune difficulté à récupérer des véhicules volés. En fait, il « commande » à une équipe de jeunes voyous marseillais un fourgon et une berline Peugeot. La livraison s'effectue quelques jours plus tard, parfaitement conforme à notre attente. La fourgonnette est maquillée pour devenir un véhicule de la Vauclusienne de nettoyage. Elle passera inaperçue.

Comme convenu, la veille du jour J, nous allons la garer sur le parking du Palais des Papes. Coup de chance : la place que nous convoitions est libre. L'endroit idéal.

Moins de chance, place de la Mirande. L'emplacement visé est déjà occupé par une voiture. Il nous faut attendre. Si son propriétaire ne la récupère pas dans la soirée, nous sommes marrons. Au bout d'une heure, César et Jacky repartent. Marcel les attend dans sa voiture pour les reconduire à Marseille. Je me retrouve seul avec Michel à pester contre un automobiliste qui joue l'Arlésienne. J'ai presque envie de la bouger moi-même cette bagnole. Mais ça attirerait les flics. Enfin, au terme d'une autre heure d'attente, le proprio récupère son bien. Pas l'air pressé. À peine a-t-il démarré que notre berline récupère la place. Enfin détendus, Michel et moi allons boire un dernier verre au *Central*.

Demain on tape !

Cour d'honneur du Palais des Papes.
L'escalier menant à la grande chapelle est situé à l'extrême gauche sous la grande voûte.

Entrée principale de la cour d'honneur (vue de l'intérieur).
La camionnette passa par là pour venir se garer au pied de l'escalier.

VIII

Il fait nuit noire lorsque nous nous approchons du Palais. Nous avons revêtu des tenues sombres d'ouvriers. Nous n'allons pas entrer par la façade, aux allures de forteresse imprenable, mais par l'arrière, du côté de la place de la Mirande. Des échafaudages nous permettent d'accéder facilement au terre-plein autrefois utilisé pour les jardins et vergers. De là, nous empruntons un passage voûté passant sous la Tour du Pape. Il nous amène directement dans la cour d'honneur.

La grande chapelle se situe sur notre gauche, dans l'aile Clément VI. Nous montons les soixante marches qui nous y mènent. Un escalier intérieur large, avec plusieurs paliers. Conçu par l'architecte Jean de Louvres pour accueillir les cortèges lors des grandes cérémonies. Flanqué de plusieurs chambres destinées aux corps de garde chargés d'effectuer la surveillance. Celle qui nous intéresse est la dernière, au sommet. Tout près des deux vantaux donnant accès à la chapelle. Une petite pièce donnant d'un côté sur l'escalier, de l'autre sur le lieu de culte désormais réservée aux gardes du musée. C'est là que deux d'entre eux doivent passer la nuit. La porte fait environ deux mètres de haut sur un bon mètre de large. En bois ancien mais solide. Nous n'avons pas l'intention de la fracturer, seulement d'attendre que le gardien en sorte. Nous nous plaquons contre le mur pour mieux le surprendre à sa sortie. Nous sommes tendus car c'est l'instant de vérité : si tout se déroule selon nos plans durant cette première phase, ce sera déjà cinquante pour cent de réussite.

Un bruit de clé dans la serrure. La lourde porte s'entrouvre. Un homme apparaît. Il a à peine mis un pied dehors que déjà le petit Marcel est sur lui. Il a bondi comme un fauve. Le gardien n'a pas le temps de comprendre ce qui lui arrive que nous sommes déjà trois autour de lui. Il se laisse ligoter tranquillement, sans protester. Doux comme un agneau. Marcel s'occupe de lui, César et moi inspectons les alentours au cas où quelqu'un traînerait. Personne. La voie est libre. Marcel d'entraver le gardien qui ne proteste pas. César l'aide à se relever. Le malheureux semble à moitié groggy. Comprend-il vraiment ce qui est en train de se passer ? Nous l'asseyons sur le lit de camp étendu dans un coin de la pièce. Pas une seconde à perdre. Les deux gardiens chargés de la relève de nuit ne doivent pas être loin de la porte d'entrée qui donne sur le parking extérieur. Cette fameuse porte qui fait naître nos pires inquiétudes car nous craignons toujours qu'un passant remarque quelque chose.

Nous dévalons l'escalier quatre à quatre. Et là, surprise ! L'un des gardiens est déjà dans le bâtiment. Il a dû ouvrir avec sa propre clé. Nous profitons de l'effet de choc pour le ceinturer et le neutraliser. Lui non plus n'oppose aucune résistance. Nous l'asseyons à terre, non loin de la porte donnant sur la rue. Je reste près de lui, une main sur mon talkie, l'autre sur son épaule pour lui faire comprendre qu'il n'a pas intérêt à bouger. Nous ne parlons pratiquement pas. À peine des « Reste tranquille ! » ou des « Tu n'as rien à craindre », adressés au gardien. Entre nous, les complices, pas un mot.

Marcel est à la porte, l'œil rivé à l'œilleton. Le troisième homme se trouve de l'autre côté. Par talkie, Jacky donne le feu vert. Je fais signe à mes deux complices. Ils ouvrent la porte et tirent le troisième homme à l'intérieur du bâtiment. Ça ne prend qu'une seconde mais aucun d'entre nous ne sait si nous avons été repérés.

Contrairement à ses deux collègues, il se montre beaucoup moins coopératif. Il se rebiffe, tente de nous frapper. Face à Marcel et César, il n'a aucune chance. Le plus petit lui assène un coup de crosse sur la tempe. Cette fois le gardien comprend à qui il a affaire. Sa blessure n'est que superficielle et ne saigne pas. Si Marcel avait vraiment voulu frapper fort, l'homme serait inconscient. Pourtant, après le vol, ce gardien en rajoutera sur notre « extrême violence » et jouera les victimes face aux médias trop contents d'avoir des détails à se mettre sous la dent. Je peux témoigner qu'il est surtout mort de peur.

Pour le moment, nous ne pensons pas à l'avenir. Jacky nous prévient que tout va bien. Nous pouvons continuer. Nous emmenons les deux nouveaux arrivants en haut des marches, dans la salle de garde où attend sagement leur collègue. Deux sont allongés sur les lits de camp, le troisième sur le sol. Ils ne nous causeront aucun problème.

Je descends ouvrir le portail pour faire entrer le fourgon. Seul dans cet immense décor, je suis impressionné par la grandeur du site, presque écrasé par tous ses siècles d'histoire. J'ai conscience que notre action est presque sacrilège en ce lieu béni. Autrefois, ici même, vivaient des papes et des curés. Cette vision d'hommes en soutane me ramène aux maristes d'Aubenas et chasse mes derniers remords.

Devant la grand-porte qui donne accès au parvis, j'envoie le signal à Jacky qui doit commencer à trouver le temps long. Trois souffles dans le talkie. Jacky me répond de la même manière. Tout va bien.

J'entrouvre le portail et me retrouve aveuglé par de puissants projecteurs. Il ne s'agit heureusement pas de la police mais des lumières mises en place pour éclairer la majestueuse façade du Palais. Je regarde sur ma droite. La fourgonnette, veilleuses allumées, a déjà effectué la moitié du chemin. Elle monte la rampe d'accès. Un coup d'œil sur le parking. Deux véhicules s'apprêtent à le quitter. Personne n'a l'air surpris par la manœuvre de ce véhicule de la Vauclusienne de nettoyage. Pas un flic en vue.

L'estafette franchit l'entrée. Pendant que je referme le portail, elle bifurque sur sa droite, longe l'aile des Grands-Dignitaires sur sa droite pour se garer au bas des marches. Quand je le rejoins, Jacky est en train d'ouvrir les portes arrière. En deux mots, je lui explique que les gardiens sont neutralisés et que nous pouvons procéder au chargement.

Nous montons quatre à quatre. Nos deux amis non plus n'ont pas perdu de temps. Ils ont commencé à décrocher les tableaux qu'ils déposent en haut des marches. Le vol s'effectue sans aucun discernement si ce n'est la taille. Les toiles trop grandes pour être manipulées et, *a fortiori*, pour entrer dans la camionnette sont écartées d'office. Pour le reste, comme nous n'y connaissons rien, nous décrochons ce qui se présente devant nous. Pas le temps d'effectuer un tri. Ni le talent.

Jacky et moi attrapons chacun un premier lot et faisons chemin inverse.

« Il faut les ranger de chant, les uns à côté des autres, annonce Jacky. Ils se caleront d'eux-mêmes, ça évitera de les abîmer.

– Tu as raison. Range-les, moi je te les ramène. »

J'ai remarqué que Jacky était essoufflé en montant l'escalier. Je mets ça sur le compte de l'âge, il n'est pas aussi vaillant ni aussi sportif que nous. Inutile de le fatiguer pour rien. Monter et redescendre à toute vitesse ne me gêne aucunement. Quand je suis dans l'action, je me sens capable de déplacer une montagne. En l'occurrence une montagne de tableaux. Pendant une demi-heure, j'effectue ainsi montées et descentes. Avec cette impression que cela ne finira jamais. César et Marcel ne cessent de me ramener des tableaux. À un moment, il faut s'arrêter, la fourgonnette est presque pleine. J'interroge César.

« On en a décroché une quinzaine encore, m'annonce-t-il. On en fait quoi ?

– On n'a plus de place. Si on bourre trop, on va les abîmer. Et puis, on en a assez, non ?

– Ok c'est bon, on s'arrache. »

Policiers et journalistes se perdront en conjectures quant à l'abandon de ces toiles.

À côté de la fourgonnette je souffle un peu. Marcel fait de même. Jacky referme les portes.

« Les mecs de la Lloyd's vont pleurer », nous annonce-t-il en souriant.

César nous rejoint. Il nous donne des nouvelles des trois gardiens : ils sont toujours à leur place, menottés. La blessure du récalcitrant a un peu saigné mais sans plus. Par contre il a un œil qui a viré au bleu nuit. César les a trouvés très calmes et nullement angoissés. Le temps qu'ils donnent l'alarme, nous serons loin.

Il se met au volant. Je grimpe sur le siège passager. Marcel court vers le portail. Il entrouvre d'abord pour s'assurer que la voie est libre puis ouvre en grand. Jacky s'engage vers la sortie et descend la rampe. Autre phase périlleuse : si une patrouille de police s'inquiète de voir un véhicule quitter le Palais, elle peut nous bloquer la route. Mais nulle voiture à gyrophare aux alentours.

« Que le dieu des joueurs soit avec nous », murmure Jacky.

Par talkie, j'envoie à Michel le signal lui indiquant que nous sommes en route. Dans quelques minutes nous franchirons le pont, à lui de nous dire si la voie est libre. La gendarmerie de Villeneuve, située à moins de trois cents mètres du pont, a la fâcheuse habitude de déclencher des contrôles inopinés, et de mettre en place des barrages, côté Gard. Pas ce soir.

Les rues sont quasi désertes. Nous ne croisons que trois voitures et quelques passants, pressés de rentrer chez eux. Le pont s'ouvre devant nous. Michel ne nous ayant pas alertés, nous pouvons le franchir en toute sécurité.

Dernière étape : passer devant la gendarmerie, seule route possible. Nous n'avons pas le choix, à moins de faire un gigantesque détour. La voiture conduite par Marcel nous double. César nous adresse un large sourire et lève le pouce. Ils sont prêts à faire diversion au cas où les pandores se montreraient trop curieux. Jacky et moi sommes pleinement rassurés. Il faudrait vraiment un coup de malchance terrible pour nous faire coincer à cet instant.

La gendarmerie paraît endormie. Aucun uniforme à l'extérieur. Nous longeons la voie de chemin de fer et empruntons la petite route qui mène à Pujaut. Mon talkie résonne. Michel est en place à la villa de sa sœur. Je réponds par trois souffles. La voiture conduite par Marcel passe devant la planque sans s'arrêter. Les deux amis ont pour mission d'attendre Jacky quelques kilomètres plus loin.

Quand nous arrivons, le portail est ouvert. La fourgonnette s'y engouffre et s'arrête devant le porche. En un quart d'heure, à trois, nous transportons toutes les toiles dans la salle de séjour. Aucune n'a souffert du transport.

Je suis frappé par la propreté de la maison. Ça sent l'encaustique et la lavande présente dans les produits de nettoyage. Sur les murs d'une blancheur éclatante, car recouverts de chaux, le bois blond des meubles provençaux se détache harmonieusement.

Tout est en place. Jacky ne veut pas traîner. Il préfère se débarrasser au plus vite de la fourgonnette. Le plan est de la garer sur le parking d'une résidence de Remoulins, à une vingtaine de kilomètres au sud-est de Pujaut. Nul ne sait si l'alerte a déjà été donnée. Je l'embrasse avec chaleur. Puis, je regarde les phares arrière s'éloigner dans la nuit. Je consulte ma montre. Il y a moins d'une heure que nous sommes entrés dans le Palais.

Je me retrouve seul avec Michel dans le salon jonché de tableaux de Picasso.

« Tout s'est bien passé ? me demande-t-il.

– À part un gardien que Marcel a dû un peu secouer, y a pas eu de pépin.

– Tu veux attaquer tout de suite ou tu préfères te reposer ?

– Commençons. On pourra brûler les cadres. »

Les toiles sont clouées sur des cadres en bois blanc par des clous de tapissier. À l'aide d'un tournevis et d'une pince, il est aisé de les séparer de leurs cadres. Au passage, je reconnais *Les Demoiselles d'Avignon*, parfaitement identifiable par son grand format et la présence de ces cinq donzelles partiellement dénudées. Avignon ! Le symbole nous amuse Michel et moi.

Ensuite nous roulons les petites dans les grandes. Soigneusement. Au bout de deux heures, nous avons formé sept rouleaux que nous entourons dans de la toile de coton et sanglons avec une cordelette souple. Puis, nous cassons les cadres en petits morceaux et démarrons un feu de cheminée. Nul aux alentours ne s'en étonnera par une nuit de janvier. Mais, sans raison apparente, la cheminée ne fonctionne pas.

Au lieu d'envoyer la fumée à l'extérieur, elle la refoule dans la pièce. En quelques minutes, l'atmosphère devient irrespirable. Michel se précipite dans la cuisine et en ramène une énorme casserole d'eau qu'il jette sur les flammes, ce qui provoque un épais nuage de fumée. Nous ouvrons les fenêtres pour l'évacuer. Et nous nous interrogeons. En réalité, ni Michel ni moi n'avons l'habitude des cheminées. Ce ne sera que plus tard que nous apprendrons l'existence d'un clapet qui ferme le conduit ! Dans l'immédiat il faut nous débarrasser des morceaux de cadres. Un moment nous envisageons de les brûler dans le jardin mais la saison n'est pas propice aux barbecues et la quantité de bois dégagera beaucoup de fumée.

« Jetons-les dans le Rhône, propose Michel. Je connais un endroit, en haut de la Barthelasse, où le courant est très fort. Ils s'éparpilleront sur des kilomètres. »

La manœuvre ne sera pas discrète mais j'accepte.

La fumée a enfin quitté le salon. Michel s'aperçoit alors que les blancs murs sont désormais noirs de suie. Il cherche une explication plausible à donner à sa sœur.

« T'embête pas, lui dis-je. On a deux jours à tuer, on va les lui repeindre ses murs. Ça nous occupera. »

Banco !

Avant d'aller nous coucher, nous dévorons un petit en-cas : charcuterie ardéchoise, fromages de chèvre du Ventoux arrosés d'un gouleyant côtes-du-rhône. Soudain Michel m'interroge :

« Au fait, il y en a combien ?

– De quoi parles-tu ?

– Les toiles ! Vous les avez comptées.

– Non, on n'y a pas pensé, on était pris dans l'action.

– T'as une idée du nombre ?

– Aucune. »

La presse nous l'apprendra les jours suivants : cent dix-neuf. Un record !

Entrée de la grande chapelle du Palais des Papes où avait lieu l'exposition. C'est par là que les voleurs entrèrent.

Intérieur de la grande chapelle. Du sol au plafond, les murs étaient ornés de toiles.

IX

Aux premières lueurs du jour, me voilà réveillé par une bonne odeur de café. Michel est un hôte parfait. Il a écouté les infos à la radio : le vol fait la Une.

« L'enquête a été confiée à la PJ d'Avignon, m'annonce-t-il, mais les gros bras de Marseille et Montpellier ne vont pas tarder à rappliquer. »

Pour le moment les journalistes n'ont pas grand-chose à raconter. *Le Provençal*, par exemple, pris de court, se contente de publier en Une : « 119 PICASSO VOLÉS CETTE NUIT AU PALAIS DES PAPES ». Cette première page est partagée avec l'enlèvement du petit Philippe à Troyes, et la mort de Fernand Sardou à Toulon. Les informations sont maigres car aucun développement ne figure à l'intérieur. Le lecteur ne dispose que de ces quelques lignes : « 147 tableaux de Picasso ont été volés hier au Palais des Papes à Avignon. Les deux gardiens du Palais ont été attaqués et sérieusement blessés. Ils ont dû être transportés à l'hôpital d'Avignon. »

Après un petit-déjeuner sommaire, nous chargeons les morceaux de cadres dans le coffre de la voiture. Le soleil brille, se moquant de l'hiver qui continue de frigorifier le reste de la France. Les remparts du fort Saint-André, surplombant Villeneuve-lès-Avignon se découpe dans un ciel d'azur. Puis apparaît la tour Philippe le Bel, aussi imposante que majestueuse. À regarder ces bâtiments, à contempler le paysage tout autour, je me rends une nouvelle fois compte à quel point j'aime cette région. Je finis presque par comprendre pourquoi, à une époque pas si lointaine, le pape se battait contre le roi de France pour lui en arracher le contrôle. Prêts à tout pour imposer leur mainmise… et pour imposer les paysans qui ne demandaient rien à personne.

Nous tournons à gauche afin de franchir le pont qui enjambe le bras mort du Rhône. Au bout de cette ligne droite se détache l'architecture du Palais des Papes. Pas besoin de beaucoup d'imagination pour visualiser l'intense activité qui règne en ce moment même à cet endroit. Les fins limiers de la Crim sont en train de passer la grande chapelle au peigne fin, à la recherche du moindre indice. Nous poursuivons notre route à droite, juste avant le deuxième pont, celui du bras vif. Nous nous retrouvons sur un petit chemin longeant la rive droite du Rhône. Comme me l'avait affirmé Michel, le courant y est très puissant. C'est l'endroit idéal. Il suffit de jeter les cadres à deux mètres du bord pour que l'eau les emporte.

Dans un petit coin de verdure, en contrebas du chemin, mon ami gare son véhicule. J'inspecte les alentours, observe la rive opposée. Personne. Nous sortons les éclats de cadres du coffre. Pour gagner du temps, nous avons confectionné des petits fagots. L'opération ne nous occupera que quelques secondes. Nous regardons les morceaux de bois pris par les flots. Personne ne les retrouvera. Ou alors, jamais leur lien avec les toiles volées ne sera établi.

Nous repartons dare-dare vers notre planque. Notre travail est désormais terminé. La balle est dans le camp de Nino. Il sait que le coup a réussi. À lui, et à son équipe, de négocier avec la Lloyd's.

À 13 heures, nous allumons la télévision. Pour regarder le journal présenté par notre Jean-Claude Bourret national. Après les inévitables informations politiques en vue des prochaines élections cantonales, il entre dans le vif du sujet. Notre sujet !

« Trois hommes armés et masqués ont d'abord attaqué le gardien-chef qu'ils ont frappé à coups de crosse. Les trois gangsters ont ensuite maîtrisé et ficelé les deux autres gardiens. Le commando de gangsters qui s'était, semble-t-il, laissé enfermer dans le musée, a décroché cent dix-neuf toiles qui ont été transportées dans une camionnette. Cette camionnette et les gangsters sont toujours recherchés par les policiers. D'après le témoignage des gardiens, l'un des trois gangsters avait un accent espagnol et les deux autres l'accent du Midi. Les toiles emportées sont estimées au moins à trois milliards de francs. Elles étaient assurées pour une somme très inférieure, onze millions de francs seulement. Mais il n'est pas impossible que les gangsters tentent un chantage à l'assurance. C'est-à-dire que les toiles seraient rendues contre une partie du paiement de la somme pour laquelle elles étaient assurées. »

Le reportage par « notre correspondant de Marseille » suivra plus tard. Le temps pour nous de digérer cette présentation. Passons sur le fait que la police pense que nous nous sommes laissé enfermer. Plus elle partira dans une mauvaise direction, mieux nous nous porterons… Passons sur l'accent espagnol, qui nous fait sourire… Passons sur le fait que Bourret valse allègrement avec les francs et les centimes ! Je tique un peu sur les montants annoncés. Jacky, qui tient ses renseignements de Nino, nous avait annoncé une valeur globale autour des sept milliards. De plus ils ne seraient assurés que pour « onze millions de francs seulement », c'est-à-dire un peu plus d'un milliard ? Mais d'où les journalistes tiennent-ils ce chiffre ? De la Lloyd's, évidemment. Une Lloyd's qui a intérêt à annoncer un chiffre bas pour faire baisser les éventuelles prétentions des « gangsters » lors du « chantage » à l'assurance.

Le reportage arrive enfin. Là, le ton change. Plus question de voleurs audacieux mais d'une bande de voyous sans foi ni loi. Le maire d'Avignon, Henri Duffaut, qui a des allures de notable avec ses cheveux blancs, son ventre rebondi et ses épaisses lunettes, ne fait pas dans la dentelle : « Les trois gardiens ont été blessés. Il y en a un qui a été gravement blessé puisqu'il a la rate éclatée. Ces gangsters se sont acharnés sur eux avec beaucoup de violence. Il y a eu des méchancetés et des cruautés inutiles et volontaires. »

Je tombe des nues. J'étais présent et je sais bien qu'il n'y a eu aucune cruauté. Nous avons secoué l'un des gardiens mais sans nous acharner. Les deux autres, nous les avons à peine touchés.

L'un d'eux, celui de jour, le premier que nous avons neutralisé, raconte sa version des faits. Il la raconte debout, en pleine forme, sans arborer la moindre trace de coup. D'après monsieur le maire, je croyais que lui aussi avait été blessé ? Voici sa déclaration, complètement abracadabrante :

« Il était 9 heures moins le quart. Je devais ouvrir aux collègues qui étaient en bas. Comme j'arrivais là, il y a trois gars qui sont venus. Ils m'ont fait mettre contre le mur. Ils m'ont fouillé. Ils m'ont demandé "Qu'est-ce que tu dois faire maintenant ?", "Je dois aller ouvrir aux collègues", "On vient avec toi". Ils m'ont bloqué le bras, m'ont mis un revolver dans les côtes et je suis descendu ouvrir. Dès que j'ai ouvert la porte en bas, le collègue est entré. Ils l'ont pris et l'ont matraqué à coups de crosse. Comme il était dans le coma, ils l'ont chargé et l'ont monté. Après, comme ils ont vu les deux lits, ils m'ont dit : "Mais il y en a un autre qui doit venir puisque toi tu partais". J'ai été obligé de dire oui. "Par où il passe ?" "Par la même porte, là-bas". Ils m'ont fait mettre à plat ventre, ils m'ont attaché les poings et les jambes et ils ont été attendre l'autre collègue. Je l'ai pas vu arriver parce que j'avais mon imperméable sur la tête. »

Sa version est mensongère sur au moins deux faits importants, et insultante contre nous. D'abord, lui aussi insiste sur notre prétendue violence. Ensuite, il sous-entend que nous étions très mal renseignés. Or, nous savions pertinemment qu'il allait y avoir trois gardiens. Si nous avons attaqué à ce moment précis c'est justement parce que nous savions que l'un allait sortir de son réduit pour aller ouvrir aux deux autres. De plus, nous n'avions pas besoin de lui pour aller ouvrir aux deux autres. C'eût été un très gros risque. Il suffisait qu'il crie à travers la porte pour faire décamper ses collègues. Seule sa clé nous était utile. Quant au collègue « dans le coma », c'est n'importe quoi.

Reprenant les élucubrations d'un gardien, *le Provençal* écrira, en parlant des « trois bandits » : « Celui qui parlait tout le temps s'adressait aux gardiens en français et aux deux autres dans une langue étrangère qu'il pense être de l'espagnol. » Tant mieux pour nous, si la police va chercher du côté de l'Espagne, mais ces affirmations sont fantaisistes. Il n'y a, dans notre quatuor, ni bavard, ni Espagnol.

Je suis un peu énervé par toutes ses erreurs. Même la conclusion de Jean-Claude Bourret ne parvient pas à me calmer : « Pour l'instant les policiers ne disposent d'aucune piste, d'aucun indice. » J'ai aussi la confirmation que, sitôt l'alarme donnée, des barrages routiers ont été mis en place tout autour d'Avignon et même sur l'ensemble des départements limitrophes. Mais quand les gendarmes posèrent leur première barrière, nous étions déjà bien au chaud chez la sœur de mon ami...

Tout au long de la journée, les médias, sans doute aiguillés par le maire, insisteront sur notre « extrême violence », voire notre « sauvagerie ». Il y a plusieurs raisons à cela. D'abord, tout le monde sait l'admiration que porte le Français moyen sur d'éventuels Arsène Lupin des temps modernes. Un beau casse engendre des coups de chapeau. Le faire basculer dans le crime crapuleux lui ôte tout son panache. Ce n'est plus un coup d'éclat mais une sordide histoire. En fait, l'énormité du vol passe au second plan derrière sa soi-disant violence. De plus, ce cambriolage tombe à point nommé pour le maire. En ce moment, il a maille à partir avec ses adjoints. Le climat politique avignonnais est tendu et notre affaire crée une belle diversion.

Le point d'orgue de cette tendance à l'exagération est atteint le soir même, dans le journal de 20 heures, toujours présenté par l'infatigable Jean-Claude Bourret. Après avoir annoncé : « Ce vol s'apparente davantage à une véritable entreprise de déménagement qu'à un simple vol classique », il assène un nouveau coup de massue : « Les trois gangsters masqués et armés ne se sont pas contentés du vol des tableaux, ils ont également frappé sauvagement les trois gardiens dont deux sont toujours hospitalisés ». Sur place, le reporter surenchérit : « Ce qu'il faut noter c'est la sauvagerie de l'agression ! » Cerise sur le gâteau, cette fois le téléspectateur a droit au témoignage du gardien molesté. Il gémit sur son lit d'hôpital, parlant dans un souffle comme s'il était à l'article de la mort. La caméra montre sa blessure à la tête. Elle s'apparente plus à une griffe qu'à un violent coup de crosse. D'ailleurs elle ne porte ni bandage ni pansement et semble n'avoir été que nettoyée. Est-ce là le résultat d'un acte de sauvagerie ? Le gardien y va de son commentaire, qu'il articule difficilement : « J'avais un masque de sang qui me coulait. Ils nous ont frappés alors qu'on n'était pas armés. On n'avait pas de velléités de bagarre. Ils se sont acharnés sur nous. » Bizarrement, on ne voit pas le deuxième gardien qui lui aussi serait encore hospitalisé, pas plus que l'on ne remet sur le tapis la rate éclatée dont parlait monsieur le maire.

Ce dernier se retrouve d'ailleurs dans une position délicate. Les journalistes ont amené le débat sur la question de la sécurité de l'exposition. L'élu s'en défend avec véhémence, expliquant que l'endroit était protégé par trois gardiens et un signal d'alarme, ce qui, selon lui, « est considérable » ! Il ajoute : « La garde était renforcée la nuit par rapport aux jours. » Il omet de préciser que la nuit, ce n'étaient pas trois mais deux gardiens qui assuraient la surveillance et que les échafaudages permettent un accès facile à l'intérieur du Palais. Or l'exposition est placée sous la responsabilité de la municipalité. Duffaut va avoir des comptes à rendre à la Lloyd's. Sept ans après les faits, il sera battu aux élections municipales…

Le lendemain, le « sac du Palais des Papes » remplit toute la dernière page du *Provençal*. « Un coup d'une audace qui donne le vertige, un cambriolage que personne n'avait jamais tenté, le vol de tableaux le plus important qui ait été commis en France. » Les gardiens sont à nouveau le centre des attentions. Après que le journal eut précisé : « On avait parlé pour M. Colas d'un éclatement de la rate mais il n'en est heureusement rien », les trois hommes ajoutent des détails. À les écouter, ou à les lire, ce sont eux qui nous ont mis en fuite et ont justifié le fait que nous ayons laissé derrière nous quinze toiles ! « Seul le courage et le sang-froid des gardiens qui, blessés, ligotés, ont réussi, profitant d'un moment où les trois bandits étaient sortis en même temps, à actionner le signal d'alarme et à refermer la porte, a sans doute motivé cet abandon. » Ben voyons !

Le reporter Jean Boisseu conclut : « Les voleurs avaient soigneusement préparé leur coup. Même l'heure choisie pour effectuer les opérations les plus voyantes (entrée de la camionnette, transfert) prouve qu'ils avaient réfléchi. Plus tard, dans une ville aux nuits animées, leur présence eût été remarquée. Si tôt, étant donné qu'il y a actuellement des travaux de réfection dans le Palais, l'arrivée de la camionnette et les allées et venues des "déménageurs" ne risquaient pas d'intriguer les passants… » Il oublie de prendre en compte le fait que nous avons tapé à cette heure précise parce qu'elle correspondait au seul moment où le gardien sortait de sa guérite pour ouvrir à ses collègues. En sortant, il nous a ouvert la porte. Sinon, comment serions-nous entrés dans la grande chapelle ?

Par ailleurs, police et journalistes continuent d'être convaincus que nous nous sommes laissé enfermés dans le Palais.

En réalité, ces réactions ne m'agacent qu'un court moment. Je m'intéresse beaucoup plus à l'enquête des policiers qui sont d'ailleurs étrangement absents des médias. Leitmotiv de la journée et du lendemain : aucune piste.

Comme convenu, Michel et moi entamons le rafraîchissement des murs du salon. Pendant qu'il va acheter le matériel, je déplace les meubles. À sa sortie de l'école primaire, Michel avait commencé une formation de peintre en bâtiment, très vite abandonnée. Il lui en reste quelque chose et il aime mettre la main au pinceau. En quelques heures, nous redonnons à la pièce l'éclat qu'elle avait à notre arrivée. Bien entendu, la sœur de Michel s'en apercevra mais il lui racontera l'incident de la cheminée, sans préciser l'origine du bois que nous avons tenté de faire brûler.

X

Deux jours plus tard, César vient chercher les toiles. Nous avons convenu d'un horaire précis : 11 h 30. Cela lui permettra de rouler entre midi et deux, quand la plupart des gendarmes de France, et particulièrement ceux de Provence, sont en train de déjeuner. Concrètement, Marcel ouvrira la route à bord d'un véhicule léger. Il roulera environ quatre cents mètres devant son ami. En cas de pépin, il le prévient par talkie. César devra faire demi-tour et patienter au premier bar routier venu. Une fois les toiles chargées, César doit les convoyer jusque chez François où elles seront en sécurité.

François est le parfait prototype du voyou marseillais : veste du traditionnel bleu de Chine, chemise blanche à boutons de manchette, chaussures à grosses semelles débordantes impeccablement lustrées, chevalière à l'auriculaire gauche avec initiales serties de petits diamants. « L'uniforme » des voyous marseillais ! Il s'est retiré depuis plusieurs années et coule des jours heureux en compagnie de sa fidèle amie dans une maison de plain-pied, au toit recouvert de tuiles plates fabriquées par une petite usine de quartier. Entourée de murs de deux mètres de haut, elle offre une discrétion absolue dans un quartier calme de la cité phocéenne. Sa cave est réputée. Que du bon vin ! Il faut dire que, bien qu'en semi-retraite, François est resté en cheville avec quelques casseurs, dont une bande spécialisée dans le vol des caves. Les toiles seront cachées dans son grand garage, derrière un panneau lui-même installé derrière une rangée d'étagères. Elles y seront parfaitement à l'abri.

Le vol du Palais a quitté les médias au profit de l'enlèvement du petit Philippe à Troyes et de la prise en otage d'enfants de militaires français à Djibouti, qui connaîtra un dénouement sanglant.

Les poulets ont dû se calmer, même si une équipe remue ciel et terre pour dénicher un début de piste. Selon toute vraisemblance, ils mettent la pression sur les receleurs. Mais les spécialistes en toiles de maître sont peu nombreux. La grande crainte de la flicaille est que les toiles ont déjà franchi la frontière. Elles ne sont pourtant pas loin du Palais.

Le salon où Michel et moi nous trouvons est désormais impeccable. Nous avons même repeint le plafond. Avec le soleil, la luminosité est intense. Il est presque 11 h 30 quand nous mettons le dernier coup de serpillière.

« César ne va pas tarder, constate Michel. Il est toujours à l'heure. Je vais aller lui ouvrir le portail. Je pense qu'il va entrer en marche arrière pour se mettre sous l'auvent. »

Nous descendons ensemble. Michel est en train de caler l'un des vantaux quand un grincement de freins nous annonce l'arrivée de César. Pile à l'heure. Effectivement, sa Peugeot 504 entre par l'arrière.

« Salut les gars ! Vous avez des mines superbes, nous dit-il en souriant. L'air de la campagne vous réussit.

– On dort très bien, c'est un coin calme.

– Oh, vous avez fait de la peinture, s'exclame-t-il en arrivant dans le salon.

– On s'est occupés ! »

Nous empoignons les sept rouleaux qui sont chargés rapidement dans le coffre de la voiture.

« Tu veux boire un coup avant de repartir ? l'interroge Michel.

– Non merci. Marcel m'attend sur la route. Je préfère repartir tout de suite pour arriver à Marseille avant 2 heures.

– Comme tu veux. »

C'est à mon tour de le questionner :

« Jacky a contacté Nino ?

– Pas encore. Il préfère attendre encore deux ou trois jours que les choses se tassent. »

Je lui annonce :

« Je préfère qu'on parle d'abord entre nous avant qu'il aille le voir. Je serai demain matin chez Tonton, à l'*Auto-Bar*.

Venez, je vous soumettrai une idée à laquelle j'ai pensé. Ça me paraît important.

– Pas de problème, on y sera, répond César avec jovialité.

– Bonne route. Roule à la papa : pas d'excès de vitesse, pas de bande blanche traversée et, si tu vois les gendarmes, pas de bras d'honneur !

– À bientôt les minots ! »

César repart avec sa 504 chargée. Je ne le sais pas encore mais plus jamais je ne reverrai les toiles près desquelles nous avons dormi.

Une fois le portail refermé, Michel se tourne vers moi.

« Pourquoi tu veux leur parler avant que Jacky aille voir Nino ?

– Je pense qu'il est trop tôt pour commencer les discussions. Les poulets sont déchaînés. Ils sont à l'affût du moindre de nos faux pas. Tu as lu les journaux, écouté la radio, vu la télé non ? Il y a un pétard de tous les diables. Ils doivent être sur la brèche vingt-quatre heures sur vingt-quatre. Crois-moi, on a intérêt à ne pas bouger une oreille. »

Après quelques secondes de réflexion, le visage de Michel s'éclaire d'un large sourire : « C'est bien gambergé. »

Une heure plus tard, Michel et moi franchissons le pont vers Avignon pour entamer une tournée des grands ducs : bon restaurant et discothèque. Nous en profiterons pour écouter ce qui se raconte autour du vol des tableaux. Le cœur en fête, nous profitons avec appétit de cette soirée.

Le lendemain, je retrouve mes trois amis chez Tonton. Une fois expédiées les banalités, j'ouvre le débat :

« Il faut attendre beaucoup plus de temps. L'assurance a dû promettre une bonne prime à tout indic qui les mettrait sur une piste. C'est dangereux pour nous de lâcher Nino et son ami dans la nature. Trop chaud pour le moment. »

Connaissant l'impétuosité de Marcel, je suis certain qu'il va refuser d'attendre. Jacky va devoir s'ériger en médiateur.

« À ton avis, faut attendre combien de temps ? me demande-t-il.

– Assez de temps pour qu'ils se sentent perdus. Faut les laisser tourner en rond. Ils penseront que les tableaux sont passés à l'étranger.

– Jacky t'a posé une question à laquelle tu n'as pas répondu, intervient Marcel à la limite de l'agressivité.

– Nous sommes en février. À mon avis, il faudrait attendre jusqu'à la rentrée. Il y aura eu les vacances et, d'ici là, d'autres affaires auront explosé. La nôtre ne sera plus une priorité. Ça fait sept mois. Sept, c'est mon chiffre fétiche ! Les flics seront dans le coltard complet et auront perdu de leur hargne.

– Je ne suis pas d'accord avec toi, répond Marcel. Vu le montant du vol, ce sera toujours une priorité pour les flics.

– Notre priorité à nous c'est notre sécurité. Vous êtes d'accord avec moi pour dire qu'il est beaucoup trop tôt pour commencer à négocier. »

Je plonge mes yeux dans ceux de Jacky. Je sens qu'il me donne raison. César ne dit rien mais je l'ai vu acquiescer par des battements de cils.

« Didier a raison, tranche Jacky. Il est encore trop tôt pour parler avec le fourgue. Les tableaux sont en sécurité. Je suis d'accord pour prendre du recul jusqu'à la rentrée. »

Deux voix contre une, en quelque sorte. Nos regards convergent vers César qui va faire basculer ou équilibrer la balance.

« Je ne peux pas vous donner tort, annonce-t-il. C'est vrai que la sagesse nous conseille d'attendre. Mais ce n'était pas prévu dans notre timing.

– Sept mois à attendre, ce n'est pas si long. L'importance de la situation mérite bien ce petit sacrifice. »

Ma remarque le convainc.

« Je vois que les jeux sont faits, intervient Marcel. Alors, contraint et forcé, je vais me ranger avec la majorité. Sachez que ça me fait marronner de perdre tout ce temps. »

La cause est entendue.

« Faudra avertir François, nous rappelle Jacky. Et dire lui dire qu'il gardera les tableaux plus longtemps que prévu. On lui filera une trentaine de briques pour qu'il puisse offrir à sa femme le voyage en Italie dont ils rêvent.

– Qu'est-ce qu'on fait avec Nino ? questionne César.

– Il est avec nous, donc faut le mettre au parfum, conclut Jacky. Mais avec la consigne de ne pas en parler à son ami parisien. Ça pourrait le rendre nerveux et irait à l'encontre de la décision que nous venons de prendre.

– Il va être surpris par la rapidité de l'exécution.

– Oui, s'il a lu les journaux, il doit se demander si c'est bien nous qui avons fait le coup. Je m'en vais te le rassurer. »

Effectivement, quand Jacky lui annoncera la bonne nouvelle, Nino sera aux anges. Tellement heureux qu'il s'offrit une balade dans sa belle ville en fredonnant la chanson de Robert Ripa, « Marseille, c'est toi Marseille, tu cries trop fort, on n'entend plus claquer les voiles de ton port ». Comme beaucoup de Marseillais, Nino adore la Corniche qu'il considère comme le plus bel endroit de la cité. Le sourire aux lèvres, il restera un long moment à contempler le château d'If, l'île du Frioul se détachant sur l'azur méditerranéen, à suivre un petit bateau de pêche filer vers l'horizon en laissant derrière lui un joli sillage d'écume surmonté d'un fin nuage de vapeur blanche. Oui, Nino ne cachera pas son bonheur, convaincu que son avenir va bientôt basculer, qu'il va toucher le pactole, qu'il va enfin se « refaire ». Il ne sait pas que les choses ne vont pas être aussi faciles.

Laissant la police à ses vaines recherches et Marcel à ses vains soucis, je m'accorde quelques semaines de vacances. Il fait déjà très chaud et les plages d'Espagne sont des plus accueillantes. Farniente le jour et sorties le soir.

Bronzé, dans une forme insolente, je reviens à Valence où *La Péniche* continue de tourner sous la houlette d'Alain. Premier étonnement : la clientèle y est très clairsemée et l'ambiance morose. J'apprends dans la foule que de nombreux fournisseurs n'ont pas été payés, qu'on nous menace de couper l'électricité, bref que *La Péniche* prend l'eau.

Je convoque Alain, qui n'est plus le fringant jeune homme que j'ai connu. Trop de fêtes et trop d'alcool ont eu raison de son bel éclat. Il ressemble plus à une épave qu'à un play-boy. Grandeur et décadence.

« Que se passe-t-il ici ?

– Ne t'inquiète pas, je gère, me répond-il avec une fausse assurance.

– Tu gères quoi ? Regarde ce tas de factures. Pourquoi tu ne les as pas payées ?

– Je vais le faire…

– Avec quel argent ? Les caisses sont vides et ce n'est pas avec le nombre de clients qu'on va les renflouer.

– Je gère, je te dis. C'est mon boulot, je sais faire.

– T'as raison, c'est ton boulot. Eh bien ton boulot, désormais tu le feras tout seul. Je me retire.

– Tu t'en vas ?

– Oui, je ne veux pas être mêlé à ce naufrage. Je ne veux pas que les fournisseurs aillent crier sur les toits que je suis un mauvais payeur.

– Tu ne peux pas t'en aller comme ça, tu as des parts dans l'affaire.

– Mes parts, je te les donne. On passera devant notaire pour officialiser ma décision. Je ne veux plus rien à voir avec *La Péniche*. Elle est à toi. Démerde-toi ! »

Il se démerdera pendant un an. Mal. Au bout du compte, la discothèque fermera ses portes pour faillite. Triste fin.

En attendant, me voici à la rue. Enfin, presque. J'ai besoin d'un nouveau boulot.

Un ami, au courant de mes déconvenues, me pousse à rencontrer des Marseillais. Des gars en place qui me savent « spécialiste » des discothèques. Ils ont des soucis avec *Le Mistral*, une boîte qui doit son nom à son implantation, rue Frédéric-Mistral, en plein cœur d'Aix-en-Provence, à deux pas du célèbre cours Mirabeau. Un emplacement en or. Pourtant le patron, André Blanc, ne parvient pas à donner à son établissement toute l'ampleur qu'il mérite. De plus, il a des heurts avec les « locaux ». À moi de remettre de l'ordre dans tout cela. Les énergumènes doivent prendre des renseignements à mon sujet et à celui des gars qui sont derrière moi car je ne les reverrai plus. Un racketteur n'agit que s'il sent un ventre mou.

Ce détail réglé, je peux m'occuper à plein de la discothèque. Outre son emplacement, elle possède un avantage de poids : ici se retrouvent les plus belles filles de la ville et des alentours. Un brassage d'étudiantes françaises et étrangères. De quoi faire tourner la tête aux plus endurcis. Je fais en sorte qu'elles reçoivent toujours le meilleur accueil, qu'elles se sentent à l'aise. Car les filles ça fait venir les garçons, et les garçons ça vient avec l'argent. Ils sont prêts à dépenser des sommes folles pour attirer l'attention et offrir à ces donzelles des fêtes d'un autre monde.

Ce nouveau boulot m'oblige à déménager. Je m'installe à Éguilles, à l'ouest d'Aix, qui est encore un charmant village.

Je resterai presque trois ans au *Mistral* et remonterai la boîte jusqu'à en faire l'une des préférées de la jeunesse aixoise.

Je ne me doute pas que, alors qu'elle est en plein essor, je vais être appelé à d'autres fonctions. Toujours un travail de nuit mais dans un cadre totalement différent.

LE CASSE DU SIÈCLE

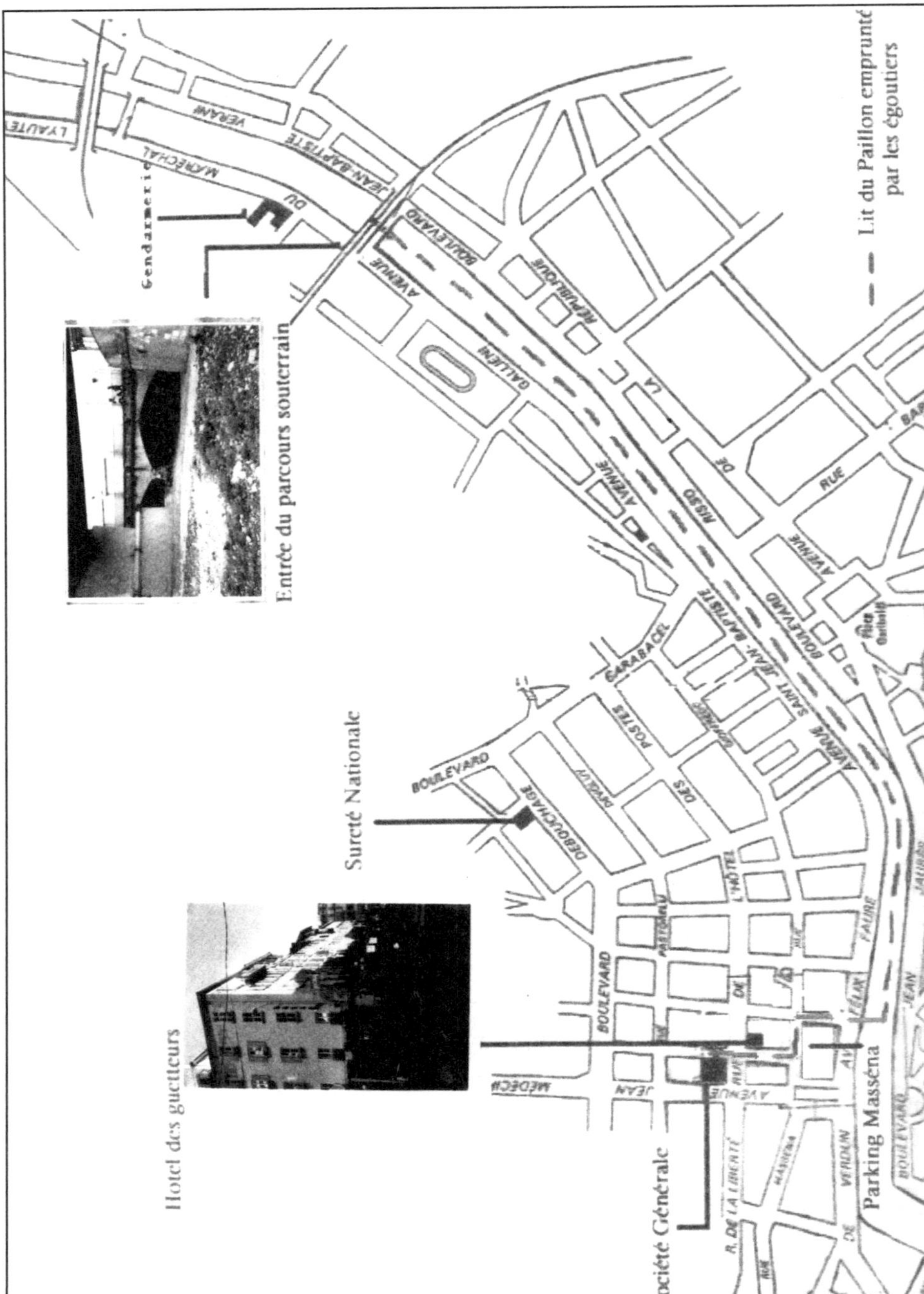

Plan du quartier de Nice où se situe la Société Générale.
En pointillés, le chemain souterrain parcouru par les égouttiers.

XI

Avril 1976. 23 h 30.

Comme souvent je me trouve au *Mistral.* La soirée ne fait que commencer. Les clients commencent à affluer. L'établissement marche très fort. Je suis assis à ma place habituelle, sur un tabouret en bout de bar, face à l'entrée. La boîte se situant en sous-sol, pour y accéder il faut emprunter un escalier. Ma position stratégique me permet de surveiller entrées et sorties. Je vois arriver deux amis, le Gros et le Corse.

Ils forment un tandem redoutable et redouté, capable de toutes les audaces et soutenu par un courage à toute épreuve. On ne compte plus les coups auxquels ils ont participé. Comme souvent dans ce genre d'association à la vie à la mort, leurs caractères sont opposés. Autant le Gros est pétardier, prêt à s'emporter sous n'importe quel prétexte, autant le Corse est impressionnant de calme et, presque, de sérénité. Comme son sobriquet l'indique, le Gros est plutôt corpulent sur une taille moyenne. Il se distingue par un sens de la phrase directe. Pas un mot de trop, surtout quand il pose des questions. Droit à l'essentiel. D'où un aspect qui peut paraître un peu brutal. Le Corse est là avec son éternel sourire pour ramener son ami à moins d'impétuosité et à respecter certaines formes.

Après les embrassades, le plus volubile m'informe :

« On est venus te parler d'un truc. T'as un endroit où on peut causer peinards ? »

L'établissement dispose d'une réserve qui sert à la fois de cave et de bureau. Nous nous y enfermons au soulagement des deux hommes qui ne supportent pas la musique disco. Ils sont plus habitués aux bistrots des bords de mer qu'aux discothèques des centres-ville.

« On est sur un gros coup, m'explique le Gros sans s'embarrasser de fioriture. Faut qu'on fasse deux équipes de six mais il nous manque un bonhomme pour faire le compte. On a pensé à toi. »

Immédiatement, j'imagine un braquage, qui reste l'une de mes spécialités. Mais deux équipes de six, ça me paraît beaucoup. Cela doit effectivement être un très gros coup.

« C'est une banque, poursuit le Gros. On peut pas l'attaquer en surface, le coin est trop chaud. Truffé de poulets. Va falloir enquiller par les égouts. On est déjà descendus repérer l'endroit. D'après les infos du mec qui nous a rencardés, y a pas d'alarme. Faudra quand même vérifier. À partir de l'égout, on aura à creuser huit mètres de tunnel. De là on attaque les murs. Je dis les murs parce qu'il y en a deux : d'abord celui des fondations, vu qu'on est en sous-sol, ensuite un autre mur de protection en béton dont on ne connaît pas l'épaisseur. Ce qui est sûr c'est que c'est du super costaud. Ça expliquerait l'absence d'alarme. Va falloir percer tout ça. Le temps que ça prendra, on ne sait pas non plus. Deux mois, peut-être trois. Je préfère te prévenir d'entrée, ça ne sera pas une promenade de santé. On y est descendus, c'est l'enfer ! Mais au bout, y a beaucoup d'oseille. »

Je ne m'attendais pas du tout à ça. Jusqu'à présent je ne suis monté que sur des coups dont la concrétisation s'est faite rapidement. Certains furent longs à mettre en place et nécessitèrent une préparation minutieuse, mais les attaques proprement dites ne duraient que quelques minutes. La presse avait parlé de « déménagement » au sujet des toiles de Picasso, mais cela ne nous avait pris qu'une bonne demi-heure. Cette fois, c'est carrément un gros chantier. Compte tenu de la réputation des garçons venus me proposer cette affaire, je sais que ce n'est pas une élucubration. Je suis même flatté de leur invitation. Mon instinct me pousse à accepter d'emblée.

Le Gros interprète mal le temps de ma réflexion. Il en est presque vexé.

« Qu'est-ce que tu croyais ? s'énerve-t-il. Qu'on était venus pour t'inviter au Club Med ? Allez, viens avec nous, ça te changera de cette ambiance de frangines. Viens avec les hommes !

– Bien sûr, je viens. Faudra quand même me fournir des détails parce que votre truc c'est de l'inédit pour moi. »

Les détails, je ne tarde pas à les avoir.

L'idée de passer par les égouts n'est pas vraiment nouvelle. Avec la multiplication des systèmes d'alarme dans les banques, elle s'impose même comme une évidence. En réalité, l'équipe du Gros et du Corse a déjà tenté l'expérience. Je suis au courant mais ils me fournissent des explications supplémentaires.

Ils montèrent à Paris pour dévaliser la Poste de la place d'Italie. Ils devaient faire vite car la direction avait annoncé son intention de mieux protéger le bâtiment. L'idée était de passer par les caves d'un vieil immeuble, de là d'accéder aux égouts par lesquels entrer dans la banque. Le mur de la cave étant ancien, il ne fut pas difficile à percer. Ils se retrouvèrent donc dans ces fameux égouts parisiens si bien décrits par Victor Hugo dans *Les Misérables*. Aucune difficulté pour se repérer car les noms des rues sont inscrits sur les murs. Arrivés à hauteur de la Poste, ils installèrent un énorme vérin pourvu d'une pointe en acier pointu et attaquèrent le mur. Cela leur prit plus de temps que prévu. Néanmoins, ils arrivèrent à l'intérieur du bâtiment, dans une sorte de débarras. La salle des coffres se trouvait de l'autre côté, derrière un mur renforcé. Là, ils condamnèrent la porte métallique donnant accès à la cour, se protégeant ainsi de toute intrusion extérieure. L'équipe transportait également des lances thermiques volées dans les locaux de la Comex. Une lance thermique, c'est comme un énorme chalumeau au bout d'une grande tige. Ses propriétés sont incroyables, à condition de savoir s'en servir. Ce qui ne fut pas le cas de la bande des voleurs. Au bout d'une heure, elle ne réussit qu'à creuser un trou d'environ dix centimètres de diamètre et trois centimètres de profondeur. La chaleur intense dégagée par la lance rendait l'atmosphère insupportable, ce à quoi s'ajoutait une épaisse fumée provenant de la combustion du béton. Tout cela déclencha d'ailleurs une alarme incendie et l'intervention des pompiers. Les voleurs s'arrachèrent sans perdre de temps, laissant les lances thermiques derrière eux mais emportant le vérin.

Un échec, donc. Mais cela les avait confortés dans la certitude que le passage par les égouts était le bon.

Problème : cet échec avait mis leurs finances à plat. D'où l'impérieux besoin de se refaire. Le Gros contacta un de ses amis, Doumé. Visage taillé à la serpe, carrure impressionnante, voix rocailleuse aux accents corses fleurant bon le maquis, cet ancien bras droit des Guérini était au courant de tout. On venait le voir pour lui proposer des affaires ou, comme c'était le cas du Gros, pour en solliciter. Doumé informa son ami qu'un gars cherchait une équipe de braqueurs pour attaquer la succursale de la Société Générale à Nice. D'après ses informations, il y aurait beaucoup d'argent à se faire. Le Gros demanda à voir.

Un peu plus tard, le 10 avril, eut lieu la première rencontre entre le Gros et le Corse, d'un côté, et un photographe niçois inconnu de « nos » services, qui répondait au nom d'Albert Spaggiari. Un ancien d'Indochine où il fut condamné à cinq ans de travaux forcés et vingt ans d'interdiction de séjour. Par la suite, il fit deux séjours aux Baumettes, mais cela ne suffit pas à le cataloguer « voyou » dans le sens que nous donnons à ce terme. Il ne possède ni l'expérience ni la détermination indispensables à la réussite d'un gros coup. Mais il affirme pouvoir réunir de précieuses informations sur la banque grâce à un informateur, par ailleurs conseiller municipal, qui y est employé.

Les deux voyous sont sceptiques : un braquage en plein jour et en plein Nice constitue un énorme risque. Les poulets rappliqueront en moins de cinq minutes !

« Je sais, leur rétorque Spaggiari. Mais il va y avoir prochainement un gros transfert d'argent.

– Prendre le pognon, ça on pourra toujours le faire, lui explique le Corse. Par contre s'arracher de la banque sans déclencher un fort Alamo et filer à travers les rues, ça paraît un poil plus complexe. »

Les deux amis lui parlèrent alors d'une possible entrée par les égouts. Plus long, bien sûr, mais moins dangereux. Albert joua la franchise : il ne connaît ni l'épaisseur des murs de fondation ni celle du béton entourant la chambre forte ; il ne sait rien de la disposition des égouts et n'est même pas sûr à cent pour cent de l'absence d'une alarme. Sa franchise emporta l'adhésion. S'il s'était vanté de tout savoir et de pouvoir tout faire, les deux bandits se seraient méfiés. Chez les voyous, on n'aime pas les fanfarons. Spaggiari, lui, était conscient de la difficulté du coup mais se disait prêt à consacrer toute son énergie à rassembler le maximum d'infos.

Le Gros et le Corse acceptèrent d'aller plus loin. Ils réunirent autour d'eux une première équipe, Albert devenant leur contact sur place. Il y eut d'autres entrevues et plusieurs voyages à Nice. Les deux amis s'occupèrent de la préparation du casse tandis que le photographe se chargea de l'intendance. Trouver des planques discrètes et facilement accessibles, notamment. Les égoutiers allaient rentrer dans un état de saleté inimaginable et il ne fallait pas que cela attire l'attention. De plus, Albert réussit à récupérer le plan des égouts. Une bonne nouvelle qui ne le resta pas longtemps, car leur lecture en était tellement complexe que ses plans, finalement, ne serviront à rien. Nice n'étant pas Paris, les noms des rues ne figurent pas sur les murs des égouts. De plus, le réseau niçois est beaucoup plus bas que son homologue parisien.

À force de le fréquenter, le Gros et le Corse apprirent à mieux connaître Albert Spaggiari et à ne jamais lui faire totalement confiance. D'apparence, le photographe est plutôt sympathique. Il parle beaucoup et aime plaisanter. Par contre, il affiche des idées politiques extrémistes qui ne collent pas avec son comportement plutôt bohème et facétieux. Il avoue avoir fait de la prison pour raisons politiques. Plus tard, il affirmera avoir monté le casse de Nice pour financer, peu ou prou, une révolution fasciste. De notre côté, l'argent que nous convoitons n'est pas destiné à enrichir une cause mais à devenir la cause de notre enrichissement.

Il n'y a pas, et n'y aura jamais, de « cerveau » du casse de Nice, c'est-à-dire un personnage omniscient qui apporte toutes les idées, donne ses ordres et fait exécuter l'action par des subalternes. Il n'y a pas, et n'y aura jamais, de « parrain » en peignoir de soie nous dictant ses volontés depuis le confort de son appartement. Beaucoup soutiendront que Gaétan « Tany » Zampa sera l'organisateur, sinon le cerveau, du casse. Faux.

Dès le départ, il s'agit d'un travail d'équipe. Spaggiari a apporté un lieu, les autres apportent leur savoir-faire. Tout au long du déroulement de l'action, la plupart des décisions se prendront en commun. Bien entendu, certains auront plus d'idées, et des meilleures, que les autres mais chaque solution suggérée pour chaque problème rencontré – et il y en aura beaucoup –, fera l'objet d'une discussion concertée.

Des journalistes affirmeront qu'Albert s'est inspiré d'un roman de Robert Pollock, *Tous à l'égout*, paru deux ans auparavant en France, dans le n°1668 de la Série Noire. Il y est effectivement question d'une bande de casseurs qui pénètrent dans une banque de la City londonienne par les égouts. Bon roman à suspense, certes, mais totalement abracadabrant en ce qui concerne l'utilisation de la lance thermique, le Corse et ses amis en savent quelque chose. Concrètement, Albert ne lira ce roman qu'après le lancement des opérations. Je le sais puisque, après l'avoir terminé, il me le passera. Jamais il n'affirmera s'être inspiré de Pollock. Il ne le citera que comme une amusante coïncidence. Et il dira la vérité puisque ce n'est ni Pollock ni Spaggiari qui a eu l'idée de passer par les égouts mais bel et bien un gang marseillais au retour d'un cuisant échec dans la capitale. Un gang qui préfère opter pour la méthode pacifique plutôt qu'un classique braquage. D'où ce message : « Ni armes, ni violence et sans haine. » Message qui sèmera le doute parmi les policiers et les journalistes.

L'un des premiers doutes du Corse et du Gros à l'encontre d'Albert concerna les alarmes. Ses explications étaient évasives. Y a-t-il ou non une alarme sensitive qui sonnerait le glas de toute l'opération ? Pour en avoir le cœur net, une amie de la bande alla louer un coffre à la Société Générale. Charge pour elle d'y installer un énorme réveil posé sur une assiette, entouré de quelques pièces de monnaie, qui sonnerait au beau milieu de la nuit. Les vibrations provoquées par les pièces dans l'assiette devant être suffisantes pour déclencher une alarme. Méthode rudimentaire, peu efficace. Des doutes persistèrent : les vibrations dues à un réveil enfermé dans un coffre lui-même installé dans une armoire blindée risquent de se révéler trop discrètes. La tentative fut néanmoins maintenue. À 2 heures du matin, le réveil sonna. Plusieurs membres de l'équipe se tinrent devant le soupirail d'aération le plus proche de l'armoire blindée. Ils entendirent la sonnerie mais, heureusement, aucune alarme.

Avant de donner l'accord définitif, le Gros, au cours de plusieurs rencontres, harcela Albert de questions. Ils évoquèrent l'existence du concierge, du service de nettoyage, des rondes de police, etc. Tout fut passé au crible et ensuite, dans la mesure du possible, vérifié de visu.

Puis vint la première exploration des égouts. C'est là que tout se joua. Là que fut décidé que le coup était faisable. Dès lors tout alla plus vite. Albert fut chargé de trouver au moins deux appartements, ainsi qu'un fourgon. Il dénichera un vieux Citroën qui nous rendra bien des services. Les Marseillais se chargèrent du matériel : masses, burins, pelles, lampes, cuissardes, etc. En dépit de leur mauvais souvenir des lances thermiques, ils décidèrent d'avoir à nouveau recours à elles.

L'affaire en est là quand le Gros et le Corse viennent me voir. Ils ont formé leurs équipes. Je suis le dernier qu'ils contactent. Le douzième homme en quelque sorte.

XII

Première mission : voler des bouteilles d'acétylène nécessaires pour alimenter chalumeaux et lances. Nous les transporterons dans une fourgonnette Renault flambant neuf. Volée, bien sûr. D'après nos estimations, nous allons avoir besoin d'une quarantaine de bouteilles. Pour les stocker, nous avons loué un box au cœur d'une batterie de garages se trouvant dans une cité HLM d'Aix-en-Provence.

Notre cible est un dépôt de la banlieue aixoise. Nous nous approchons discrètement mais les chiens nous repèrent et nous obligent à prendre la poudre d'escampette. Repli stratégique sur un autre dépôt, plus isolé. Les chaînes du portail d'entrée sont faciles à cisailler. Nous chargeons les quarante bouteilles dans le Renault et partons vers notre planque. Là, dans la chaleur de la nuit, nous déchargeons dans le box.

Je referme la porte quand surgit une voiture de police dans le parking. Panique générale. Mon ami l'Arménien et moi prenons nos jambes à notre cou. Je cours vers un pont qui enjambe l'autoroute. Les policiers sont à nos trousses. À tout moment, je crains de me faire allumer mais je n'entends aucun coup de feu. Sûrement plus jeune et plus en forme que les flics qui me poursuivent, je n'ai aucun mal à les semer. Après m'être réfugié chez un ami habitant dans les parages, où je retrouve l'Arménien, nous repartons vers le point de rendez-vous. Le groupe est là. Personne ne manque à l'appel. Dans l'immédiat nous pensons être tombés dans un piège. Mais rapidement, nous apprendrons que la police a été alertée par un riverain qui trouvait suspecte l'agitation nocturne autour du parking. Une fois sur place, la police n'a pas compris ce que nous faisions et, surtout, n'a pas repéré le box rempli de bouteilles. La chance est avec nous.

Quelques jours plus tard, nous récupérons les bouteilles pour les rapprocher de Nice où nous les planquons dans un garage situé dans le sous-sol d'un immeuble tranquille. Pour l'occasion, Albert nous donne un sérieux coup de main. En effet, le petit camion que nous avons emprunté est trop haut pour entrer dans le parking souterrain. Spaggiari vient avec son 4x4, prend en charge les bouteilles et, accompagné par le Chinois, va les déposer dans le garage.

Au final, beaucoup d'efforts… Nous ne nous servirons des lances thermiques que plus tard, pour utiliser les chalumeaux.

Par petits groupes, nous procédons à de nouvelles visites des lieux, donc des égouts. Nous descendons par des bouches d'égout mais la manœuvre se révèle peu pratique. Situées en pleine ville, elles ne nous causent que des désagréments : trop de circulation, trop de passants. La plaque qui nous intéresse le plus se situe dans une petite ruelle, l'impasse Garcin. Moins fréquentée, et proche de la banque, elle pourrait s'avérer utile. Nous détournons la circulation à l'aide de barrières de signalisation. Tout se passe bien jusqu'à l'arrivée d'un fourgon de police. Leurs occupants nous regardent d'un air suspicieux. Dans le trou, le Gros s'impatiente :

« Qu'est-ce que vous glandez ?

– Ta gueule, y a les condés », lui répond le Chinois discrètement.

Le Gros s'enfonce dans sa cavité, où il se fait tout petit.

Tchou-Tchou prend les choses en main. Il fait signe au chauffeur qu'il peut passer à condition de monter sur le trottoir. Il a un tel aplomb que le policier lui obéit. Tchou-Tchou pousse le zèle jusqu'à déplacer une barrière pour faciliter le passage du fourgon. Heureusement, celui-ci ne s'arrête pas et les policiers ne nous posent aucune question. Néanmoins, dès qu'il disparaît, nous replions le matériel et partons. Si l'un des flics a la curiosité de demander à la mairie les autorisations de travaux accordées récemment, nous sommes foutus.

Il nous paraît plus prudent d'accéder aux égouts par un autre endroit. L'idéal semble être l'entrée du Paillon, cette rivière qui traverse Nice d'est en ouest dans laquelle vont se jeter les égouts. La partie recouverte part du Palais des Expositions et continue jusqu'à la mer, à hauteur de l'hôtel Méridien. Le lit en est asséché, sauf lors de crues. Le Paillon est même réputé pour son débit quasi torrentiel en cas de forte pluie. Le sol est pavé à l'ancienne.

L'endroit n'offre pas que des avantages. D'abord il est situé à proximité d'une gendarmerie. Ensuite, la distance : depuis cette entrée il faut marcher vingt à vingt-cinq minutes pour parvenir jusqu'à hauteur de la place Masséna près de laquelle se situe la banque.

Il faut d'ailleurs localiser avec précision cette dernière, ce qui n'a rien de facile. Une nuit, deux groupes de deux partent en quête du Graal. Le Gros et l'Arménien d'un côté, le Chauve et Alex, de l'autre. Reliés par de puissants talkies fournis par Albert. Ils arrivent dans une galerie d'un mètre de hauteur et d'une dizaine de mètres de longueur au bout de laquelle se trouve un collecteur plus large où coule une rivière au courant assez fort. Ils progressent courbés dans le monde répugnant des égouts. Les conduits ne sont, parfois, pas plus hauts qu'un mètre. D'où l'importance des casques. Certains tuyaux coupent le passage, forçant à se faufiler en dessous ou à les enjamber. Les émanations des produits détergents provoquent des brûlures au niveau de l'œsophage.

Il faut passer par un trottoir qui borde le cours d'eau. À cet endroit la hauteur du plafond est d'environ un mètre soixante. Pour accéder au trottoir, il faut franchir un vide d'un mètre, là où se déverse cette rivière nauséabonde. Nous surnommerons ce lieu la « cascade ». En raison d'un sol très glissant, elle constituera toujours un obstacle aussi désagréable que difficile.

À force de passer d'un boyau à un autre, de se tromper mais de persévérer, ils tombent sur le parking souterrain de la place Masséna. Ils repèrent même un local technique qui pourra s'avérer utile. Ils continuent leurs investigations et, vers 5 heures du matin, découvrent des morceaux de carton bleu. Avant d'envoyer nos amis sous terre, nous avons déchiré plusieurs emballages de Gitanes et jeté le tout dans les plaques d'égout jouxtant la banque. Le Chauve est le premier à monter l'échelle pour soulever la plaque. Ils se trouvent derrière la banque, au croisement de deux rues. À gauche, face à l'échelle, ils mesurent deux mètres et, sur le mur, tracent à la craie un ovale d'un mètre de haut sur quatre-vingts centimètres de large. Le départ du tunnel !

Le lendemain, réunion au sommet. Les quatre hommes nous font un rapport précis de leur voyage nocturne. Ils commencent par nous faire part des difficultés pour avancer dans ces égouts puants et étroits. Nous n'avons qu'à voir leur visage pour noter leur extrême fatigue. Plusieurs nous avouent même avoir failli abandonner. Pour eux, en dessous c'est l'enfer. Mais ils n'ont jamais désespéré et, par solidarité, ont fait leur boulot sans trop râler. Le fait d'avoir découvert l'emplacement de la banque les a galvanisés.

Le rêve peut continuer.

Points positifs : repérage précis de la banque, possibilité d'y transporter le matériel nécessaire.

Points négatifs : distance à parcourir pour le transport dudit matériel, hauteurs différentes d'un boyau à l'autre qui nécessitent le port d'un casque, endroits nous obligeant à passer accroupis, nez à quelques dizaines de centimètres de la fange, tuyaux qui barrent souvent le passage et qu'il faut enjamber ou sous lequel il faut se baisser, odeur pestilentielle qui vous prend à la gorge, merde qui flotte, rats…

Aurons-nous la force de trimbaler des charges très lourdes dans ce décor ? Aucun ne se laisse gagner par le pessimisme. Nous sommes sur le coup et y restons.

Nous effectuons de nouvelles descentes avant d'entamer le creusement du tunnel. Impératif que chacun connaisse par cœur le parcours. Nous en profitons pour vérifier qu'il n'existe pas de meilleur accès ni de raccourci. Nous mettons au point des voies de secours en cas de problème.

Au bout du compte, nous sommes tous d'accord pour passer par l'entrée du Paillon. Cela nous fera plus de marche mais nous nous sentirons plus en sécurité. Nous commencerons par dégager cet accès, le débarrassant des nombreux objets laissés là par de successives montées des eaux. L'endroit se révélera suffisamment haut et large pour y faire entrer des véhicules.

L'unique point de désaccord entre nous réside dans la présence de cette gendarmerie. Certains affirment que les pandores finiront par nous repérer, d'autres soutiennent que si nous agissons « naturellement » avec des véhicules de service et des allures d'égoutiers, ils ne se douteront de rien. Ces derniers emportent l'adhésion. Aucun ne soupçonne qu'aux beaux jours les gendarmes aiment descendre sur le lit asséché du Paillon pour y disputer leurs parties de boules. Leur présence retardera d'autant nos entrées et nos sorties…

Étape suivante : transport du matériel.

Le tunnel que nous comptons creuser passant sous des rues empruntées par des bus et des camions, il nous faut solidement l'étayer. Nos calculs nous amènent à une soixantaine de plateaux en bois de cinq centimètres d'épaisseur chacun. Le bois est acheté dans une scierie de la banlieue marseillaise puis stocké dans la maison du beau-frère de l'Arménien dans le quartier des Aygalades. Là, nous le débitons en plateau d'un mètre de longueur. Quand nous repartons, le beau-frère est furieux de la sciure laissée sur sa pelouse !

Par mesure de sécurité, tout le matériel est acheté dans un rayon de cent cinquante kilomètres, en grande partie à Marseille et aux alentours, donc loin de la ville où nous allons frapper. Son financement est assuré par le Corse, le plus fortuné d'entre nous. Avec l'Arménien, il se chargera de tout acheminer jusqu'à Nice, en passant par les départementales afin d'éviter les contrôles aux péages de l'autoroute. Tous deux sont fichés au grand banditisme et auraient du mal à justifier la présence de soixante plateaux en bois, quatre-vingts étais, une dizaine de sacs bourrés d'outils divers (pelles américaines, pioches, masses, burins, barres à mine…), plus deux puissants projecteurs qui serviront à éclairer le tunnel. Pour le reste de l'éclairage, nous ne nous embarrassons pas de matériel sophistiqué. On trouve dans le commerce des petites lampes en plastique jetables d'une vingtaine d'heures d'autonomie et totalement étanches. Nous en achetons par cartons entiers et chacun se déplacera avec en permanence deux ou trois lampes.

Si une partie de ce matériel passera, comme prévu, par l'entrée du Paillon, les plus gros morceaux emprunteront une autre voie. Nous avons repéré une bouche d'égout rectangulaire dans l'avenue Gallieni, en face d'un restaurant oriental, près de laquelle nous pouvons garer un véhicule sans trop gêner la circulation. Nous plaçons une barrière rouge et blanche autour de ce trou. L'Arménien règle la circulation, un sandwich à la main car c'est l'heure du déjeuner. Il plaisante avec des automobilistes. L'ambiance n'est pas si détendue. Nous détestons recourir à de faux travaux car il y a un risque d'être surpris par de vrais égoutiers ou interrogés par des policiers un peu trop curieux. À quatre, nous nous efforçons de faire vite. Une fois le déchargement terminé, deux s'enfoncent dans le trou tandis que les deux autres replient le chantier et emportent le fourgon maquillé. Par ce biais, nous réussissons à descendre quelques centaines de kilos de matos, notamment le vérin qui a déjà fait ses preuves à Paris.

Pour faciliter le transport sur la rivière qui coule le long d'une partie de notre trajet, j'ai apporté de solides bateaux gonflables. Nous y plaçons le matériel et n'avons plus qu'à tirer. Nous sommes dix à patauger dans vingt centimètres d'eau. Le clapotis, répercuté par les murs, fait grand bruit sous nos pas. À cela s'ajoutent nos ombres qui se découpent sur les parois et donnent à notre expédition des airs fantasmagoriques. Il faut plusieurs voyages pour tout amener sur l'endroit du chantier. Nous cachons étais et plateaux dans un égout que nous avons repéré et qui a l'air hors service car bouché aux trois quarts de sa hauteur par de la terre mélangée à des pierres. Le matériel est stocké au-dessus du talus devant lequel nous construisons une sorte de rempart en terre pour mieux le planquer.

Tout est désormais en place pour lancer notre programme de grands travaux.

XIII

Nous formons deux équipes d'égoutiers : moi, Tchou-Tchou, l'Arménien, le Chinois, Jo et l'Élégant d'un côté ; le Gros, Alex, le Chauve, le Corse et Daniel de l'autre. Chaque équipe vivra dans un appartement séparé. Nous nous retrouverons tous ensemble en diverses occasions, affronter des gros obstacles dans le tunnel ou lors des fêtes et des grandes réunions. Albert Spaggiari nous demande d'intégrer deux amis à lui. Pas des voyous, c'est une certitude. Aucun de nous ne les connaît. Des légionnaires, d'anciens militaires ? Ils n'en ont pas l'allure. Le plus grand a plutôt l'air d'un intellectuel. Ils ne nous dévoilent par leur nom, ce qui est normal. Notre équipe hérite du petit. Ces deux renforts ne partageront pas notre quotidien, ne dormiront jamais avec nous, se contentant de nous rejoindre à l'entrée du Paillon pour creuser avec nous, puis, à l'aube, repartant dans leur coin une fois le travail de nuit terminé. En creusant, nous aurons autre chose à faire que parler ou échanger des souvenirs. Au final, nous ne saurons quasiment rien d'eux. Pour nous, l'essentiel est qu'ils accomplissent leur part du boulot comme tout le monde, sans rechigner ni compter les coups de marteau. Ils le feront. Des types solides.

En revanche, Albert n'est pas invité à descendre. Décision prise d'un commun accord. Physiquement, il est parfaitement apte pour nous accompagner. C'est un rude gaillard, courageux et bon ouvrier puisqu'il a construit sa bergerie de Bézaudun de ses mains. Mais il est trop en vue à Nice pour disparaître une nuit sur deux. Albert restera en contact permanent avec nous. Nous le tiendrons au courant de l'avancée de nos travaux sans rien lui cacher. C'est ainsi qu'il pourra fournir, par la suite, tant de détails. De temps en temps, il viendra partager nos dîners.

Aux égoutiers s'ajoutent les guetteurs qui créent un point de tension avec Albert. Il souhaite employer deux amis à lui. Ne les connaissant pas, nous déclinons l'offre et préférons engager des hommes de confiance, rompus à ce genre d'exercice. Albert insiste, nous restons fermes. Nous faisons venir trois amis de notre milieu et effectuons nos propres repérages.

Concrètement, nous creuserons les nuits et les week-ends pour être certains de ne pas nous faire surprendre par de vrais égoutiers. La première tâche consiste à placer des guetteurs, se relayant sans cesse. Faire le guet est travail ingrat que bien peu apprécient. Il faut savoir faire montre de patience, avoir des nerfs d'acier et se révéler capable d'évaluer le danger avec précision. Les vrais voleurs détestent guetter, préférant de beaucoup, l'action. Vu l'énormité du butin annoncé, nous n'avons aucun mal à trouver des amis pour remplir cette ingrate mais indispensable fonction. L'un ne peut pas descendre dans les égouts du fait de sa haute taille. Un autre en raison de sa mauvaise condition physique. Un troisième, trop nerveux, prendra rapidement peur et rendra son tablier.

Impossible de laisser nos guetteurs dans la rue. Le commissariat de police est trop proche de la banque et, en raison des nombreuses rondes, ils se feraient immanquablement repérer. Les installer dans un fourgon n'est pas envisageable non plus. Une station de taxis voisine ne manquerait pas de signaler cet encombrant véhicule et, avec un peu d'observation, finirait par comprendre qu'il est habité. Nous optons pour les installer à *l'Hôtel des Postes* (futur *Hôtel de Verdun*), juste en face de la banque. Ils resteront en contact avec nous grâce aux talkies fournis par Albert dont la robustesse se révélera précieuse. Signaux sonores, jamais de paroles. Deux coups répétés = arrêt immédiat. Deux souffles = reprise des travaux. Le guetteur, dit « tarpé » en argot des voyous, ne parlera qu'en cas de descente de police. Ce sera le signal du sauve-qui-peut général !

Avant tout, il faut vérifier si la communication passe bien entre la chambre de l'hôtel et les égouts. Essai qui nous amène à placer notre talkie sur l'échelle de la plaque d'égout près de

L'hôtel où les membres du gang faisaient le guet.

la banque. Nous nous y relaierons à notre tour pour rester en permanence à l'écoute.

En dépit de leur position stratégique, les guetteurs ne peuvent surveiller tous les côtés de la banque, qui occupe la moitié d'un pâté de maisons. Nous nous méfions de la présence d'un employé zélé qui profiterait du week-end pour venir terminer un travail. Il emprunterait l'entrée principale de l'avenue Masséna, restant invisible à nos complices. Le bruit de nos massettes et de nos burins, bien que se répercutant faiblement, finirait par attirer l'attention dudit employé. Nous aimerions avoir un espion dans la place, mais après discussion avec Albert, cela relève de l'utopie.

Alors nous espionnerons les ondes. Mon ami Dédé possède une Renault 5 blanche équipée d'un poste de radio bidouillé de manière à intercepter les messages entre le commissariat et les voitures de patrouille. Je la lui emprunte en lui disant qu'en cas de problème, il la déclare volée. Pour appuyer ses dires, je casse le Neiman. Cette voiture sera repérée lors de l'incident à la villa de Castagniers. Pourtant, la police n'interrogera jamais Dédé. Cette R5 remplira son office. En cas d'alerte générale, nous serons les premiers avertis, ou presque.

Deux précautions valant mieux qu'une, nous dotons la chambre des guetteurs d'un autre appareil d'écoute de la fréquence d'ondes de la police. Beaucoup plus performant que celui de la R5. Volé dans un magasin d'articles nautiques. Le son est impeccable, du fait de la proximité du commissariat et les « Bigaro 1 à Bigaro 2 » parfaitement audibles.

La mise en place de tout ce système de surveillance est particulièrement soignée car nous restons persuadés qu'il entrera pour une grande part dans notre éventuelle réussite. Si un badaud, passant devant la banque, s'arrête suite à un bruit suspect, notre guetteur nous alerte immédiatement et nous cessons nos coups de burin. Le curieux repartira sans avoir vraiment compris l'origine du son. Cela se produira plus d'une fois.

Lorsque nous arriverons à la salle des coffres, nous placerons deux guetteurs supplémentaires. Dans la rue cette fois. Charge pour eux de faire de discrets allers-retours pour vérifier qu'aucun bruit ne s'entend dehors ni qu'aucune souricière ne se met en place autour de la banque. De plus, ils devront s'assurer qu'aucune fumée ne s'échappera par les bouches d'aération au moment où nous utiliserons les chalumeaux. Même si nous prenons la précaution d'obstruer ces bouches, il est impossible de contrôler de la fumée. Ces deux guetteurs supplémentaires devaient initialement rejoindre les équipes d'égoutiers mais tous deux se blessèrent, l'un au poignet, l'autre à la cheville, juste avant le début des opérations. Nous leur offrons cette manière de participer au casse.

Le soir du vendredi 7 mai 1976, date du début des travaux, les deux équipes descendent au complet. Nous avons hâte de connaître la nature du sol que nous devons creuser. Le Gros et Alex, armés de massettes et de burins, donnent les premiers coups. Nous organisons une chaîne sur environ six cents mètres pour l'évacuation des gravats. Les laisser trop près de l'entrée du tunnel intriguerait les égoutiers. La terre est évacuée à l'aide de couffins, idée que nous devons à Tchou-Tchou. Au moment où nous cherchions des récipients solides, résistants, peu encombrants et dotés de poignets pour que deux porteurs puissent les manipuler sans se gêner, il s'était écrié :

« Quand j'étais gamin, ma grand-mère et ma mère allaient faire leur marché avec un gros couffin qu'elles portaient toutes les deux. Elles mettaient toutes les courses dedans. C'était du solide ! »

Nous avons testé un de ces grands cabas en chanvre qui s'avéra très résistant à la charge. Dans les temps anciens, en Provence, ils servaient déjà au transport de toutes sortes d'objets, et même de déchets puisqu'ils furent longtemps l'outil des éboueurs marseillais. Une fois le test effectué, nous en achetâmes tout un lot sur un marché de village. Le vendeur, qui désespérait d'écouler sa marchandise tant le couffin était passé de mode, faillit nous embrasser ! Il nous fit même un prix.

Selon nous, coups de masse et de burin sont bruyants. Trop ? C'est ce dont nous prévient un guetteur. Nous venons à peine de commencer ! L'un de nous remonte en surface pour évaluer l'étendue des dégâts. Effectivement, des sons sourds sont nettement perceptibles. Pas de quoi, estime-t-il, affoler un passant. Nous en discutons rapidement entre nous. Il faudrait quand même beaucoup d'imagination à un promeneur pour penser qu'un tunnel est en train de se creuser sous ses pieds. De plus, dans quelques heures nous serons dans le tunnel, ce qui couvrira une grande partie les bruits. Surtout, nous n'avons pas le choix : il nous faut d'abord casser le mur du conduit pour entamer le creusement proprement dit. C'est ce guetteur-là qui, inquiet de notre entêtement, quitte le coup le jour même. Nous nous passerons de ses services et continuerons jusqu'au bout avec les deux autres, beaucoup plus fiables.

Reprise des travaux. Nous nous succédons pour taper et retirer pierre par pierre. Le trou s'agrandit. Tout le matériel doit passer par lui, l'égout ne faisant que quatre-vingts à quatre-vingt-dix centimètres de large, l'entrée du trou doit être la plus agrandie possible.

Des deux côtés, le travail est épuisant. Une bonne partie de la nuit, je me retrouve un couffin à la main. Je fais équipe avec le Chinois. Quatre-vingts mètres à parcourir dans un sens puis dans un autre. Progression difficile. Nous marchons courbés. Le premier tire, le second soulève le couffin pour soulager l'effort de l'autre. Les couffins, imbibés d'eau, s'alourdissent à chaque voyage. Nous glissons, trébuchons. Nos pantalons sont trempés. Malgré nos cuissardes l'eau se glisse à l'intérieur des bottes. Nous serrons les lèvres à en avoir des crampes, de peur d'avaler une saloperie et particulièrement des projections d'eau fétide. Il fait chaud mais en certains endroits des courants d'air glacé nous gèlent les os.

Le duo qui nous suit est composé de Jo et l'Arménien. Histoire de nous réconforter mutuellement, nous plaisantons. Une fausse querelle nous oppose sur la distance parcourue, chacun soutenant marcher plus que l'autre.

« Enfoirés, lance le Chinois aux deux autres, on fait le double de chemin que vous !

– Arrête de te plaindre comme une frangine et apporte ton couffin, lui répond Jo.

– Non, on ne va pas plus loin, on le laisse ici, dis-je à mon tour en entrant dans le jeu.

– On vous avertit, on viendra pas le chercher ! »

Et cela se répète à chaque voyage avec des variantes dans l'humour et la mauvaise foi.

Jo est un garçon fort en gueule, impulsif mais doté d'une force herculéenne. De taille moyenne avec des épaules larges et des bras énormes. Mâchoires puissantes et calvitie naissante. La rudesse de son visage est adoucie par la puissance du vert de ses yeux. Ayant voulu, un temps, mettre sa force au service de la boxe, il en gardait un nez aplati. Pour le chambrer, je m'amuse à lui répéter :

« Ma parole, tu bloquais les coups avec ton nez ! »

Ceux qui nous inquiètent le plus sont les rats. Dès que nous entendons un bruit suspect, nous cessons le travail et éteignons nos lampes. Dans cette soudaine obscurité, ces rongeurs s'enhardissent et se rapprochent. Nous craignons une attaque ou la morsure de l'un d'eux. Craintes qui se révéleront infondées car à aucun moment, ces rats ne manifesteront la moindre hostilité. Ils nous entourent même de leur indifférence, ce qui en d'autres circonstances pourrait nous vexer. Au final, nous n'aurons avec eux que de bonnes relations tout au long de notre séjour en voisins, chacun vaquant à ses occupations sans se soucier de l'autre. Nous éviterons seulement les gestes brusques pour ne pas les affoler. Dans son livre, Albert écrira que nous avons plongé pour sauver un rat de la noyade. Nous n'avons rien contre ces bestioles mais personne ne serait assez fou pour commettre un tel acte.

Nous travaillons sans relâche. Les sacs deviennent de plus en plus lourds. Nous ne nous accordons aucune pause et, en dépit de nos bonnes constitutions physiques, sommes au bord de l'épuisement. Nous puisons dans nos réserves l'énergie de continuer. Nous commençons seulement à entrevoir l'énormité du travail qui nous attend.

Les contenus des couffins changent : un mélange de terre et de cailloux remplace les pierres du début. Nous en concluons que nos amis ont entamé le tunnel.

La chaîne s'arrête. Un message passe de groupe en groupe : problème d'étayage. Difficulté pour placer le premier plateau en raison d'un remblai de gros sable, autour du conduit, ce qui provoque des éboulis. Il faudra une heure à l'équipe de terrassiers pour réussir à positionner le plateau. Nous en profitons pour reprendre des forces. Le Chinois et moi récupérons un plateau et le coinçons dans la largeur de l'égout pour nous en servir comme siège de fortune. Accoudés l'un à l'autre, sans nous en rendre compte, nous nous endormons.

Bientôt le travail reprend. Il se prolonge durant tout le reste de la nuit et même tout le week-end. Trois plateaux sont finalement positionnés. Nous n'avons progressé d'un petit mètre. Déception générale. Nos estimations étaient fausses, l'évacuation de la terre et des gravats s'avère plus longue et plus éreintante que prévu. Il nous faudra plus de temps mais aussi plus de courage et de détermination.

Le jour va bientôt se lever. Il faut partir. Nous planquons le matériel, rebouchons le trou à l'aide d'une plaque en contreplaqué bloquée sur des pierres à bâtir et enduite de boue de façon à se fondre dans le décor. Nous nettoyons le boyau dans lequel nous avons travaillé. Éreintés, nous remontons le Paillon par petits groupes. Nous n'avons qu'une hâte : prendre une douche et aller dormir.

Ce ne sont pourtant que les premiers coups de pioche. Notre travail va s'étaler sur plus d'une centaine de nuits et une quinzaine de week-ends.

XIV

Au lendemain de ce premier week-end, un seul d'entre nous abandonne, l'Élégant. Nous le connaissons tous depuis longtemps et sommes surpris par sa décision. D'autant qu'il ne nous fournit aucune explication. Claustrophobie ? Répulsion des égouts ? Doute quant à la réussite de l'opération ? Sûrement pas un manque de courage, pas son genre. Il nous fait part de sa défection, plie définitivement ses bagages, mais conserve toute notre estime et notre amitié. Il ne sera pas remplacé.

Les choses s'organisent vite. Les deux équipes se relaient. Chaque nuit, l'une descend dans les égouts pendant que l'autre se repose ou assure une surveillance des alentours. Personnellement, je circule fréquemment à bord de la R5 espionne. Je m'en sers surtout en début de soirée pour surveiller les abords de la banque. Les samedis et dimanches après-midi aussi, en raison du regain de promeneurs dans le quartier. Je guette leurs réactions, vérifiant qu'aucun bruit suspect ne les affole. J'espionne surtout la fréquence de la police et vérifie leurs rondes. Le Chinois est mon plus fidèle passager. À la fin de ces longues séances de surveillance, nous garons la voiture sur un parking près de notre appartement où elle s'endormira.

Pour nous rendre sur les lieux de l'action, nous disposons d'une vieille fourgonnette Citroën fournie par Spaggiari. Elle nous sert aussi de vestiaire car nous y plaçons nos tenues d'égoutiers : casques, salopettes, gants et cuissardes. Elle effectuera un grand nombre d'allers et retours entre notre appartement et l'entrée du Paillon. Le jour, elle stationne non loin du magasin d'Albert où elle est tellement connue que personne ne la remarque. La nuit, elle repose près de la rivière.

Au sujet des cuissardes, les miennes souffrent d'un léger défaut de fabrication : les semelles se relèvent à leur bout. Comme j'ai des pieds relativement petits, je laisse des empreintes de taille 35 sur le sol. La police s'interrogera longuement sur ces empreintes et certains concluront à la présence d'une auxiliaire féminine. De là à imaginer une proche amie d'Albert Spaggiari... Hélas, il n'y a pas de place pour un élément féminin dans notre aventure.

Petit à petit, la vie autour du casse s'organise.

Nous disposons de deux logements, un par équipe.

Doumé, qui continue de s'intéresser à notre casse, nous réunit, moi et mon équipe, dans un restaurant qu'il apprécie.

« Ça vous dirait une villa en pleine campagne ?

– Faut voir.

– C'est un restaurateur de Cannes qui la propose. Il connaît les propriétaires qui sont partis pour plusieurs mois et lui ont filé les clés. Il nous la loue pour pas cher. Ça pourrait être sympa. »

Nous organisons une visite groupée. La villa se situe à Castagniers dans l'arrière-pays, au nord de Nice. Le quartier est effectivement calme parce que résidentiel... ce qui m'inquiète. Le genre d'endroit où tout le monde se connaît. Débarquer en petit groupe, en l'absence des propriétaires, ne peut qu'attirer l'attention du voisinage. Et puis, si on ne veut pas trop se faire remarquer, dans la journée il faudra vivre les volets fermés. Pas terrible. Malgré cela, faute de mieux, nous nous y installons.

Au bout de deux nuits, tout le monde partage mon inquiétude : à force de circuler la nuit et de se cacher le jour, nous allons nous faire « retapisser ». Un voisin soupçonneux ne manquera pas d'alerter la maréchaussée locale. Plus prudent de partir. Albert Spaggiari nous trouve un appartement à Nice, pas loin de sa boutique.

Nous quittons la villa de Castagniers en commettant l'erreur de laisser des affaires derrière nous. Notre souhait est de les récupérer au plus tôt mais, pris par notre fastidieuse besogne, nous finirons par les oublier. De plus, Doumé continuera d'utiliser cette villa épisodiquement, à des fins personnelles.

Nous voici dans un appartement situé au premier étage d'une petite maison très discrète. L'endroit est tellement calme que nous n'y croisons jamais personne. Le seul que nous rencontrons plus ou moins régulièrement est Albert lui-même mais, sécurité oblige, nous faisons semblant de ne pas nous connaître.

Lui continue de vaquer à ses occupations, sur nos conseils. Changer ses habitudes engendre toujours des questions du voisinage. Il continue donc de tenir boutique et d'effectuer ses reportages photographiques comme si de rien n'était.

Réunis tous les cinq « à la maison », nous disputons fréquemment des belotes contrées pagnolesques, c'est-à-dire où les mots que l'on s'envoie à la figure sont aussi importants que les cartes que l'on abat. Amusement et détente.

Le quartier est très agréable et nous sympathisons avec certains commerçants. Nous nous glissons dans le décor.

Fuyant le génocide de 1915, les parents de l'Arménien ont grandi ensemble dans un orphelinat du Liban. À l'âge adulte, son père partit travailler en France où il fut engagé aux raffineries Saint-Louis de Marseille. Il revint au Liban pour se marier avec son amie d'enfance. Le couple repartit en France où il eut cinq enfants. Mon ami n'avait que 6 ans lorsque son père décéda dans un accident de la circulation à la sortie de son usine. Sa mère, seule, éleva péniblement sa grande famille. Elle eut la clairvoyance d'acheter une petite maison dans le quartier de Saint-Antoine grâce à l'indemnité touchée à la mort de son mari. Ainsi put-elle mettre les siens à l'abri. Mais mon ami n'accepta jamais la pauvreté qui les harcelait et entra dans la marginalité.

Le Chinois aussi grandit à Marseille, mais au Panier où il devint voyou. Ce vieux quartier marseillais était alors le point de chute de tous les émigrés débarquant dans la cité phocéenne. Italiens, Arméniens, Grecs, Vietnamiens y vivaient dans une promiscuité désargentée mais joyeuse. Parallèlement, du Panier sortirent la plupart des grandes figures du milieu marseillais. Le Chinois se forgea un personnage à leur image. Son père préférant fréquenter les bars du quartier que son propre foyer, mon ami bénéficia d'énormément de temps libre. L'appel de la rue fut le plus fort et le conduisit quasi naturellement dans les égouts de Nice.

La vie à l'intérieur de l'appartement est bien rodée. Nous nous sommes répartis les tâches ménagères : le Chauve et le Chinois se chargent de la bouffe, l'Arménien et moi du ménage. Tout fonctionne comme sur des roulettes. Jamais de heurt ni d'anicroche comme si nous formions un véritable foyer. Pour les courses, nous allons à tour de rôle au Prisunic où personne ne fait attention à nous.

Le Chauve est une force de la nature. Un paysan corse dans toute sa splendeur. Il ne s'embarrasse jamais de fioritures. D'emblée, il aime ou non et rien ne peut le faire changer d'avis. Sa rudesse peut le faire paraître antipathique mais pour ses amis il constitue une présence réconfortante. Une valeur sûre en cas de coup dur.

Le beau temps s'imposant avec de plus en plus de vigueur, certains en profitent pour aller sur la plage – la grande bleue offre un agréable contraste avec le cloaque des égouts. D'autres préfèrent se changer les idées au cinéma, et pas forcément en allant voir des films de gangsters. D'autres enfin se contentent de farniente dans l'appartement.

Moi, c'est la plage. J'aime le soleil et la baignade. J'aime aussi les jolies rencontres que l'on y fait. Je me rapproche de très près d'une ravissante jeune Niçoise. Ni elle ni moi ne pouvant recevoir, je demande à Doumé de me dégoter un appartement proche qui abritera nos amours clandestines. Après le casse, je tenterai de la revoir, en vain car elle ne m'ouvrira plus sa porte ni ne répondra à mes appels. Cela m'étonnera. Je pense qu'elle reconnaîtra dans les journaux la R5 blanche utilisée pour nos balades amoureuses et devinera mon implication dans le vol…

Pour les deux équipes, nos grands moments de détente ont pour cadre Bézaudun-les-Alpes. Là, à l'écart du village, sur le mont Cheiron, Albert a aménagé un mas dans une ancienne bergerie : *Les Oies sauvages*, en hommage au chant de la Légion étrangère. Albert en a fait un endroit agréable. Rustique mais agréable. Il y règne un calme absolu. Lieu idéal pour nous car nous pouvons parler, nous amuser sans crainte de regards extérieurs. Nous pouvons surtout y disputer des parties de boules acharnées. Car à Marseille, les boules c'est du sérieux.

Parfois, le Chauve emprunte le fusil de chasse d'Albert pour aller tuer deux ou trois lapins dans la garrigue environnante. À son retour, nous nous disputons sur la manière de les cuisiner, mais ces civets agrémentent notre banal ordinaire.

À Bézaudun, nous sommes toujours entre nous. Casseurs et guetteurs réunis. Les dimanches après-midi, nous évitons de creuser car, avec les beaux jours, les rues du centre-ville grouillent de monde mais, paradoxalement, avec peu de circulation. Nous redoutons la propagation des bruits et préférons déserter les lieux, excepté quand il faut procéder au nettoyage du tunnel ou aux déblaiements. D'où ces fêtes champêtres auxquelles ne participent aucun ancien de l'OAS ni d'autres amis d'Albert. Seuls les casseurs sont là. Parfois, Spaggiari nous impose une présence étrangère : une jeune femme avec qui il s'enferme dans la chambre pour faire beaucoup de bruit, sans doute pour en rajouter un peu. Des bruits qui ne trompent personne, si je puis dire.

Certains week-ends quand l'autre équipe descend, nous prenons position par groupes de deux ou trois, sur la terrasse d'un petit bar de l'avenue Jean-Médecin, juste en face de la banque. Nous y assurons une surveillance discrète, un talkie caché dans un sac à nos pieds. Cela permet aux guetteurs de libérer leur chambre et d'aller prendre un peu l'air. De cet endroit, nous avons une vue directe sur la porte d'entrée de la Société Générale. Sachant qu'en cas d'intervention policière, elle s'effectuerait par cette porte principale, nous sommes aux premières loges. Plus les travaux avancent, plus nous craignons la curiosité d'un passant alerté par un bruit de burin. D'où cette précaution supplémentaire. Nous procédons ainsi par roulement, le dernier tour de garde étant assuré par l'un des guetteurs qui regagnera sa chambre vers 22 heures. Cette surveillance en terrasse est très prisée car elle nous permet de regarder passer les jolies filles, court vêtues.

D'autres week-ends, nous rentrons chez nous. Nous avons la chance, ou le savoir-faire, d'avoir pour épouses ou compagnes des femmes aussi charmantes que discrètes qui ne nous posent aucune question. La mienne ne fait pas le moindre commentaire sur mes absences prolongées et profite de ma présence.

Seule une infime pincée de personnes de mon entourage apprendra ultérieurement, par ma bouche, ma participation au casse de Nice. Pour tous les autres, il faudra attendre la publication de cet ouvrage…

Profitons-nous vraiment de nos périodes de repos ? Pas si sûr. Où que nous soyons, quoi que nous fassions, nos pensées retournent toujours au tunnel. Nous restons concentrés sur le travail effectué la veille et celui qui nous attend le soir même ou le lendemain. Et quand sonne l'heure du coucher, nous rêvons à l'instant suprême : l'entrée dans la salle des coffres.

Mais nos rêves ne sont pas toujours constellés d'or. Une nuit, l'Arménien se réveille en hurlant. Comme je dors à côté de lui sur le petit clic-clac du salon, me voilà réveillé sur-le-champ.

« Qu'est-ce qui t'arrive ?

– J'ai fait un cauchemar. J'ai rêvé que la voûte nous tombait dessus.

– Tu pars en vrille, l'Arménien, lui dis-je. Je vais te faire un bon kawa, ça te remettra de tes émotions. »

Il ne sera pas le seul à faire ce genre de cauchemar.

Dans le tunnel, nous vivons tous des moments d'angoisse que nous tenons secrets. Par pudeur et par fierté. « Si le niveau de l'eau montait subitement, provoquant une forte précipitation ? Si une vanne déversait soudain des tonnes d'eau ? Si le tunnel s'écroulait au passage d'un poids lourd ou d'un autobus surchargé ? » La claustrophobie génère de sales pensées. Difficile de les chasser entièrement de nos esprits.

Si nous restons fidèles à notre quartier, l'autre équipe ne cesse de changer de planque. Elle commence par loger dans un appartement situé à peu près au milieu de la Promenade puis déménage du côté du port pour finir par s'installer à proximité de l'entrée du Paillon. Ces changements sont nécessités par une extrême méfiance. Ils ont la sensation d'être observés par le voisinage. Nous leur rétorquons qu'avec leurs gueules, où qu'ils aillent ils se feront repérer. Ils apprécient moyennement.

C'est sur la terrasse du premier appartement que le Gros nous fait une révélation. Nous sommes tous réunis, onze égoutiers à partager un bon repas. Le Gros réclame le silence. Un peu gêné, il nous annonce le « service » que lui a demandé Spaggiari. Dans la salle des coffres, Albert veut en priorité en ouvrir un dont il connaît à la fois le numéro et l'emplacement précis. Le Gros s'est étonné de cette requête mais le Niçois lui a expliqué que ce coffre appartient à l'ambassade du Chili et qu'il veut y récupérer des documents.

Cette annonce crée un malaise entre nous. Nous mettons le souhait d'Albert sur le compte de ses opinions politiques que nous ne partageons pas. Plus étonnant, le fait qu'il ait demandé au Gros de garder le secret. Ce dernier s'est tu pendant longtemps mais, rongé par le sentiment de trahir ses amis, a préféré cracher le morceau. Nous lui en sommes reconnaissants.

« De toute manière, conclut notre compagnon, que vous soyez au courant ou non, vous auriez continué pareil ! »

Bien sûr. Mais l'attitude de Spaggiari nous gêne un peu.

Au fil du temps, Nice est comme une fleur qui s'ouvre avec de plus en plus d'activités et même de festivités. Nous n'avons pas le cœur à en profiter. Nous ne sommes pas ici en vacances mais en train de faire un boulot. Et quel boulot ! Nous avons l'impression d'être étrangers à ce monde qui nous entoure. Nous, notre vrai monde se situe en dessous.

Il faut aussi penser aux côtés pratiques. Par exemple, nous allons porter nos combinaisons plus que sales à une grande blanchisserie de la place de la Madeleine, *Au bleu de France*.

Au début, le propriétaire s'inquiéta de voir ces ouvriers payant en argent liquide sans jamais réclamer de facture. Il finit par nous demander :

« Vous travaillez dans le coin ?

– On travaille en sous-traitance pour l'entreprise Baldi de Marseille. On fait du nettoyage de chantier. »

Explication qui lui paraît amplement suffisante.

Entrée souterraine du Paillon empruntée par le gang.

XV

Dans l'heure précédant chaque départ nous nous offrons un copieux repas pour éviter d'emporter de la nourriture. En revanche, chacun se charge de son propre ravitaillement en eau, à raison d'un litre ou deux par homme. Le printemps est déjà chaud et nous travaillerons jusqu'à l'été. Boire engendre certains inconvénients : l'évacuation. Pisser accroupi en cuissarde et salopette relève de l'exploit ! C'est pourquoi nous attendons l'ultime moment pour nous soulager.

Chaque soir, sur le coup de 19 h 30, nous quittons notre logement. À 20 heures, nous sommes à l'entrée du Paillon. Les gendarmes ayant terminé leurs parties de boules, la voie est libre. À plusieurs reprises nous essayons d'entrer de l'autre côté du Paillon, par la plage de la Promenade des Anglais, histoire d'éviter la gendarmerie. Mais nous abandonnons bien vite cette idée car des promeneurs se montrent surpris de voir débouler des égoutiers sur leur plage. Par l'entrée proche de la gendarmerie, nous sommes, paradoxalement, nettement moins embêtés. La chance est de notre côté car non loin du Paillon s'est ouvert un chantier, les Grands Travaux du Midi, qui a habitué le quartier au passage d'ouvriers.

Équipés de nos combinaisons et de nos bottes, nous avons vraiment l'allure d'égoutiers prêts à aller effectuer un sale travail. À plusieurs reprises, des riverains nous saluent et nous souhaitent bon courage. Nous les remercions d'un sourire tout en faisant secrètement le vœu qu'ils n'aient pas loué de coffre à la Société Générale. Parfois aussi, devant l'entrée de la partie couverte du Paillon, nous voyons un groupe d'adolescents s'attarder sous les dernières lueurs du jour. À force de nous voir et de nous saluer, ils nous prennent en sympathie :

« Salut, les spéléos ! Ramenez-nous un fossile, si vous en trouvez ! »

Difficile de leur dire que nous ne partons pas à la chasse aux vieilles pierres.

De même nous croisons pratiquement chaque jour un groupe de clochards – on ne dit pas encore de SDF ! – qui ont élu domicile sous la première arche du Paillon. Les voir aussi régulièrement nous inquiète un peu. Mais il est visible qu'ils nous prennent pour de vrais ouvriers et ne nous causent aucun tracas. Au contraire, développant ce qui ressemble à une allergie à la vue de travailleurs, ils nous évitent et se déplacent pour ne pas nous gêner. Au passage, nous leur offrons souvent des cigarettes.

Une équipe de quatre terrassiers suffit pour travailler dans le trou. Pendant que deux creusent, les autres attendent les gravats à l'entrée du tunnel, le talkie pendu à l'échelle ne se trouvant alors qu'à un mètre d'eux.

Notre progression se fait de manière empirique, sans plan préétabli. Au jugé ! Chaque obstacle nous oblige à trouver une solution. Il n'y a pas, contrairement à ce qu'affirmeront les médias, de « spécialiste » de creusement de tunnel pour nous conseiller. Nous travaillons à un rythme régulier.

Une nuit où nous sommes en train de caler un plateau, nous recevons un signal d'alerte de notre guetteur en surface. Arrêt immédiat. Attente. Impossible de savoir ce qui est en train de se passer au-dessus de nos têtes. Deuxième signal d'alerte. Les choses se compliquent. Nouvelle attente. D'interminables minutes s'écoulent. Le signal de reprise ne vient toujours pas. Par mesure de sécurité, nous éteignons nos lampes. Dans le noir total, nous restons figés, silencieux. Pour nous rassurer, nous pensons qu'en cas d'intervention des flics, le guetteur nous préviendrait de vive voix. Cela n'empêche pas toutes les suppositions, y compris les plus farfelues. Certains redoutent une descente de police directement dans les égouts. Nous serions, alors, pris au piège.

Au bout de la ligne droite du collecteur, apparaît une faible lueur. Qui devient une lumière se rapprochant de nous. Nous n'attendons personne. Ami ou ennemi ? La tension monte. Aucun de nous n'est armé. Au début, l'un de nous, Denis, portait un revolver. Quand nous nous en sommes aperçus, d'un commun accord nous lui avons conseillé de remiser son arme au vestiaire. Il a accepté sans sourciller. Si c'est la police qui se dirige vers nous, elle est armée, bien évidemment.

Nos possibilités de cavale sont réduites. Les deux boyaux les plus proches sont bouchés, nous coupant toute retraite. L'unique voie de sortie rapide est la bouche d'égout de la rue Gustave-Deloye, en face de la banque. Monter à l'échelle, déplacer la plaque et se faire la malle. Mais s'il s'agit d'une fausse alerte, décamper ainsi en pleine nuit nous fera immanquablement repérer. Le coup sera foiré. D'un autre côté, se faire serrer en flagrant délit par la police peut nous valoir dix années de placard. Même s'il n'y a pas encore véritablement eu exécution du coup.

J'interroge mes amis :

« Qu'est-ce qu'on fait ? On a encore le temps de décarrer.

– S'il y avait un vrai problème, Mimi nous aurait avertis.

– Oui, mais si c'est les poulets qui se pointent, on est comme des cons à les attendre », rétorque l'Arménien.

Jamais l'expression « fait comme des rats » ne nous a paru si justifiée.

Avant de prendre la fuite nous préférons savoir qui se cache derrière cette lumière qui progresse dans notre direction. Dans quelques secondes nous serons fixés.

« Les gars, c'est moi ! »

Nous reconnaissons cette voix, cet accent. Le Corse ! Immense soupir de soulagement. Il vient nous avertir que Mimi lui a signalé une voiture de police stationnée juste au-dessus de nos têtes. Nous rebouchons le trou en silence et effectuons un repli stratégique. Les flics finiront par partir.

À notre sortie, nous discuterons de l'incident avec Mimi. Il a vu la voiture s'arrêter pile au-dessus de la plaque d'égout. D'où sa première alerte. Le véhicule ne bougeant pas, il a commencé à s'inquiéter. Devait-il nous intimer, de vive voix, l'ordre de partir ? Il craignait que cette annonce ne fût entendue par une radio de police. Mimi hésita car les deux policiers à l'intérieur affichaient un calme étrange. Ils n'avaient pas du tout l'attitude de types préparant une arrestation de grande envergure. Alors Mimi réveilla l'autre guetteur pour qu'il aille avertir l'équipe au repos. Le Corse reçut l'appel et décida de son propre chef de venir nous informer. Nous lui en serons reconnaissants. Mais jamais nous ne nous expliquerons la présence de cette voiture à cet endroit et à ce moment. Peut-être les deux lardus voulaient-ils se détendre un peu avant de regagner leur commissariat…

Chaque descente aux égouts comporte son lot d'incidents.

Un soir c'est Jo qui glisse sur le trottoir et s'écrase de tout son long dans la fange de la « cascade ». Il se relève en pestant. Il pue mais surtout il est trempé. Pour se sécher, il ne trouve rien de mieux que d'improviser un feu avec des bouts de bois récupérés dans le lit du Paillon. Il n'a pas le temps d'en profiter. Le Gros arrive sur lui en hurlant :

« T'es pas cinglé ? Tu veux qu'on se prenne les pompiers sur le dos ? »

Pour rassurer Jo, nous lui expliquons qu'avec toute la merde qu'il a sur le dos, il va avoir beaucoup de chance…

Un autre soir, à l'entrée du Paillon, nous découvrons un rouleau de moquette abandonné.

« Elle est propre. On l'emporte et on la pose par terre dans le tunnel, s'exclame Tchou-Tchou après l'avoir étudiée.

– Allez, lui répond le Gros, on va pas se faire chier avec ça. Si quelqu'un nous regarde, il va se demander pourquoi des égoutiers emportent cette merde. »

Il en faudrait plus pour convaincre Tchou-Tchou qui charge le rouleau sur son épaule. Nous la posons sur le sol du tunnel où elle restera encore après notre départ. Elle fera couler beaucoup d'encre…

Un autre soir, l'alerte vient d'en haut. Je me trouve avec les guetteurs placés dans la R5. On intercepte un appel de la police faisant état d'une rixe dans un cinéma. Rien d'important, mais ce message est aussitôt suivi d'un autre ordonnant d'arrêter trois individus suspects circulant à bord d'une Renault 5 blanche. Or nous sommes trois dans une R5 blanche. Peu désireux de rendre des comptes à la maréchaussée, nous prenons la fuite et quittons Nice à travers des ruelles.

Nous avons creusé quatre mètres de tunnel quand nous nous rendons compte que celui-ci dévie légèrement vers la droite. Faut-il corriger la trajectoire ?

Cette question fait l'objet d'une vive discussion entre nous. Les plus cinéphiles ont en mémoire cette scène du *Pigeon* où les malchanceux, véritables pieds nickelés italiens, se trompent de mur et aboutissent dans une cuisine et non dans la pièce où se trouve le coffre ! Dans ce film, la fin est comique puisque les voleurs, remis de leur désappointement, décident de manger leur butin : des pâtes aux pois chiches ! Pour nous, l'erreur serait moins amusante.

N'étant pas géomètres, nous effectuons des calculs fort peu savants. Il s'agit d'étudier la position des deux bouches d'égout de la rue Gustave-Deloye par rapport à la banque. Il apparaît, plus ou moins, qu'il vaut effectivement mieux bifurquer sur la gauche. Nous en profitons pour rectifier également notre hauteur en remontant légèrement le tunnel. Une décision qui se révélera judicieuse.

N'en déplaise à de futurs « analystes » de notre casse, Albert Spaggiari n'a jamais fait et refait cent fois des calculs pour taper pile au bon endroit. La vérité est moins glorieuse : nous y sommes allés au pif ! Plus exactement, avec un très approximatif sens de la logique en nous basant sur un angle droit à partir de l'égout.

Nous approchons du mur de la banque. À chaque coup de piolet, notre cœur bat plus fort. Chacun de son côté espère être celui qui, le premier, touchera ce mur. Finalement, dans l'excitation du moment, nous ne nous rendons pas compte de qui tape le premier. Plusieurs membres de l'équipe s'amuseront à revendiquer ce faux exploit mais cela n'a guère d'importance.

Enfin nous y sommes.

Ce mur est constitué de pierres de différentes tailles jointes avec du mortier très dur. Les pierres sont admirablement jointes. Impressionnant. Rien qu'à le regarder nous avons un bon aperçu de sa solidité. Les anciens savaient construire des murs !

Il va falloir trouer tout cela. Nos masses et nos burins ne nous serviront à rien.

Dans l'immédiat, il faut nettoyer le tunnel qui se trouve derrière nous. Nous le préparons comme on prépare un corps avant une opération chirurgicale. À le regarder ainsi, nous ne sommes pas peu fiers. Il nous a fallu un bon mois pour le creuser mais il a belle allure avec ses épontilles alignées tous les cinquante centimètres et sa moquette posée sur le sol.

Le 10 juin, nous attaquons le mur de fondation.

Par quel bout le prendre ? La première idée est de creuser des joints pour ensuite dégager les pierres et les extraire. Cette méthode a son revers. Taper directement sur la pierre fait remonter le bruit le long du mur, jusqu'à la surface. Après avoir fait carburer nos méninges nous convenons qu'il n'existe aucune autre méthode.

La discussion tourne alors sur l'heure du début des travaux. Commencer plus tard dans la nuit permet de réduire le nombre de passants au-dessus de nous. Au contraire, commencer plus tôt permet de bénéficier des bruits de la circulation. La première option l'emporte avec d'autant plus de vigueur qu'elle facilite le travail des guetteurs qui auront moins de monde à surveiller.

Cette première journée de travail nous apporte son lot de nouvelles mauvaises surprises : les pierres ne sont pas toutes de la même taille ni de la même forme. À nous d'adapter notre travail pour chacune d'elles. Le vérin à tête pointue nous sera d'un grand secours.

En dépit de nos efforts, nous allons transpirer comme des bêtes pendant un mois pour venir à bout de ce mur.

Arrivés à peu près à la moitié du trou, nous nous retrouvons face à une énorme pierre d'environ cinquante centimètres de longueur sur quarante de haut. Elle nous barre à moitié le passage. Comme elle forme un bloc compact, il est impossible de la fractionner. Il faut la retirer dans sa totalité. Nous l'attaquons par tous les angles possibles pour la déloger. En vain. Nous envisageons alors de la contourner mais elle nous gênera au moment d'entrer les bouteilles dans la banque et, surtout, elle entrave notre sortie. Que nous le voulions ou non, il faut la déplacer.

Jo, l'Arménien et moi sommes à pied d'œuvre. Nous attaquons la pierre qui oppose une farouche résistance. À l'aide du vérin, nous rognons son arrière, centimètre par centimètre. Le travail est épuisant car il faut maintenir le vérin à bout de bras pendant qu'un autre pompe et que le troisième dirige la tête. L'espace étant réduit, nous sommes littéralement les uns sur les autres.

Après plusieurs heures, l'espace derrière la pierre s'agrandit. Nous réussissons à glisser le vérin de manière à pousser ce bloc vers l'extérieur. Nous y allons de toutes nos forces.

« Elle a bougé ! s'exclame Jo. Ça y est les gars ! »

De fait, très lentement, la pierre se met à avancer. Nous la poussons jusqu'à l'endroit le plus large du tunnel. Là, nous la plaquons sur le côté pour qu'elle ne gêne pas le passage.

Lorsque nous nous retournons pour voir l'emplacement où elle se tenait, nous avons l'impression d'être devant un trou énorme. Cela nous ragaillardit.

L'évacuation des gravats nous cause de plus en plus de soucis. Où les mettre ? Les tas de terre dans les deux boyaux utilisés sont désormais énormes. Nous redoutons qu'un égoutier ne s'en inquiète au cours d'une de ses rondes. Il faut porter les couffins toujours plus loin. D'où quelques accidents.

Un jour, le Corse, au moment de jeter le contenu de son couffin, glisse et manque d'écraser un rat à ses pieds. L'animal réagit aussitôt et plante ses dents dans la botte de notre ami. Heureusement le caoutchouc est suffisamment épais pour empêcher la morsure. Ce sera le seul incident avec ces quadrupèdes.

Deux mois après le début du creusement, nous avons perdu quelques kilos, mais le travail nous paraît moins pénible. Nous avons tellement l'habitude des boyaux que nous y progressons plus rapidement. La marche en canard est devenue comme une seconde nature.

Dans le tunnel, après l'incident de la grosse pierre, le reste est du gâteau. Les autres pierres sont de dimension plus normale et s'extraient sans difficulté majeure. Et puis, l'idée de rapprocher du but nous galvanise. Nous ne comptons plus ni le temps, ni nos efforts.

Le grand moment arrive : après les pierres nous butons contre une surface lisse. Du béton. Nous sommes maintenant contre le dernier mur qui nous sépare de l'intérieur de la banque.

L'un de nous s'amuse à mesurer la distance effectuée. Nous venons de percer un mur de fondation d'un mètre quarante de large !

Et nous ne sommes pas encore au bout de nos peines.

XVI

Notre préoccupation majeure porte sur l'existence ou non d'une alarme sismique protégeant le dernier mur. Albert n'a jamais caché qu'il n'était pas sûr à cent pour cent et notre tentative avec le réveil caché ne peut aboutir à aucune certitude. Le Gros n'y va pas par quatre chemins. S'adressant directement à Albert il lui lance :

« Fais gaffe. Si tu dis qu'il n'y a pas d'alarme et que ça sonne, je te mets direct deux bastos dans le teston. »

Ne sachant s'il plaisante ou non, Albert blanchit d'inquiétude. Les colères, feintes ou non, du Gros sont toujours impressionnantes.

Il faut en avoir le cœur net : alarme ou pas ?

Nous mettons en place tout un dispositif. Une voiture nous attend à la sortie du Paillon, une autre devant le restaurant oriental de l'avenue Gallieni. Les guetteurs sont aux aguets. La R5 patrouille dans le quartier à l'écoute des fréquences de la police. Si une alarme se déclenche, nous quitterons à jamais les égouts.

Le signal de départ doit nous être donné par un des guetteurs. Il attend que le trottoir soit désert pour mieux entendre une éventuelle alarme. Pour l'occasion, Albert descend avec nous. Il veut partager cet instant de vérité. Aujourd'hui tout peut basculer. Il a le visage anxieux, les traits tirés, visiblement mal à l'aise.

Feu vert. Jo s'arme d'une masse et de toutes ses forces tape trois coups sur le mur en béton. Nous attendons. Aucune sirène. Encore quelques minutes à patienter au cas où les policiers seraient prévenus d'une autre manière. Rien. Au fil de ces secondes aux allures d'éternité, les corps se détendent, les sourires se dessinent. Albert lui-même respire plus calmement.

Tout va bien. Le spectacle peut commencer.

Se pose à nouveau le problème du bruit. Attaquer avec nos masses et nos burins s'entend jusqu'à l'extérieur. Nous envoyons quelqu'un en surface, à la verticale de l'endroit précis de la jonction entre le tunnel et le mur. Il nous confirme illico que le bruit est beaucoup trop fort. Nous stoppons et remontons à l'air libre pour une réunion au sommet.

Tout problème ayant une solution, celui-ci doit avoir la sienne. Des engins électriques pourraient convenir. Plus efficaces et moins bruyants. Pour ce faire, il nous faut une source d'énergie. Albert propose un groupe électrogène qu'il va chercher sans tarder. Nous le testons. À son tour, il se révèle trop bruyant. Bruit qui se répercute dans les égouts et court vers la surface. Nous lui rendons son appareil. Mais où trouver du courant ?

Au parking Masséna. Alex a eu la bonne idée de faire un double de la clé donnant accès au parking. Soir après soir, il a peaufiné son travail et à la quatrième tentative, a ouvert la porte. Mais le battant n'ayant pas été bougé depuis des lustres, il fallut pousser à trois pour le débloquer. Surpris, nous fîmes une irruption un peu trop brutale dans le local technique. L'endroit étant désert et ne disposant d'aucune caméra, notre intrusion passa inaperçue. Depuis, ce parking constitue une voie de secours. Il pourrait servir en cas de retraite précipitée.

Cette fois, nous allons lui donner une autre fonction. Dans un local technique, nous envisageons de brancher un câble sur le plafonnier. Il nous faudra une échelle. Le Grand en a repéré une sur la galerie d'un fourgon d'une entreprise d'électricité garé près de la rampe menant au Paillon. Il nous la ramènera. Le problème est que la présence du câble peut nous faire repérer. Comment faire autrement ? Sitôt notre travail terminé, il faudra le débrancher et l'enrouler sur toute sa longueur. Quiconque tomberait dessus, employé du parking ou égoutier, n'aurait plus qu'à le remonter pour découvrir notre petit chantier.

Nous prenons nos mesures. Cinq cents mètres de câble d'une seule longueur. Nous l'achetons chez un grossiste. L'enrouler à chaque fin de session nous prendra une bonne heure et mettra l'enrouleur dans un sale état.

Alex, le plus bricoleur d'entre nous, se charge du branchement. Le câble est relié à l'électricité par le plafonnier, puis accroché au mur par des cavaliers qui, par chance, s'enfoncent bien. Puisque nous y sommes, nous en profitons pour installer la lumière dans notre tunnel. Le luxe !

Alex est, sans l'ombre d'un doute, le plus ingénieux, le plus malin de tout le groupe. Si la réussite du casse devra à quelqu'un, ce sera à lui. Un homme bon, dénué de toute méchanceté, doublé d'un bricoleur de génie ; capable de trouver en quelques secondes la solution au plus délicat problème. Voleur depuis son plus jeune âge. Il fut victime d'une bavure policière avant d'avoir atteint sa majorité. Bavure qui lui laissa une blessure au visage et une profonde aversion envers toute forme de violence. Alex pratique la marginalité avec une désinvolture qui le rend sympathique. Pour lui, être un voyou relève d'une fonction quasi naturelle. On a du mal à l'imaginer dans un autre emploi. Il nous installe l'électricité comme un chef.

25 juin, nous venons de franchir un grand pas.

Les chignoles peuvent entrer en action. Dehors, les guetteurs nous signalent que le bruit est tout à fait acceptable, une sorte de ronronnement difficile à localiser.

Nous disposons de tout un assortiment de forets en béton dont nous allons faire grande consommation. Albert complète notre dispositif par une puissante perceuse à percussion. C'est alors un outil ultramoderne pour ce genre de travail.

Nous creusons des trous proches les uns des autres en vue d'affaiblir le béton. Nous savons le mur traversé par des treillis métalliques de renfort et voulons éviter de buter contre les fers. Le Chauve est le premier à tomber dessus. Il retire immédiatement sa mèche et nous fait signe d'attendre. Si la banque dispose d'une alarme sismique moins sensible, c'est à ce moment qu'elle peut se déclencher. Le silence nous rassure. Le Chauve reprend son travail. Il trace une petite croix pour localiser la ferraille, ce qui nous permettra, au fur et à mesure, de repérer l'emplacement des treillis. À l'aide d'une bouteille en plastique remplie d'eau d'égout, nous refroidissons les forets chauffés à blanc.

L'un d'entre nous ne manquera pas de faire la confusion. Dans sa précipitation à vouloir se rafraîchir, Jo boira goulûment trois gorgées du breuvage fétide avant que le Grand ne lui arrache la bouteille des mains.

« C'est la flotte des égouts, lui hurle-t-il.

– Elle est vachement bonne, goûte-la, lui répond Jo impassible. »

Le Grand constitue un peu un cas à part dans notre groupe. Toujours tiré à quatre épingles, excepté quand il descend dans les égouts, il évolue avec la même décontraction dans le monde de la truanderie que dans celui du spectacle. Il vit la plupart du temps à Paris et fait de l'amitié son sacerdoce. Comme tout vrai voyou, il se montre incapable de balancer quelqu'un. Un jour, emprisonné à tort, il protestera en se cousant la bouche. L'acte impressionnera tellement les policiers qu'ils le relâcheront séance tenante. Au bout du compte, la fidélité du Grand envers ses amis lui coûtera la vie.

Le trou devant le mur a été creusé de manière à favoriser le travail du vérin. Nous le calons sur une pierre en saillie. Sans savoir pourquoi nous surnommons cet outil « le chouette ». « Envoie le chouette ! » signifie tout simplement « Passe-moi le vérin ! ».

Un premier morceau de béton se détache en craquant. Bon signal d'encouragement.

Le chalumeau se révèle d'une autre utilité : il affaiblit le béton. Nous l'utilisons non seulement pour le métal mais aussi pour préparer nos coups de perceuse. Cela provoque de la fumée mais nous installons un ventilateur qui la pousse en direction de l'égout. Pour éviter qu'elle ne sorte par la plaque d'égout, nous avons bouché celle-ci avec de l'argile. Parfois, nous oublions d'ôter l'argile avant de partir. Nous apprendrons par les journaux que certains jours, le cantonnier de service s'étonne de ne plus voir l'eau disparaître vers le sous-sol quand, le matin, il nettoie la rue à grands jets. Heureusement qu'il ne pousse pas le zèle jusqu'à appeler les égoutiers.

Tous ces ajouts, nous les apportons au coup par coup. Rien n'est prémédité. Nous nous adaptons à la situation et nous efforçons de faire au mieux.

En une semaine nous dégageons le premier treillis sur environ cinquante centimètres de diamètre. Il faut désormais le découper au chalumeau pour permettre le passage.

Lorsque nous travaillions sur le mur de fondation, nous avions l'impression d'effectuer une course de fond. Longue et fastidieuse. Désormais nous sommes en plein sprint, tous très en forme et très excités. La fatigue, les problèmes techniques, l'insécurité de l'endroit, l'odeur nauséabonde, tout cela est presque oublié. Conscients du travail accompli, nous sommes tendus vers la phase finale. Tout va beaucoup plus vite.

Comme toujours, nous opérons par roulements. Deux sortent du tunnel, remplacés par deux autres. Et ainsi de suite, sans discontinuer. Un mouvement humain perpétuel qui n'a d'autre but que de casser une banque.

Le Chinois a terminé de percer le béton et sa mèche est entrée dans la banque ! Avec le Chauve et l'Arménien, nous nous bousculons pour aller voir. Nous sommes là tous les quatre.

En réalité, la mèche n'est pas tout à fait entrée dans la banque, elle a heurté un corps dur. Nous essayons de le percer mais sans y parvenir. À tour de rôle, nous nous penchons pour examiner la nature de cet obstacle. Difficile de voir quoi que ce soit à travers un trou d'un centimètre de diamètre.

Je modifie l'orientation de ma lampe et je m'exclame :

« Les gars, c'est du métal ! Je vois un point brillant. Sûrement l'impact laissé par la mèche ! »

Les trois autres vérifient après moi. Ils sont d'accord avec ma conclusion. En bonne logique, il est impensable qu'une protection métallique ait été posée derrière cet énorme mur que nous venons de traverser. La conclusion s'impose d'elle-même :

« C'est le dos des armoires. »

Pas de doute, nous sommes dans la banque.

Passé l'euphorie, retour à la réalité. Notre sempiternelle obsession nous taraude : l'alarme. Nous redonnons des petits coups de mèche sur l'armoire et tendons l'oreille. Aucune sonnerie ni aucun rush de la police. Dix minutes s'écoulent ainsi. Nous voilà rassurés.

« D'accord, constate le Chauve, on est dans la salle mais on ne sait pas exactement où. Faudrait pas que les employés s'aperçoivent demain qu'on a percé le mur.

– On doit être au cul des armoires, lui dis-je. Pour l'instant, elles nous planquent.

– Qu'est-ce qu'on fait ? On tente d'agrandir le trou ? » questionne l'Arménien.

Tant que nous sommes protégés par le dos des armoires, nous pouvons opérer dans une relative sécurité. Mais il vaut mieux prendre une décision collégiale.

« Allez, on rebouche et on se casse. On verra avec les autres. »

Ma proposition est acceptée. À l'aide d'argile, nous rebouchons le trou fait par la mèche.

À cet instant nous avons atteint un point crucial et acquis une certitude : l'absence d'alarme. Il est temps de prévenir les amis. Nous rebouchons soigneusement l'orifice laissé par la mèche et replions chemin.

Pendant la remontée du Paillon, nous décidons que deux d'entre nous assisterons à l'ouverture de la banque pour guetter la moindre anomalie. Le Chinois et le Chauve sont candidats.

De fait, après s'être douchés et changés, ils ressortent pour s'installer à la terrasse avec vue sur la Société Générale. Ils pourront voir l'arrivée du personnel. Un spectacle que nous avons tous vu tant de fois que nous connaissons tous les employés de vue. Scrupuleux comme ils le sont, nos deux amis restent en place toute la matinée. Rien d'inhabituel ne se produit. Nous en déduisons que les armoires cachent effectivement notre avancée.

Quand le Chauve et le Chinois regagnent l'appartement, l'Arménien et moi sommes à pied d'œuvre. Nous avons peu dormi mais profondément. Le sommeil du juste ! Nous allons prendre la relève à la terrasse. Nous y restons jusqu'à la fermeture de la banque. Rien à signaler.

De retour dans l'appartement, nous avons la visite du Gros.

« Ça y est ? Vous êtes dedans ? »

On lui résume la situation.

« Qu'est-ce qui vous prouve que vous avez tapé dans l'armoire ? demande-t-il.

– T'énerve pas, Gros. Tu descends tout à l'heure, tu verras que c'est du fer. On est dans la salle. »

J'ai beau lui parler, il continue de s'énerver. Surexcité qu'il est, le Gros ! Au lieu d'entrer dans son jeu, nous faisons comme s'il n'était pas là. L'Arménien et moi ouvrons consciencieusement notre lit, le Chinois prépare du café, le Chauve lave des légumes en vue d'une salade niçoise. Dans son coin, le Gros fulmine. Nous échangeons des sourires discrets. Il finit par partir après nous avoir traités de tous les noms.

Il reviendra le lendemain matin. Penaud, cette fois.

« Vous avez raison, on est dans la banque… C'est vrai qu'il y a des fois où je suis un vrai con. Vous devriez me le dire. »

Tout le monde est au courant et a pu examiner le trou. Il faut étudier notre proche avenir. Nouvelle réunion pour déterminer à quel endroit précis nous sommes arrivés. Il faut agrandir le trou. Aucune objection.

Nous dégageons un orifice de cinq centimètres de diamètre qui nous permet de toucher la paroi. Plus aucun doute, il s'agit bien d'une armoire métallique.

Continuer de dégager le tunnel. Nous procédons comme auparavant mais avec la désagréable sensation de traîner. Rien ne va assez vite à notre goût. Nous avons hâte d'être de l'autre côté. Sans pour autant nous précipiter, nous découpons le deuxième treillis métallique qui libère le passage.

Cela nous permet d'agrandir le trou. L'armoire nous bouche la vue. Pour voir de l'autre côté, nous avons recours à un vieil artifice de prison : le rétro. Il s'agit d'attacher un petit bout de miroir sur le manche d'une brosse à dents, ce qui permet de surveiller l'approche d'un maton. Nous bricolons un rétro. Inspection des lieux. L'espace entre le mur et l'armoire n'étant que de quelques centimètres, notre visibilité en est fortement réduite. Sur la gauche, le passage est bouché par l'armoire voisine de la nôtre. En revanche, à droite, nous constatons que le mur continue sur une distance d'environ deux mètres. Notre armoire serait donc la dernière de sa rangée.

Toujours continuer d'agrandir le trou pour lui conférer sa dimension finale en prenant moult précautions. Il ne faut pas qu'un morceau de béton glisse sur le côté et tombe au-delà de l'armoire. Il serait immanquablement repéré par les employés.

L'un de nous a une idée géniale : installer entre le mur et l'armoire une chambre à air de camion. Une fois gonflée, elle servira à recueillir les derniers gravats. Nous l'enduisons d'une épaisse couche d'argile pour la protéger contre les impacts des éclats de béton. Atout supplémentaire, elle diminue le bruit et bloque les odeurs pestilentielles des égouts.

Il ne nous faut pas longtemps pour venir à bout du mur. Le passage est désormais suffisamment large pour accéder à l'intérieur de la banque. Fin du gros œuvre.

Nous y sommes arrivés. Après avoir creusé un tunnel, passé à travers le mur de fondation, troué le mur du béton nous ne sommes plus séparés de notre but que par une paroi métallique. À la réflexion, la banque n'a pas eu tort de faire confiance à l'épaisseur de ses murs. Mais c'était sans compter la détermination de notre équipe de rapetous.

XVII

2 juillet 1976.

Notre programme est précis : amener les bouteilles d'oxygène et d'acétylène, ce qui, d'après nos estimations, devrait nous occuper au maximum trois heures puis, dans la foulée, entrer dans la banque.

Pour le transport des bouteilles, nous ne passerons pas par la bouche d'égout rectangulaire utilisée au départ. Les passants se poseraient des questions. Obligation de passer par le Paillon. Albert propose son 4x4 Land Rover, véhicule idéal.

Avec l'Arménien, je l'accompagne pour charger la marchandise. La rampe d'accès au Paillon est condamnée par deux rails de sécurité, semblables à ceux longeant les autoroutes. Nous les déboulonnons et les ôtons. Travail aisé car ils ne tiennent que par deux séries de boulons. Par talkie, Albert nous annonce son approche. La chance est de notre côté. Aucun gendarme en train de prendre le frais sur le trottoir de la caserne. Aucune voiture de patrouille en vue. Les alentours sont dégagés. Le Land s'engouffre sous la voûte tous feux éteints.

Encore une décision prise en commun : à l'unanimité, nous avons voté pour l'absence de phares en raison des passants qui empruntent la passerelle piétonnière surplombant la rampe d'accès. La lumière attirerait leur attention. En contrepartie, évidemment, cela rend la progression du véhicule plus compliquée. Spaggiari s'acquitte de cette tâche avec sang-froid. Bon conducteur en plus : pour éviter d'allumer ses feux arrière, il se sert de son frein à main. Il roule dans quarante centimètres d'eau et dans une obscurité quasi totale. Sous l'avenue Gallieni, il sait qu'il peut progresser en ligne droite. Nous essayons de le guider tant bien que mal.

À mi-chemin, un pneu arrière crève. Nous le remplaçons en un temps record. Prévoyant, nous avons emporté trois roues supplémentaires. Je monte sur le capot avant afin d'indiquer à Albert les obstacles qui pourraient provoquer une nouvelle crevaison. Arrivés à destination, le reste des deux équipes nous attend. Déchargement express.

Albert repart avec deux passagers chargés de replacer les barrières après son passage.

De notre côté, à l'aide des bateaux gonflables qui effectuent plusieurs navettes, nous transbahutons les bouteilles jusqu'au trou. Nouvelle étape. Reste environ quatre cents mètres de boyaux à parcourir. Une épreuve exténuante, tant les bouteilles nous paraissent lourdes.

Notre intention est de percer l'armoire à l'aide d'un chalumeau. Une fois à l'intérieur, nous pourrons l'ouvrir facilement. Nous commençons par colmater l'espace entre le mur et l'armoire pour éviter la propagation de la fumée. Le percement débute. Derrière la première plaque d'acier, nouvelle épaisseur de béton. Mauvaise surprise. Nul n'avait compté avec cette protection supplémentaire. Dans notre idée, le dos de l'armoire était constitué d'une simple enveloppe métallique facile à découper. Impossible de rentrer dans l'armoire. La solution consistera à la pousser avec le vérin tout en évitant de la faire tomber. Dégager un espace suffisant pour nous permettre de passer. Mais le vérin glisse et ne peut exercer une pression perpendiculaire sur l'armoire. Nous perdons beaucoup de temps.

« Faut être raisonnables, les gars, finit par dire le Corse. C'est cuit pour ce soir. On s'y est pris comme des manches. Vaut mieux arrêter. On est tous défoncés de fatigue. Faut remettre. On ramasse et on se tire. »

Nous nous rangeons tous à son avis.

L'idéal est évidemment de pénétrer dans la banque avec le maximum de temps devant nous et au mieux de nos conditions physiques, ce qui n'est plus le cas cette nuit. Au moins avons-nous avancé. Nous savons comment pousser l'armoire pour nous frayer un passage. Dans le pire des cas, il faudra creuser dans le mur des fondations pour mieux installer le vérin. On verra ça la prochaine fois.

Une équipe récupère la chambre à air, une autre cache les bouteilles dans les galeries bouchées où nous avions déjà stocké plateaux et étais. Le reste est entreposé dans le tunnel. Couchés sur le dos, nous faisons glisser les bouteilles sur nos corps en les tirant vers le haut, de manière à éviter de choquer les étais et de voir le tunnel nous tomber sur la figure. Dans la dernière partie de notre progression, nous avons tendance à glisser. Jo, en dépit de sa force, ne parvient pas à se caler. Il manque d'appui et ne cesse de glisser dans la boue. Le précédant, je lui fournis une solution. Je prends appui sur l'étai le plus proche et en repliant ma jambe, Jo peut caler son pied sur mon genou.

« Je vais te ruiner le genou !

– T'inquiète pas pour ça. Vas-y, pousse ! »

À bout de force, nous parvenons à terminer ce déménagement.

Il est temps de rentrer.

En dépit de cette tentative manquée, notre moral n'est nullement entamé. Nous avons fait un mauvais calcul, c'est tout. Nous taperons le prochain week-end. Résultat : une semaine de repos.

Pour vider les coffres, il nous faut des bras supplémentaires.

Alex nous propose Vincent. Un taulard. En fin de peine, il bénéficie d'une permission de plusieurs jours. Les deux amis, ayant grandi ensemble, ils n'ont aucun secret l'un pour l'autre. Alex évoque nos exploits souterrains.

« Je repartirai un peu avant vous, annonce Vincent. Quelqu'un viendra me chercher et me conduira directement à la prison. Comme ça je serai à l'heure. Et même si je suis à la bourre et que j'ai un peu de mitard à me farcir, ce n'est pas bien grave. »

La plupart de nous connaissent Vincent et apprécient sa mentalité et son courage. Nous sommes heureux de le faire participer. S'il n'avait pas été derrière les barreaux, il aurait, à coup sûr, rejoint nos équipes dès le départ. Il se révélera très habile dans le maniement du chalumeau.

De mon côté, je pense à César, avec qui j'ai bougé les Picasso. Je le préfère à Marcel, en dépit de l'évidence que ce dernier sera plus à l'aise dans les égouts du fait de sa petite taille. Face aux autres égoutiers, je fais jouer la corde sensible de la réinsertion difficile :

« Beaucoup d'entre nous connaissent César. Il est raide. Après vingt ans de cellule, il faut l'aider. Il y aura du boulot pour tous, une fois dedans. »

Silence. Chacun de nous pense à un proche qu'il aimerait amener dans la banque. Le Gros me répond en me singeant :

« "Il y aura du boulot pour tous !" Si chacun de nous amène un pote dans le besoin, on va se retrouver toute une section ! D'accord pour César mais restons-en là. »

À sa façon de me singer, je suis un peu vexé. Je lui adresse néanmoins un petit sourire reconnaissant. Il a accepté César et cela me touche. Je suis sûr que César partagera une part du butin avec Marcel. Il ne nous décevra pas.

César nous rejoint dans le courant de la semaine. Lorsqu'il descendra pour la première fois, il s'exclamera, à la vue du tunnel :

« Putain, c'est costaud ce que vous avez fait ! »

À ce moment se produit un sévère contretemps.

Le 5 juillet, les journaux annoncent la prochaine visite à Nice de notre bien-aimé président Valéry Giscard d'Estaing. La ville grouillera de poulets pendant tout le week-end. La prudence nous incite à reporter notre entrée dans la banque.

Date fixée : vendredi 16. Nous organiserons notre veillée d'armes dans la villa d'Albert. D'ici là, nous avons plus ou moins quartier libre même si certains continueront d'assurer une surveillance autour de la Société Générale, particulièrement la veille de la venue du chef de l'État et lors de son séjour. Nous redoutons une visite des égouts par les services de sécurité.

Doumé en profite pour nous rendre visite. Plus précisément, il nous réunit de nouveau dans le restaurant où il a ses habitudes. Il nous rappelle qu'il serait temps de récupérer nos affaires laissées à la villa de Castagniers. Judicieuse remarque.

Le 9 juillet, nous programmons de nous y rendre pour vider et nettoyer les lieux. Ce jour-là, j'effectue d'abord une mission de surveillance autour de la banque, à bord de la R5 blanche qui sert de voiture-espion. L'Arménien se trouve à mon côté. Les autres se dirigent vers Castagniers avant nous. Nous sommes en retard. Nos amis doivent trépigner d'impatience car c'est moi qui ai les clés.

Au moment d'emprunter le raidillon menant à la villa, je vois apparaître un fourgon de gendarmerie à quelques centaines de mètres. À dix secondes près, nous tombions nez à nez. La villa étant au bout d'une impasse, nous aurions été coincés.

« Merde, les gendarmes. Ils viennent pour la maison.

– On le savait que cette maison était un piège à cons, me répond l'Arménien.

– Si on nous pose des questions, on répond qu'on est en vacances et qu'on cherche un truc à louer.

– S'ils se montrent trop curieux, faudra balancer les clés de la baraque. »

Je continue droit devant moi et, le plus naturellement du monde, nous croisons les gendarmes en sens inverse. La route étant étroite, j'évite de les regarder, absorbé que je suis par ma conduite. L'Arménien fait semblant de me parler. Notre improvisation doit paraître convaincante car les militaires n'ont pas l'idée de relever notre numéro minéralogique. Mais une brave dame qui ferait mieux de s'occuper d'autre chose se charge de cette tâche. Elle habite dans une maison au bout du chemin et aura le bon goût de communiquer notre numéro aux gendarmes, non sans leur préciser que nous avons effectué un dérapage contrôlé, ce qui est faux.

Les gendarmes de Plan-du-Var, alertés par un voisin se demandant ce qui se passe dans cette villa, ont décidé d'effectuer un contrôle de routine. Ils tombent sur nos complices qui, en l'absence de clés, attendent sagement devant le perron de la maison. Pas d'infraction mais contrôle d'identité. Sont relevés les noms de Doumé et de deux égoutiers. Plus le Chinois et Alexandre qui, plus futés, sont munis de faux papiers. Aucun ne sera inquiété. Les gendarmes n'ont aucune raison d'entrer dans la villa. Ils jettent un œil et par une fente dans le garage, repèrent une voiture dont ils notent le numéro d'immatriculation. Puis, chacun repart de son côté.

Une poignée de jours plus tard, une équipe se rendra sur place pour déménager notre matériel sans perdre de temps, de crainte d'un nouvel appel d'un voisin méfiant. Dans sa précipitation, elle oubliera dans le garage une paire de bottes crottées et une lampe électrique. Deux indices en or pour la police. Car, après le casse, les mêmes gendarmes de Plan-du-Var feront le rapprochement entre les messieurs vus à Castagniers – dont certains fichés au grand banditisme – et notre coup d'éclat. Ils procéderont à une perquisition et découvriront les objets oubliés. L'analyse de la paire de bottes révélera que la terre est la même que celle du tunnel.

Par malchance, deux des complices identifiés ce 9 juillet se sont déjà fait contrôler quelques mois auparavant, au début de notre opération. Nous leur avions demandé d'aller récupérer des burins supplémentaires à Marseille. Au lieu de nous rejoindre en pleine journée, comme prévu, ils arrivèrent le soir, sans prendre le soin de planquer leur matériel dans des sacs. Ils ne trouvèrent rien de mieux que de se balader les burins à la main. Les policiers les interpellèrent pour les interroger. Réponse :

« On va faire des travaux dans une maison du quartier. »

Face à ces explications pour le moins douteuses, les flics relevèrent leurs noms mais les laissèrent partir. Ces deux-là se retrouveront en tête de liste au lendemain du casse.

Si le 9, les pandores n'étaient pas intervenus, nous aurions pris le temps de tout nettoyer et jamais ils n'auraient pu faire le rapprochement entre cette villa et le casse. Villa qui, contrairement à ce qui sera écrit et répété, ne nous sert à aucun moment de quartier général. Elle porte la poisse.

15 juillet.

Nous voici réunis au complet dans la bergerie de Bézaudun. Y compris les deux guetteurs supplémentaires appelés en renfort.

Ils ont d'ailleurs hésité à venir, ne connaissant pas Spaggiari. Ils ne souhaitent pas lui montrer leurs visages Le voyou est d'un naturel méfiant. Mais cela fait désormais trois mois que nous galérons avec Albert et nous n'avons aucun reproche à lui faire. Pour nous, il fait partie intégrante du groupe. Nous réussissons à les convaincre et ils s'associent à la fête.

Repas excellent, du bon gibier copieusement arrosé de gigondas, dont Albert est friand. Personne ne donne l'impression de penser au lendemain. Aucune tension apparente. L'atmosphère est plutôt à la déconnade. Dans cette allégresse générale, Albert propose de prendre des photos. C'est son métier, après tout. Refus massif. Les photos c'est comme les écrits, ça reste et ça peut vous poursuivre longtemps. Inutile de faciliter le travail de la police. Cette soirée n'est donc pas immortalisée sur pellicule mais restera à jamais gravée dans nos cœurs.

À 2 heures du matin, il est temps de prendre du repos. Nous sommes à l'orée du grand moment. Ceux qui n'ont pas la chance de bénéficier d'un lit s'organisent comme ils peuvent, partageant canapés, fauteuils et tapis de sol.

Huit heures plus tard, tout le monde debout. Café à volonté. Cette fois les visages sont plus graves, concentrés sur notre proche avenir. Pour tuer le temps, nous organisons une partie de pétanque mais nos esprits sont ailleurs. Les rares plaisanteries ne dérident personne.

Le compte à rebours a commencé. Le moment de vérité approche.

Ultime briefing pour la répartition des tâches. Moment de confusion aussi, car chacun veut en faire plus que les autres. Il faut calmer les ardeurs.

Nous préparons nos affaires en groupe ou dans notre coin.

Sonne l'heure du grand départ.

À deux ou trois par véhicule, nous redescendons vers Nice. Rendez-vous sur l'aire de repos à proximité du tunnel.

XVIII

16 juillet 1976, 17 heures.

Nous sommes à pied d'œuvre et entamons la longue marche qui nous mène jusqu'à la banque. Albert Spaggiari est avec nous, flanqué de ses deux amis qui ont participé au creusement sans faillir.

Dans un premier temps, il n'y a pas de travail pour tous, il faut d'abord agrandir l'entrée et ouvrir un passage. Ceux qui n'ont pas d'outil à la main s'occupent comme ils peuvent.

Le « chouette » est toujours là, prêt à remplir son office. Nous lui confectionnons une sorte de niche en enlevant une pierre du mur des fondations. Ainsi calé, il pourra offrir toute sa puissance.

Puis, nous ressortons le matériel planqué dans le tunnel. La fameuse grosse pierre nous gêne à nouveau. Il faut l'évacuer. Vu sa taille et son poids, elle nous donne du fil à retordre.

« T'es sûr qu'elle passera par le trou ? » s'inquiète Jo.

Je lui réponds en blaguant :

« Sûr non, mais comme le Gros arrive à passer, ça devrait le faire. »

Ce court dialogue n'échappe pas au Gros, occupé à positionner le vérin au bout du tunnel :

« Oh, les intelligents, travaillez un peu au lieu de raconter toujours les mêmes conneries. »

Aidés par Vincent, le nouveau venu, Alex et le Gros positionnent le vérin et l'actionnent. En quelques coups de pompe, il déplace l'énorme armoire métallique. Elle commence à s'incliner dans un bruit caractéristique. Des cales sont placées pour empêcher tout glissement du vérin. Dans la banque, l'espace est désormais assez grand pour qu'on puisse y risquer un coup d'œil. S'il est toujours impossible de passer à gauche, en raison d'une autre armoire, à droite l'espace est dégagé.

Nous avons eu la chance de nous retrouver derrière la dernière armoire de la rangée. Si nous avions tapé derrière sa voisine, nous nous serions retrouvés bloqués sur notre droite comme sur notre gauche. D'où l'obligation de la faire basculer sans connaître les conséquences de sa chute. Un meuble de plusieurs tonnes, tombant de tout son poids sur le sol, aurait fait trembler le bâtiment et déclenché l'alarme principale qui se trouve au niveau des guichets et de l'entrée. Nos mauvais calculs ont du bon. D'autant plus que nous nous retrouvons à hauteur idéale, derrière la partie supérieure de l'armoire. Nous pouvons la pousser sans craindre qu'elle ne tombe.

Le sommet du meuble bute sur le faux plafond qui se déchire. Nous aurions peut-être dû entrer par ce faux plafond ? Personne n'y a pensé.

Alex pénètre le premier. Cagoulé, par crainte de caméras. Il inspecte minutieusement les lieux. R.A.S. Il donne le feu vert au Gros qui entre à son tour. Le Chinois entre en troisième. Le Gros l'accueille en ces termes :

« Le bébé se porte bien. »

Ça commence à se bousculer à la sortie du trou. Tout à coup, j'entends la voix du Gros qui m'appelle :

« Didier ! Didier ! »

Je demande autour de moi :

« Qu'est-ce qu'il me veut ?

– On sait pas, va voir. »

Je rampe devant trois complices pour me présenter à mon tour dans le trou. Pour entrer dans la salle, nous devons passer devant un débarras contenant seaux et balais. Je suis frappé par la vétusté de ce réduit dont la porte tient à peine debout. Le Gros est planté devant moi. Je le questionne :

« Que se passe-t-il ? »

Il me prend dans ses bras et me répond :

« Tu m'avais dit qu'on y arriverait ! On y est ! »

Il fait référence à l'un de ses rares moments de doute. Nous étions en train de nous dépêtrer avec ce foutu mur de fondation quand il me demanda :

« Didier, qu'est-ce que tu en penses ? On va y entrer un jour dans cette putain de banque ?

– Bien sûr, mec. On a fait le plus dur. C'est comme si on était dedans. »

Ça lui avait redonné du cœur à l'ouvrage. Et quel cœur !

Aujourd'hui, Gros, à travers ces quelques lignes, je voudrais, au nom de tous les survivants, te rendre hommage. En souvenir de ce fabuleux moment qui fut la consécration de nos vies de truands. Avec ton mauvais caractère, tu nous a toujours poussés et, sans compter ce court moment de doute, tu n'as jamais hésité. Tu as été le roc sur lequel nous nous sommes tous appuyés…

Hormis cet échange entre nous, ni moment d'extase ni scène de liesse. Tout au contraire, nous sommes impressionnés par le décor irréel né de la lueur de nos torches se reflétant sur le métal des armoires. Un silence lourd, pesant, presque menaçant. Comme si nous étions en train de profaner un lieu sacré.

Au début de l'été, la Société Générale avait distribué des prospectus publicitaires incitant ses clients à louer des coffres : « Toutes les banques vous proposent des coffres. Nous vous offrons Fort Knox. » Slogan que les clients ont finalement fort peu apprécié.

Notre sensation d'euphorie se dissipe vite tant nous sommes pressés d'en découdre avec les coffres. Une chaîne se forme pour faire entrer les premières bouteilles. Les autres condamnent les bouches d'aération pour interdire toute émanation de fumée vers l'extérieur. Notre ventilateur assurera, tant bien que mal, le rejet de cette fumée vers le tunnel. César se charge de calfeutrer la porte d'entrée qu'Alex condamne en soudant une sorte de butoir qui l'empêchera de coulisser dans son logement. En cas d'intervention policière, nous aurons la possibilité de repartir par où nous sommes venus. Alex travaille tellement bien qu'après le casse, les spécialistes de la société Bauche se révéleront incapables de débloquer cette porte ! Pour entrer dans la salle, ils seront obligés de percer un trou dans le mur. Dans le cas présent, leur porte ne protège plus l'honorable société mais le monde trouble de la truanderie !

Nos trois spécialistes du chalumeau, le Gros, Alex et Vincent, attaquent chacun une armoire. Entre eux débutent une compétition amicale : qui ouvrira le premier meuble ? Ils terminent dans un mouchoir de poche. Aussitôt, un problème se pose : la flamme du chalumeau brûle le contenu des coffres. Nos trois amis sont obligés d'insister pour découper les gonds encastrés dans les montants, d'où ce résultat. Non seulement cela ne nous arrange pas du tout mais, de plus, nous craignons de tomber sur un jobard qui aurait planqué des explosifs dans son coffre !

Cette difficulté avait déjà été évoquée lors d'une réunion mais nous l'avions plus ou moins zappée car personne ne fut capable d'apporter une solution plausible. Et pourtant notre groupe compte des cadors de la discipline. Mais entre attaquer une chambre forte de banque et des petits coffres forts individuels, il y a un monde. Albert Spaggiari nous critiquera beaucoup par la suite, nous reprochant notre amateurisme. De son côté, il ne nous a apporté aucune solution alors qu'il a, affirme-t-il, travaillé un an chez Fichet. Force est de reconnaître que si nous avons péché dans l'exécution de ce casse, c'est sur ce point. Nous espérions, un peu naïvement, trouver une solution sur le tas.

Albert se montrera très ingrat. Il est avec nous dans la salle des coffres et voit la difficulté qu'il y a à ouvrir ces boîtes métalliques d'une conception audacieuse. Nous n'en ouvrirons « que » trois cent dix-sept mais, compte tenu des circonstances et du butin récolté, ce sera déjà beaucoup. Que d'autres en fassent autant !

Dans l'immédiat, nous devons régler cet épineux problème. Si nous ne trouvons aucun moyen d'ouvrir vite les coffres sans en détruire le contenu, autant repartir tout de suite. Vincent est le plus rapide pour proposer une solution. Il attaque la porte du coffre le plus bas au chalumeau et l'arrache de son support. De ce fait, le cadre métallique de celui qui se trouve juste au-dessus perd de son appui. En tapant à coups de masse, nous réussissons à le tordre et à glisser une barre à mine sous la porte du coffre. En forçant, nous l'arrachons de ses gonds. Travail long et exténuant.

Nous faisons énormément de bruit mais c'est l'unique solution pour avancer. À coups de masse et de burin, les premiers coffres nous dévoilent leur contenu. Nous travaillons par groupe de deux : l'un force l'ouverture, l'autre glisse la barre à mine.

Après deux ou trois heures, la cadence s'accélère. Les tas de billets, de bijoux, de lingots et de pièces d'or ne cessent d'augmenter. Un sac pour chaque valeur. Les policiers affirmeront que nous avons fait venir un spécialiste pour trier. Nul besoin, il est déjà parmi nous. L'Arménien remplit cette fonction. Il s'installe derrière un pupitre, mis là pour le confort de la clientèle, et rapidement accepte ou rejette. La police ironisera sur le fait que nous avons rejeté un énorme rubis par crainte de ne pouvoir le fourguer. Pas du tout. Si nous l'avons rejeté c'est parce que l'Arménien s'est planté !

Notre seul distinguo est de ne prendre ni tableaux ni timbres ni objets d'art ni documents. Trop difficile à revendre. Pas notre spécialité. Pour le reste, on prend tout.

Albert nous désigne la fameuse armoire qui l'intéresse. Elle se situe dans une salle attenante à celle par laquelle nous sommes entrés, sur la rangée de gauche, adossée au mur, proche du dépôt de nuit. Vincent va lui ouvrir le coffre au chalumeau, sans se soucier de son contenu. Nous-mêmes, trop plongés dans l'action, nous en désintéressons totalement. Que prend-il à l'intérieur de ce mystérieux coffre ? Je n'en ai strictement aucune idée. Rien de très encombrant car il revient vers nous les mains vides.

Il fait très chaud. Nous bossons torse nu et, pour une fois, sans les cuissardes que nous avons laissées au vestiaire. Il n'y a pas, contrairement à ce qui sera écrit, une première répartition du butin en cours de route. Nous n'en avons pas le temps. Et pourquoi la ferions-nous ?

Dépôt de nuit de la Société Générale.

Les heures passent sans que nul ne songe à regarder sa montre. Les coffres nous dévoilent leurs secrets. Alex et l'Arménien trouvent une médaille de la Légion d'honneur. L'Arménien décore son ami de cette prestigieuse distinction :

« Je te fais chevalier de l'ordre de la Truanderie ! »

Alex la conservera sur la poitrine durant tout le casse. Étrange histoire pour cette médaille : comme certaines épouses bourgeoises, elle vivat une courte aventure avec un gars du milieu avant de retourner dans le légitime giron. Quel souvenir en garde-t-elle ? Nous ne le saurons jamais.

Un guetteur nous avertit que l'équipe de nettoyage vient d'entrer dans la banque. Mi-temps. Plus aucun bruit de notre côté. Pause bien méritée. Nous en profitons pour nous restaurer ou piquer un petit roupillon. Le coin repas est aménagé dans un angle de la salle à côté d'une prise électrique. Nous avons apporté du matériel pour chauffer nos aliments et faire du café. Le Chauve s'est chargé de l'intendance. Il nous apporte un vin de très mauvaise qualité dans des bouteilles en plastique, moins lourdes. Il en prend pour son grade.

« T'as rien mieux à nous offrir que cette saloperie ?

– Tu te crois au Ritz ?

– On aura l'air fin si on tombe malades avec ta piquette de contrebande. »

En contrepartie, nous buvons dans des verres en cristal trouvés dans un coffre, ce qui ne le rend pas meilleur. Nous empruntons également un service en porcelaine et des couverts en argent. Notre bivouac prend des allures de dîner mondain.

Albert nous propose des amphétamines que nous refusons. Nous ne mangeons pas de ce truc-là et ne ressentons pas le besoin de nous doper.

Le signal. Reprise du travail.

À chacun sa méthode. Certains optent pour le burin, d'autres pour la masse. Le principal est d'ouvrir le maximum de coffres en un minimum de temps. Leur contenu nous surprennent souvent : biscottes, boîtes de conserve, chocolats, photos porno, bouteilles de cognac… Après s'être échiné pendant quinze ou vingt minutes sur un coffre, tomber sur une banale boîte de chocolats a quelque chose de frustrant. Heureusement que dans le suivant nous trouvons des pièces d'or. Par souci d'une justice qui n'appartient qu'à nous, nous brûlons toutes les reconnaissances de dettes que nous trouvons. Dommage que nous ne puissions pas avertir leurs signataires.

Je me trouve avec le Corse quand la porte d'un coffre sort de ses gonds. Ni pièces ni bijoux mais un vieux manteau d'astrakan soigneusement plié. Notre réflexe est de le laisser tomber sur le sol. Pas de temps à perdre avec la marchandise non monnayable. Au bout d'un moment nous sommes pris d'un remords :

« Ce n'est pas bien pour ce manteau. Si on le laisse comme ça par terre, il va s'abîmer. Il appartient sans doute à une mamie pour qui il représente son bien le plus précieux. »

Telle est mon analyse, aussitôt partagée par le Corse :

« T'as raison, mec, c'est pas bien. »

Joignant le geste à la parole, il se baisse pour ramasser le manteau, le plie soigneusement et le replace tout aussi délicatement dans le coffre…

Les as du chalumeau s'attaquent à la chambre forte de la banque. Cette fois, ils sont dans leur élément. Toute proportion gardée, ils mettent beaucoup moins de temps à ouvrir cette énorme porte que celles des coffres individuels. Ils en reviennent avec quatre millions de francs. Suivant les renseignements d'Albert, nous espérions plus.

L'un des guetteurs nous signale l'entrée du concierge pour sa ronde. Nouvelle pause. Seul le ronronnement du ventilateur trouble le silence. Il faut empêcher les odeurs de brûlé d'arriver jusqu'aux bureaux au-dessus de nous.

Nous le connaissons bien ce concierge, à force d'avoir espionné ses allées et venues. Nous savons qu'il a l'habitude de retrouver une bande de copains du quartier dans un petit troquet proche de sa loge. L'occasion pour eux de commenter les derniers potins avec force railleries. Ensuite, le pipelet retourne paisiblement chez lui.

Au cours de cette pause, nous entendons un bruit sourd. Nous nous interrogeons tous du regard. Personne ne devine l'origine de ce bruit, figés que nous sommes dans l'incertitude. Nouveau bruit sourd. Deuxième sursaut de la part de l'équipe. Nous cherchons d'où cela peut provenir. Il s'agit du dépôt de nuit qui se trouve derrière une porte blindée qui n'avait pas attiré notre attention. Le son est celui de la trappe extérieure qui se referme brutalement, amplifié par la structure d'accueil des sacs qui fait caisse de résonance.

Le concierge regagne sa loge. R.A.S. Il va bientôt sortir boire son coup. Vincent arrive avec son chalumeau. La porte blindée du dépôt de nuit ne lui résiste pas longtemps. Dans l'espèce d'habitacle, nous trouvons un grand panier en osier posé sur des trépieds. Des sacs remplis d'argent nous attendent. D'autres suivront. Du pain bénit pour nous. Le plus généreux donateur du week-end sera indubitablement les Galeries Lafayette ! La situation est cocasse : les convoyeurs déposent désormais l'argent à nos pieds ! À force de les observer, nous les avons surnommés les « cow-boys » par leur façon de marcher et de se déhancher. D'où cette réflexion de l'Arménien :

« Si les cow-boys nous voyaient, ils rouleraient moins des mécaniques ! »

En revanche, nous avons un pincement au cœur quand nous voyons descendre le sac avec la recette de *la Camargue*, une discothèque que nous fréquentons beaucoup et dont nous connaissons le patron, Michel. Tant pis, l'assurance de la banque le remboursera. À notre connaissance, tous les propriétaires des coffres fracturés seront convenablement dédommagés.

Par une trappe mitoyenne à celle du dépôt de nuit, ce sont les convoyeurs qui nous envoient leur argent. Nous n'avons plus à les braquer, ils viennent gentiment placer leur pognon entre nos mains. La situation a quelque chose de surréaliste qui nous amuse beaucoup. À chaque fois que nous entendons le bruit de la trappe, le Gros va chercher le sac et le ramène en le secouant à bout de bras :

« Encore un petit lapin ! »

Des lapins bien nourris. Ces arrivées inopinées constituent pratiquement notre seule source d'amusement. Nous restons concentrés sur nos travaux. Ni moment de liesse ni fête païenne autour de l'argent comme l'affirmera Albert. Non, nous ne jetons pas les billets en l'air en hurlant de joie, non. Nous ne nous bombardons pas de pièces d'or. L'instant est trop solennel pour nous inspirer ce genre de pitreries. Il n'y a que dans les films que l'on voit ça, et dans l'imagination de certains mythomanes.

Dans cette ambiance surchauffée, il n'y a qu'un geste que je regretterai. Dans divers coffres, nous découvrons des photos très osées montrant les propriétaires desdits coffres dans des situations et des positions disons érotiques. Bêtement, nous les collons sur les murs. La démarche nous distrait un court instant et nous oublions bien vite ces clichés. Seulement, la police les découvrira et placera les personnes photographiées dans l'embarras. Nous n'avons pas le droit moral d'exposer ainsi la vie privée des gens. Nous aurions mieux fait de détruire ces photos, comme nous avons détruit les lettres d'amour accompagnées de photos dédicacées, adressées par un chanteur de renommée mondiale à un éminent ecclésiastique.

À un moment de la soirée, Albert Spaggiari nous quitte. Cela fait partie du plan. Nous lui avons recommandé de se montrer pour se créer un alibi. Il amène une amie dans un restaurant où, pour être certain qu'on se souvienne de lui, il renverse un verre. Il nous rejoint par la suite. Lui et ses deux amis abattent un travail considérable.

XIX

Dimanche 18 juillet, 20 heures.

Vincent, le permissionnaire, nous quitte. Il ne dispose plus que de quelques heures pour réintégrer la prison. Il n'aura pas démérité, ne lâchant pratiquement jamais son chalumeau. Le Chinois l'accompagne. Ils en profitent pour effectuer un premier transport de fonds. Le lundi, Vincent sera à l'heure devant la porte de sa zonzon. Jamais un maton ne verra revenir un taulard avec un tel sourire ! Il profitera de son argent dès sa sortie définitive, qui sera proche…

De notre côté, nous poursuivons notre labeur, vaille que vaille.

À 2 heures du matin, il faut partir. Pour la forme, je demande à Jo de venir m'aider à ouvrir un dernier coffre. Son contenu nous déçoit : papiers sans aucun intérêt.

Un silence monacal enveloppe la salle. Impression étrange faite de joie teintée de nostalgie, et d'une pointe de regret. Déçus de ne pas avoir ouvert plus de coffres, mais fiers d'avoir réussi un coup pareil. Une fierté qui finit par l'emporter. Peu importe le manque à gagner, ce que nous avons réussi, personne ne l'a jamais fait auparavant. Nous avons vaincu nos doutes, nos angoisses et, nous pouvons désormais l'avouer, nos peurs.

Dernier regard. La salle des coffres est dans un piteux état. Nous n'avons pas fait dans la dentelle. Le sol est jonché de documents divers et de toutes sortes d'objets qui ne nous intéressent pas. Les banquiers vont avoir un sacré inventaire à faire !

Avant de partir, nous voulons laisser une trace bien à nous. L'idée naquit au cours d'une conversation ici même, dans la salle des coffres, quelques heures plus tôt. La présence d'un tableau que les professionnels appellent un *paperboard* a fait germer cette idée dans l'esprit du Gros.

« On va leur laisser un message », a-t-il dit en rigolant.

Une sorte de coup de chapeau à la Arsène Lupin. Spaggiari, peu intéressé par cette forme de forfanterie, ne réagit pas.

Le Gros se propose d'écrire de sa main gauche et en majuscule pour gêner toute identification graphologique. Nous nous accordons d'abord sur le sigle de la paix qui fait fureur chez les jeunes. Mais le Gros est infoutu de le dessiner et colle deux barres de trop au « Peace and love », le faisant ressembler à une étoile de mer. Du coup, certains interprèteront ce dessin comme un sigle nazi ! Dans la même veine, nous lui suggérons un texte pacifiste. Nous sommes là en professionnels du banditisme, non en revanchards politiques. Notre manière à nous de dire que nous pouvons agir sans violence aucune, nous démarquant de Spaggiari. « Ni armes, ni violence », écrit le Gros avant de se retourner vers nous :

« Qu'est-ce que je mets encore ? »

Je me trouve juste derrière lui et lui suggère :

« Et sans haine.

– Super, mec ! »

« Ni armes, ni violence et sans haine. » Une formule qui fera florès.

Flanqués de nos bardas respectifs, nous passons pour la dernière fois par le trou du tunnel. Les sacs militaires contenant le butin sont regroupés. Deux voyages seront nécessaires pour les amener à l'entrée du Paillon. Deux sacs par personne à chaque voyage, excepté pour les sacs contenant les lingots d'or. Trop lourds. Impossible d'en transporter plus d'un à la fois.

Le petit bateau gonflable effectue son dernier voyage, chargé jusqu'à la gueule.

Pendant que nous étions dans la salle, les guetteurs nous ont alertés à propos d'un violent orage. Nous n'y avons pas prêté beaucoup d'attention. Désormais, le résultat est devant nous : le niveau de l'eau a considérablement monté, mais pas suffisamment pour nous inquiéter. Nous sommes de véritables égoutiers et il en faudrait plus pour nous affoler.

Pourtant Spaggiari et d'autres en rajouteront dans le dantesque, transformant le Paillon en chutes du Niagara, faisant intervenir une horde d'anciens légionnaires au gabarit impressionnant, entraînés à crapahuter dans les rizières. Tous des amis d'Albert sans qui nous aurions assurément péri noyés. Rien de tout cela. Pas de pont flottant, pas de canot chaviré et encore moins de blessés. Nous quittons les lieux dans le calme avec la même détermination qui nous a toujours soutenus. Inutile d'affabuler.

La force du courant nous oblige à plus de prudence mais c'est un incident bien mineur comparé à tous ceux que nous avons affrontés. Nous avons déjà transporté quelques centaines de kilos de matériel à l'aller, ce retour nous paraît presque plus léger.

Cette pluie, aussi violente que soudaine, cause d'autres inquiétudes. Nous avions posé quelques affaires sur un petit remblai près de l'entrée de notre tunnel. Le courant a tout emporté. Parmi elles se trouvait un petit sac contenant mes lunettes de soleil enfermées dans un étui. Je les gardais sous la main pour, à ma sortie, jouer le vacancier. L'étui comporte la raison sociale de l'opticien.

Après le casse, la police ratissera les égouts et tombera sur lui. Toujours bien renseigné, Gaétan Zampa me préviendra au cours d'une rencontre fortuite :

« Ils vont relever les empreintes. Ça risque d'être chaud. »

Je trouve étrange que Zampa, à qui je n'ai jamais dévoilé ma participation au casse de Nice, me donne cette information en guise d'avertissement. Sur le fond, il a raison. Je crains que mes empreintes digitales soient relevées. Je crains aussi que l'opticien, que j'ai payé en liquide, se souvienne un peu trop précisément de moi. Je préviens mes complices, mais les flics n'exploiteront pas cette piste. Empreintes effacées par l'eau et mémoire défaillante du commerçant.

Tandis que nous nous consacrons au transport, le reste de l'équipe effectue un minutieux tour d'inspection pour vérifier que personne n'ait laissé de trace compromettante. Le dernier à partir décroche un extincteur et en expédie la mousse sur le coin bivouac afin d'en effacer les éventuelles empreintes. Nous savons tous que dans le précédent casse du siècle, celui du train postal Glasgow-Londres, les voleurs se sont fait pincer pour avoir laissé leurs empreintes sur un banal jeu de cartes.

Le repli est organisé par groupe de deux ou trois. Avant de quitter définitivement les lieux, Jo attrape un petit sac de cuir noir qu'il sait rempli de pièces de cinq francs en argent. Il s'approche du lieu d'habitation des clochards et leur tend le sac. Les gars sont étonnés.

« N'oubliez pas de partager, précise Jo. Et, bien entendu, vous ne nous avez jamais vus. »

Ces clochards tiendront parole. Ils seront probablement entendus par la police mais ne nous trahiront pas. À moins qu'une fois l'argent partagé, ils n'aient décidé de changer de campement…

Le Gros descend au volant d'un fourgon où nous chargeons les sacs. L'un d'entre nous fait le guet pour s'assurer que la descente de ce véhicule par la rampe d'accès n'ait pas attiré l'attention des gendarmes proches. Ce serait un comble de se faire serrer à ce moment-ci. Le quartier reste calme. Le fourgon repart lourdement chargé.

Nous nous changeons une dernière fois. Le plan est de sortir en tenue de vacanciers, plus discrète en cette saison. Nous nous lavons tant bien que mal avec l'eau restant dans les bouteilles. Nous refaisons surface le plus tranquillement du monde. Nous l'avons tellement vécu ce retour à l'air libre que nous agissons en toute impunité. Il est d'ailleurs temps que tout cela se termine, nous aurions pu commettre des erreurs par excès de confiance.

Il faut éviter de passer par la rampe d'accès qui nous amènerait directement devant la gendarmerie. Jo se met en position pour faire la courte échelle à chacun de nous. Je suis le dernier à me présenter face à lui. Je monte sur ses épaules, arrive en haut et me retourne pour lui lancer :

« T'as qu'à te démerder maintenant ! »

Les autres éclatent de rire. Jo tend la main :

« Déconnez pas, faut vite nous tirer d'ici. »

Je le taquine encore quelques secondes avant de l'aider à grimper.

« T'es qu'un enfoiré, Didier ! »

Les guetteurs nous attendent chacun dans un véhicule style Combi Volkswagen. Je monte dans l'un d'eux avec mon groupe. Le soleil se lève sur une belle journée d'été. Nous sommes heureux. Nous venons d'accomplir l'un des plus hauts faits d'armes de l'histoire de la truanderie. La joie nous envahit.

Les deux voitures escortent le fourgon toujours conduit par le Gros. Elles ne cessent de se doubler et de se re-doubler. Nous collons des billets de banque sur nos fronts, en glissons dans nos narines, dans nos oreilles. Des gamins rivalisant de pitreries. Un rien nous amuse.

Il ne faudrait pas que les gendarmes nous interceptent au péage, d'où certaines précautions. Une voiture avec un seul homme à bord et sans aucun butin ouvre la route. « Pas d'uniforme en vue », nous prévient-il. Nous passons sans encombre.

En ce mois de juillet, l'autoroute se remplit de vacanciers roulant vers les plages et les sites touristiques. Aucun d'eux ne se doute que le banal fourgon qu'ils doublent ou qu'ils croisent est plein du butin du casse de Nice. Comment le pourraient-ils ?

Peu avant d'arriver à Aix, les groupes se séparent. La voiture avec l'autre équipe descend sur Marseille. Nous, nous continuons vers la campagne aixoise en compagnie du fourgon, chez moi. Nous nous arrêtons dans une boulangerie que nous dévalisons presque. Notre petit-déjeuner ne passe pas inaperçu. Mon voisin, qui est aussi mon propriétaire, passe la tête, bonhomme.

« Vous ne recevez pas souvent, mais quand vous le faites, vous ne faites pas semblant.

– Nous revenons d'une sacrée partie de pêche, c'est l'heure de la détente.

– La pêche a été bonne ? »

Et comment !...

À mon domicile, nous vidons la moitié du fourgon sans effectuer aucun tri. Le Gros repart avec le reste de la marchandise destinée à nos complices partis se planquer à Marseille. Cette décision a irrité Spaggiari. Il espérait que le partage ait lieu dans sa bergerie, au nord de Nice. Nous préférons mettre le maximum de kilomètres entre nous et la police niçoise. Nous préférons aussi nous retrouver sur nos terres où nous nous sentons mieux protégés. Réflexe de vieux fauves. Conséquence : Spaggiari et ses deux complices nous boudent et ne participeront pas au partage. Ils récupéreront leur part plus tard.

XX

Dès le lundi, nous procédons au comptage. Chaque équipe dans sa planque respective. Nous avons beau être tous rompus à ce genre d'exercice, celui-ci nous paraît différent. Hors norme. Impressionnant. Sans concertation, nous observons une sorte de minute de silence. Nous nous imprégnons de cette image d'un butin unique en son genre. S'étale devant nous le résultat de quatre mois d'efforts. Cette scène dont nous avions tant de fois rêvé est enfin devenue réalité. Aucun triomphalisme exubérant mais une joie profonde, intense, qui s'exprime par des petits sourires. Des gamins devant l'ouverture de la caverne d'Ali Baba.

Certains n'ont pas voulu participer à cette séance. C'est le cas de Jo qui nous quitte dès le matin car il déteste faire les comptes. Il sait que nous n'allons pas le truander. Avant de partir, il nous a lancé :

« Les gars, couvrez-vous bien, le mistral va se lever ! », faisant allusion à la fois au futur déchaînement médiatique et à la furie de la police…

D'abord le tri. Trois tas principaux : billets de banque, pièces d'or et lingots, bijoux. Dans ce dernier se distinguent des pierres exceptionnelles, parures de diamants, solitaires, bracelets, bagues. Sans être des spécialistes, nous savons que cela vaut beaucoup d'argent. Nous savons aussi que nous n'allons en retirer qu'une faible partie. Les receleurs entreront en action et nous en proposeront, au mieux, vingt pour cent de leur valeur marchande, prétextant une revente impossible en raison des poinçons. Il faut, affirment-ils le cœur sur la main, dessertir les bijoux, les retravailler, en faire fondre d'autres pour récupérer le métal. Mensonge : la plupart des petites pièces seront simplement maquillées et revendues en l'état. Les voleurs se sentent volés.

Les devises étrangères forment un tas à part. Rassemblées en un seul lot, elles seront confiées à un agent de change, avec qui nous avons déjà fait du négoce. Il les écoulera.

Pendant que nous trions, le Corse va faire des courses. Il revient avec les bras chargés de victuailles. De quoi faire un réveillon de la Saint-Sylvestre. Finies, les bouteilles en plastique de Margnat Village, le champagne coule à flots.

À tour de rôle, nous effectuons des voyages sur Marseille pour tenir nos amis au courant de l'inventaire et voir où eux-mêmes en sont. Le montant final s'annonce costaud.

Tout cela est secondaire. Le fait principal nous accable presque : c'est fini. Demain nous ne revêtirons plus nos salopettes, nous ne remettrons plus nos casques et nos bottes.

On l'a fait.

Nous ressentons une étrange sensation d'isolement. Un peu surpris, aussi, de cette réalité. Nous venons de passer plus de quatre mois ensemble à partager le quotidien d'une aventure exceptionnelle, et maintenant la pièce est jouée. Ce trou, nous l'avons fait dans l'amitié et la générosité des uns envers les autres. Nous avons souffert ensemble, avons eu peur ensemble, avons espéré ensemble. Nous avons aussi partagé un grand bonheur. Ce grand morceau de bonheur avec lequel nous repartirons fait aussi partie du butin et, lui, nous ne le revendrons jamais.

Mardi, les médias commencent à parler de ce que d'aucuns appellent déjà « le plus grand casse du siècle », formule lancée par Yves Mourousi. Durant toute la journée du lundi, la banque a essayé de comprendre ce qui se passait. Ne pouvant ouvrir la porte de la salle des coffres, elle dut faire appel à des spécialistes. La réalité a certainement sauté aux yeux des employés présents. La police vint sur les lieux mais l'information ne filtra que dans la matinée du mardi, quand des clients manifestèrent leur mécontentement de ne pouvoir accéder à leurs coffres pour « raisons techniques ».

« Ce n'est pas tant le butin qui est incroyable, mais en écoutant l'histoire on a l'impression de vivre le scénario du meilleur des films policiers. C'est la méthode employée par les gangsters pour dévaliser les quatre cents coffres de la Société Générale à Nice qui est étonnante. Le point de départ : les égouts. Un tunnel en plein centre de la ville. Un outillage très sophistiqué, enfin une imagination et une précision dans l'exécution qui laissent pantois. » Tels sont les termes de la journaliste Hélène Vida sur Antenne 2. Et son collègue, François Cornet, de renchérir : « Le tunnel a été réalisé selon une technique parfaite. Et ce qui est le plus étonnant c'est qu'aucun gravats n'a été retrouvé, ni dans les canalisations d'égout, ni dans les rues avoisinantes. Et pourtant, il a fallu sortir des mètres et des mètres cubes de terre du tunnel. Un travail minutieux qui a sans doute demandé des semaines de préparation. Du vrai travail de professionnels, disent les policiers. »

Des images montrent les flics remontant une partie de notre équipement : bouteilles d'oxygène, gants en caoutchouc, torches électriques, pinces-monseigneur, boîtes de conserve, réchauds, casseroles, six chalumeaux oxhydriques, bouteilles de vin, etc. En tout, une tonne de matériel.

Sur TF1, Michel Denisot assène ce qu'il affirme être « cinq certitudes » et qui, faute d'informations fiables, ne sont que des approximations :

« 1 : deux cents coffres de la Société Générale ont été forcés au chalumeau ;

2 : les malfaiteurs étaient au moins six ;

3 : ils sont venus par les égouts ;

4 : ils ont creusé une galerie de six mètres ;

5 : ils ont travaillé quarante-huit heures sans interruption.

Et tout cela s'est passé à deux cents mètres de la Sûreté de Nice, dans un scénario digne des meilleurs films policiers. »

Tous les journaux font la Une avec ce vol peu banal. Ils tentent de comprendre comment on a pu opérer en toute impunité en pleine ville. Les premières explications affirment que nous sommes passés par la porte du parking souterrain de la place Masséna qui communique directement avec le réseau… Sans jamais nous faire remarquer ?

Seule information importante pour nous : la banque n'était protégée par aucun système d'alarme, la direction estimant le blindage de la salle des coffres amplement suffisant. Si nous l'avions su avec certitude plus tôt, cela nous aurait évité bien des sueurs froides…

La police est sur les dents. Les pointures parisiennes de l'Office central pour la répression du banditisme n'ont pas attendu pour débouler à Nice. Ces pointures se montreront circonspectes face à notre message laissé sur le *paperboard*. Pour eux, un tel acte prouve que les auteurs du casse ne sont pas des bandits issus du milieu traditionnel. Lourde erreur, mais cela nous arrange.

À lire la presse, à écouter les journaux télévisés et radiophoniques, à laisser son oreille traîner dans la rue, on sent une forme d'admiration pour les auteurs de ce casse.

« C'est trop fort ce qu'ils ont fait ! »

Phrase que j'entends pratiquement tous les jours.

Le comptage et la répartition des biens nous accaparent quatre journées entières. Personnellement, je décroche dès le premier soir. Je trouve presque plus exténuant de compter, de noter, de répartir que de creuser un tunnel ! Heureusement, mes amis font montre de plus de patience. Les bijoux forment un gros tas séparé car ils seront revendus en bloc. Les lingots sont répartis à parts égales : douze chacun. De même pour les pièces d'or.

Les experts estimeront le montant du butin à cinq milliards de centimes. Ils ne se tromperont pas. Une fois les additions faites, à la louche, nous avoisinons effectivement les cinq milliards.

Location des appartements, de véhicules, achat du matériel, intendance, frais divers : deux cent mille francs que nous restituons, avant partage, au Corse qui en a fait l'avance.

Le reste est divisé en autant de parts qu'il y a eu de participants. Personne n'a envie de diviser en fonction du qui a fait quoi. L'esprit d'équipe. Chez les voyous, l'amitié n'est pas un vain mot. Il y a ceux qui vont chercher un pote en prison au péril de leur vie, ceux qui, pour alléger la peine d'un équipier, prennent toute la responsabilité d'un délit, ceux qui soutiennent les familles quand l'ami est en prison, ceux qui mettent un point d'honneur à ne jamais léser leur pote du moindre centime. L'amitié c'est le soleil des voyous.

Comme les autres, je repars avec mon magot sous le bras. J'en revends une partie et planque le reste. Au final, j'encaisse un peu plus de deux millions de francs. Deux cents briques, comme on dit chez nous. Une fortune en 1976.

Albert Spaggiari viendra rechercher sa part et celle de ses complices une semaine plus tard, le temps que les choses se tassent un peu du côté de Nice. Sur un banal parking d'Aix-en-Provence, il repartira avec quatre parts : la sienne, celle des deux égoutiers et celle de l'informateur à l'origine du coup. Soit, au total, 800 millions. La seule inconnue concerne l'existence de cet informateur que nous n'avons jamais rencontré et dont seul Albert nous assure l'existence. Nous lui faisons confiance.

Avec mes deux cents briques, je pourrais me retirer sur une île paradisiaque, comme en rêvent les truands dans les films américains. Me la couler douce, à l'image d'un gagnant du Loto. Loto qui, par coïncidence, est créé en juillet 1976, juste avant que nous éventrions les coffres de la Société Générale ! Mais je n'ai pas encore 40 ans et n'envisage nullement de quitter ma belle Provence. Des voyages, j'en ferai avec toujours la ferme intention de revenir. Je distribue aussi une bonne trentaine de briques à des amis dans le besoin, notamment à un couple âgé habitant près de Salon-de-Provence, pour qui j'ai de l'affection.

Le reste, je le brûlerai, fictivement parlant. J'en dépenserai jusqu'au dernier centime, menant grande vie. On pourrait croire qu'un tel magot vous assure le confort pendant plusieurs décennies. Pas quand on est voyou. Il me faudra moins de quatre ans pour épuiser ma part du butin du casse de Nice !

Dans l'immédiat, je vis dans une espèce de béatitude qui dure deux mois. Période durant laquelle j'ai de l'argent plein les poches et des étoiles plein la tête. Partout, on ne parle que du « casse du siècle ». Jusque chez mon coiffeur, un client ne cesse de tresser des louanges aux auteurs de ce qu'il qualifie d'« exploit » et conclut :

« Ces gars-là, il ne faut pas qu'on les attrape ! »

Que Dieu l'entende.

À la télévision, des policiers mettront même en exergue notre courage non sans, eux aussi, une certaine admiration. C'est vrai que pour des voyous provençaux, nous ne nous sommes pas montrés trop fainéants. Pourtant, aucun de nous n'a le sentiment d'avoir accompli quelque chose d'extraordinaire. Nous savions que cette affaire ferait du bruit mais pas qu'on continuerait d'en parler plus de trente-cinq années plus tard !

Ma « béatitude » a pour cadre Aix, Avignon, mais aussi Paris où je me rends fréquemment. L'enquête policière m'inquiète à peine. Le seul qui pourrait nous balancer est Albert Spaggiari. Il connaît nos prénoms, nos villes ou nos quartiers de résidence et s'il se met à table, les flics ne tarderont pas à remonter jusqu'à nous.

LA ROUE TOURNE

XXI

À la rentrée, comme prévu, les négociations concernant les toiles de Picasso reprennent. Il y a belle lurette que plus aucun journal n'en parle, et les policiers paraissent moins avides de boucler cette enquête.

Entretemps, il y eut bien une première ouverture, mais trop aléatoire. Le dénommé Henri parvint à rencontrer des représentants de la Lloyds. D'après Nino, qui nous rapporta l'histoire, le contact ne fut pas si facile à établir mais il y réussit néanmoins. Les assureurs s'affirmèrent intéressés par le rachat des toiles mais à une condition : qu'aucune n'ait été abîmée. De ce côté-là, pas d'inquiétude, nous avions pris nos précautions. Ensuite les mauvaises nouvelles affluèrent : les Anglais exigeaient un échantillon, preuve que nous étions bien les voleurs ; ils voulaient que l'échange ait lieu à Paris ; enfin ils proposaient trois cents millions pour le tout. Nous nous y opposâmes tous les quatre. Fournir un échantillon constituait un risque supplémentaire. Un risque de plus de se faire serrer par les flics. Opérer à Paris, dans une ville que nous ne connaissions pas, était trop dangereux. Danger auquel il fallait ajouter le transport des toiles qui devaient traverser huit cents bornes. Pourquoi serait-ce à nous de bouger et non aux acheteurs ? Si l'échange devait avoir lieu, ce serait sur notre terrain, en Provence. Quant à la somme proposée, elle était ridicule.

« C'est à discuter, précisa Jacky qui se faisait le porte-parole de Nino, rien n'est définitif. »

Avec de telles propositions de départ, les négociations nous parurent mal engagées. D'ailleurs nous n'en entendîmes plus parler.

Après sept mois, il est temps de relancer la machine. La seule bonne nouvelle est que les policiers ne disposent toujours pas du plus petit embryon de piste. Ils vont finir par se lasser.

Les choses bougent enfin. Jacky nous réunit pour nous donner les dernières nouvelles de Nino. Grâce à des contacts allemands, celui-ci a dégoté un acheteur. Un homme d'affaires hollandais qui peut transporter les toiles jusqu'aux États-Unis où il disposerait d'un très riche amateur de Picasso. Si riche qu'il payerait cash, et si amateur qu'il fermerait les yeux sur leur provenance. Les négociations sont déjà bien avancées. Un dernier rendez-vous doit avoir lieu à Aix-en-Provence où le Hollandais veut voir la preuve que nous détenons bien les toiles. Des photos suffiront. Nous les fournissons.

Cette ultime rencontre a pour cadre le Novotel. Aucun des quatre voleurs n'est censé être présent. Rester les plus discrets possible est dans notre intérêt. Néanmoins, je pousse Marcel à m'y accompagner.

« Pour quoi faire ? me demande-t-il.

– Pour voir. Je voudrais bien voir la gueule qu'il a ce Hollandais.

– Toujours aussi méfiant, hein ?

– Ça coûte rien de jeter un œil. »

Nous ne prévenons pas Nino de notre venue. Il n'est pas question d'intervenir mais d'observer. Marcel et moi nous « déguisons » en touristes et nous installons dans un coin du hall du Novotel. Vue imprenable sur l'entrée et les ascenseurs. Personne ne nous repère. En revanche, nous remarquons beaucoup de gens. Beaucoup trop pour un hôtel en milieu d'après-midi. Des hommes qui s'agitent, qui se croisent et se recroisent, s'échangent des courtes phrases. Des types tendus, anxieux, comme s'ils pressentaient l'éminence d'une catastrophe.

Un individu arrive. D'après la description que nous possédons, il s'agit du Hollandais escorté d'un garde du corps. L'entrée de ces deux hommes porte l'agitation à ébullition. Pas de panique mais une surcharge d'électricité dans l'air. Pour moi, ça pue le poulet. Je suis convaincu qu'un indicateur a balancé l'affaire. Les flics sont sur les dents. J'attire Marcel à l'extérieur. Inutile de traîner dans ce piège à rats.

« T'as vu comme moi ?

– Ouais, me répond-il.

– T'en penses quoi ?

– Pas du bon. »

Le soir, nous nous réunissons à nouveau au *Welcome*. Jacky nous apporte des nouvelles en provenance de Nino.

« Tout va bien, nous annonce-t-il. L'échange aura lieu le 9 septembre à Marseille. Ils apportent l'argent, nous apportons les tableaux.

– Non. »

Ma réaction tombe comme un couperet. Marcel s'y attend mais elle surprend les deux autres.

« Qu'est-ce qui te prend ? s'inquiète Jacky.

– On laisse tomber. Ce truc, je ne le sens pas. »

Je lui explique mon malaise au Novotel, ma conviction que l'endroit était truffé de flics.

« On fait quoi alors ? interroge Jacky.

– D'abord tu dis à Nino de rompre avec ce Hollandais. Qu'il cherche autre chose. Ou plutôt, qu'il ne cherche plus. C'est peut-être mieux. Je n'ai pas envie qu'il nous amène les poulets.

– On va devoir repartir à zéro.

– Vaut mieux repartir à zéro que finir en taule. Mais, vous bilez pas, les gars, j'ai une autre idée. Une piste. »

Cette piste passe par l'Italie du Sud. Une équipe d'Italiens affiliée à la 'Ndrangheta, la pègre calabraise. Tous d'une même famille, dont le chef se prénomme Giuseppe. Ils possèdent des ramifications internationales. Je sais qu'ils ont l'habitude de traiter avec les hommes d'affaires du monde entier, ils disposent même de membres formés spécialement pour ça. S'ils acceptent le deal, ils se chargeront des négociations, en toute sécurité pour nous.

« Tu les connais depuis longtemps ? s'enquiert Marcel.

– Un peu plus de deux ans. Je les ai connus par l'intermédiaire d'un ami. J'ai déjà fait quatre séjours chez eux pour parler d'une affaire qui ne s'est pas faite. J'ai rencontré leur chef. Un véritable parrain, comme dans le film. Ces gens parlent le même langage que nous et partagent nos valeurs. Ils disposent d'énormes moyens et d'une logistique colossale. Je peux vous assurer que, même après notre vol record, on fait figure d'amateurs à côté d'eux. Si les assureurs avaient été contactés par des représentants de cette famille, ils n'auraient jamais eu le culot de faire ces exigences ridicules. Quand cette famille se déplace, c'est qu'elle a les atouts en main. Je ne veux pas dégoiser sur Nino mais cet Henri on ne le connaît pas. Et d'après ce qu'il nous rapporte, il ne m'a pas l'air bien costaud. Moi, je serais plus tranquille si on confiait nos intérêts aux Italiens. Si je les contacte, ils m'écouteront, j'en suis sûr.

– Ils sont fiables, ces types ?

– Si le parrain nous donne sa parole, nous n'avons pas à nous faire du mouron. »

Jacky a donné des signes d'approbation durant ma courte plaidoirie, mais je ne parviens pas à deviner ce que pensent Marcel et César. S'ensuit une très courte discussion au terme de laquelle César se range de mon côté mais Marcel reste rétif.

« On est déjà engagés avec les Marseillais, m'explique-t-il.

– On leur donnera une part, comme convenu. Moi, je ne veux plus bosser avec eux.

– Ok, je vais réfléchir à ton truc. »

Nous nous séparons avec diverses missions. Moi celle de goudronner ma piste calabraise, Jacky avec celle de calmer les ardeurs de Nino et de ses intermédiaires allemands.

La semaine suivante, je retrouve Jacky sur la plage, face à son bar de prédilection. Je vois bien qu'il n'est pas au mieux de sa forme.

« Il faut que je te parle de quelque chose de sérieux et de pas réjouissant », me déclare-t-il.

Je reste interloqué. Cette entrée en matière n'est pas dans son style. Je crains le pire.

« Un problème avec les toiles ? Les flics nous ont identifiés ?

– J'ai le crabe, ami, continue Jacky. Je vais glisser dans peu de temps. Ça fait déjà deux ans que je me soigne mais je suis arrivé au bout de mes traitements médicaux. Me voilà à bout de souffle et à bout de course. Je tiens à peine debout et je ne te raconte pas combien je souffre. »

Je reçois comme un violent coup de poing. Je m'arrête pour encaisser.

« Pourquoi ne m'avoir rien dit ? parviens-je à balbutier.

– Je ne suis pas du genre à me plaindre. Mais j'ai morflé, je t'assure. Dans cette putain de maladie, j'ai connu trois phases. La première c'est quand tu apprends la nature de ta maladie. Là, tu es encore costaud, prêt à te battre. Les médecins sont là pour t'encourager. Tu crois en la science, en ta bonne étoile. Tu crois que tu vas t'en sortir. Alors tu les écoutes, tu leur obéis. Mais tu sens bien la maladie évoluer en toi, comme si elle se moquait de tous les traitements. Arrive la deuxième phase : la colère. Tu ne comprends pas, tu refuses de mourir. Mais cette colère ne sert à rien. Quoi que tu fasses, tu sais que tu n'échapperas pas au sort que t'impose le ciel. Et la troisième phase : la résignation. As-tu déjà vu mourir un taureau dans l'arène ? Quand, après avoir beaucoup saigné, il sent ses forces abandonner, il sait qu'il est vain de lutter. Il se résigne, met un genou à terre et se couche sur le flanc, attendant le coup de grâce. J'en suis là. J'en ai ras le bol de tous ces médicaments, de ces gélules, de ces cachets, de ces injections. Même les perfusions ne me sont d'aucun effet. Le chirurgien ne veut pas m'opérer. Il dit que c'est trop tard. J'ai mis un genou à terre. J'attends. La fin se rapproche, je la sens venir.

– Attends ! Les spécialistes peuvent se tromper, ce ne serait pas la première fois.

– Non, mon ami, c'est fini. Je te demande de l'admettre comme moi. Sois pour moi plus qu'un ami, un frère. J'ai besoin de toi pour partir en toute sérénité. Je serais rassuré si tu promets que tu vas m'aider dans cette ultime ligne droite.

– Bien sûr, je suis là. Je ne te quitte plus. Demande-moi ce que tu veux.

– Ce que je veux c'est que, si je pars avant le partage, tu remettes ma part à Marie. »

Ma réponse est tellement évidente que je n'ai pas à l'énoncer. De toute façon, je n'y parviendrais pas. Une boule s'est formée dans ma gorge. Je fais un effort terrible pour contrôler le sanglot qui m'envahit depuis la profondeur de mes entrailles.

Nous repartons vers le bar, sans échanger un mot. Au pied de l'escalier menant à la terrasse, il me pose la question qui le taraude :

« Quand peux-tu voir les Italiens ? »

C'est vrai que pour lui, il y a urgence. Il voudrait bien toucher l'argent, le remettre lui-même à sa Marie pour lui prouver qu'en ces dernières semaines il ne pense qu'à elle et à leurs enfants.

« Je peux partir aujourd'hui. »

À son tour d'être étonné, en bien. Il me sourit.

« Le temps de passer chez moi prendre quelques affaires et de demander à un ami de m'accompagner et je file. C'est un ami sûr, il m'accompagne toujours lorsque je fais un long trajet. Je me repose pendant qu'il conduit. Et puis, il est de bonne compagnie. Ne t'inquiète pas pour sa discrétion.

– Avec toi, je ne suis jamais inquiet. Merci, Didier.

– J'espère que César et Marcel ne jugeront pas mon action d'un mauvais œil.

– César est au courant. Il est d'accord. Il commence à se demander si Nino ne nous mène pas en bateau. Quant à Marcel, il finira par se ranger avec nous. Il a l'air têtu comme ça, mais il finit toujours par accepter la voix de la raison.

– Je vais partir sans doute pour une semaine. Je ne pourrais pas t'appeler pendant mon séjour car l'endroit où je vais est particulièrement surveillé.

– Occupe-toi des Italiens, je m'occupe de Nino. »

Le temps de dire au revoir à quelques connaissances traînant autour du zinc et me voilà parti. Sur la route, j'avise une grande Poste où je sais se trouver une dizaine de cabines téléphoniques. J'entre dans l'une d'elles et glisse un paquet de pièces de monnaie. Je reconnais instantanément la voix de l'homme qui décroche. Un accent italien empreint d'une certaine dureté.

« Bonjour Salva, tu vas bien ? »

Lui aussi me reconnaît immédiatement.

« Eh, quelle surprise ! Depuis le temps. Si tu m'appelles c'est que tu n'es pas loin. Passe me voir !

– Je serai dans ton secteur mais pas avant demain. J'ai l'envie de prendre des vacances et j'ai pensé me réchauffer chez toi. Ici, avec le mistral, il fait un froid de canard. Tu es disponible ?

– Bien sûr, je suis disponible. Viens profiter du soleil. Quand arrives-tu ?

– Probablement en fin de journée. Je te recontacte une fois sur place.

– Tu dors à la maison, bien sûr.

– C'est gentil, mais je préfère dormir à l'hôtel. Je serai avec un ami.

– Tu sais que chez nous refuser les lois de l'hospitalité est un affront ?

– On verra ça ! À demain, Salva. »

La piste avec les Calabrais est désormais ouverte. Il n'y a plus qu'à fermer celle avec les Allemands et le tour sera joué.

XXII

Salvatore s'exprime parfaitement dans la langue de Molière. Il a eu l'occasion de l'étudier au cours de ses dix années passées à la Légion étrangère. Il en a même ramené des expressions et des jurons que je ne connaissais pas. L'idée de le revoir m'enchante.

Mon appel suivant est pour Dédé, mon chauffeur. Nous ne sommes jamais montés sur aucun coup ensemble mais ayant tous deux grandi en Avignon, nous nous connaissons depuis des lustres. La vie n'a jamais été tendre pour lui. Dès ses débuts de voyou, il se fit prendre et écopa d'une peine de prison. Il laissa derrière lui sa femme et leur petite fille. Pendant son séjour derrière les barreaux, il apprit qu'un mariole avait séduit son épouse. À sa sortie, Dédé tomba sur le séducteur. Un ancien boxeur sûr de sa force physique, au point que personne n'osait l'affronter. Mais il ne connaissait pas Dédé. Un après-midi, alors que celui-ci buvait un verre à la terrasse du *Central*, l'autre abruti passa dans sa voiture et le klaxonna pour lui faire un geste ironique. Une heure plus tard, le boxeur était mort. Enfermé dans sa colère, Dédé n'avait pris aucune précaution. Des témoins l'avaient vu et le reconnurent formellement. Bilan : quatorze ans de détention. À sa libération, il était un autre homme. De nouveaux malheurs l'attendaient. Sa fille décéda en accouchant de jumeaux... Depuis, il passait d'une infinie détresse à une joie intense. C'est lui qui nous avait prêté la R5 blanche qui nous servit de voiture-espion à Nice.

« Salut Dédé, comment vas-tu ? »

Il était partant pour un grand voyage dont je lui tus la destination. Départ dans deux heures.

La journée est encore loin d'être à son déclin quand nous franchissions la frontière italienne. Je savais Dédé toujours nerveux à la vue des douaniers. Quelques années auparavant, il s'était lancé dans le trafic d'anéthol, sorte d'huile essentielle qui sert à la composition du pastis. Interdite en France mais en vente libre dans les pharmacies suisses. Dédé allait en chercher pour la ramener à des fabricants de pastis de contrebande. À chaque passage de frontière, il risquait la confiscation de son véhicule, une sévère amende et, sans doute, un petit séjour à l'ombre. Même si, depuis, il a arrêté ce peu lucratif trafic, il ne peut pas voir un douanier sans ressentir une certaine appréhension.

Première halte après Imperia à une cinquantaine de kilomètres au-delà la France. Nous roulons encore une partie de la soirée et, d'un commun accord, couchons dans un petit hôtel discret.

Le lendemain, nous nous relayons au volant toutes les deux heures. Je veux être en forme pour ma rencontre avec Salvatore qui aura lieu le soir même. Je l'ai prévenu par téléphone, il nous attendra dans un restaurant du centre-ville dont il m'a indiqué l'adresse. Vers 20 heures nous arrivons à Reggio de Calabre, sur la pointe de la Botte italienne, juste en face de la Sicile. C'est vrai qu'il fait grand soleil en cette région. J'ai du mal à me souvenir qu'au même moment la France grelotte.

Quand nous entrons dans le restaurant, Salvatore est déjà attablé. L'accueil est royal, les plats aussi copieux qu'excellents et le vin coule doucement dans le gosier. Au dessert, j'en arrive au véritable but de mon voyage. Salvatore m'écoute avec attention. Il n'est qu'un intermédiaire et ne prend aucune décision. Il doit en référer au parrain, Don Giuseppe, mais sa façon de présenter le dossier peut avoir de l'influence.

« Pourquoi pas, conclut-il. Il y a peu, nous avons résolu facilement une affaire à peu près similaire. »

Me voilà pleinement rassuré.

« Vous devez être fatigués, ajoute-t-il. Je vais vous conduire chez vous. Un ami nous prête son appartement. Vous serez confortablement installés. S'il vous manque quoi que ce soit, faites-moi signe. J'ai reçu des consignes : vous ne devez manquer de rien. »

Je sais d'où viennent ces consignes. De très haut.

« Tu le remercieras de notre part, dis-je à mon tour.

– Tu auras l'occasion de le faire toi-même, il veut te voir. »

À 11 heures, le lendemain, Salvatore nous rejoint dans l'appartement. Un endroit agréable et spacieux aux armoires et au bar bien remplis. Dédé s'occupe de l'intendance et nous a préparé un véritable café à l'italienne. Ici on peut parler sans crainte des oreilles indiscrètes. Le logement appartient à un membre de la famille et est régulièrement « ausculté » pour vérifier l'absence de micros.

Salvatore n'a pas perdu de temps. Il a fait son rapport à Don Giuseppe qui lui a donné sa réponse. Le Don aurait aimé nous recevoir dans la journée mais il a des affaires importantes à régler à l'extérieur de la ville. Sa réponse est positive : il accepte de s'intéresser à l'affaire. J'ai presque envie d'en crier de joie.

Concrètement, la transaction se fera par l'entremise de l'un des neveux de Giuseppe. Un spécialiste de la chose. L'homme se trouve en ce moment à Rome à traiter d'autres affaires. Dès qu'il en aura terminé, sans doute dans une semaine, il s'occupera de notre cas. Il veut en parler avec moi dès son retour.

Je dois donc l'attendre une semaine sur place. Vu le climat et l'ambiance générale, j'y consens volontiers.

Partant de cette bonne nouvelle, j'en annonce une moins enthousiaste à Salvatore : l'état de santé de Jacky. Je lui souligne la nécessité de faire au plus vite.

« Je rapporterai cette information à Giuseppe, me dit-il. Je suis sûr qu'il sera ému et fera en sorte que l'affaire soit promptement réglée pour que ton ami touche son argent.

– Merci Salva, c'est très important pour nous.

– Profitez du bon temps. »

Après son départ, je me conforte dans l'idée que les Calabrais constituent le bon choix. Il n'a pas fallu des heures à

Don Giuseppe pour nous offrir son accord. Je reconnais en lui l'homme des décisions rapides et énergiques. Impressionnant par sa clairvoyance et sa force tranquille. Nous aurions dû commencer par eux. Mais Jacky avait plus ou moins donné sa parole à Nino et ne voulait pas le trahir. Voilà où mène l'amitié. Désormais je suis confiant : la transaction sera réglée avant l'hiver. Pourvu que Jacky tienne jusque-là…

À nous d'organiser notre semaine. Nous sortons beaucoup, visitons la région, accompagnons plus d'une fois Salvatore dans divers restaurants de grande qualité. Par mesure de sécurité, ni Dédé ni moi n'appelons jamais la France. Là-bas, nul ne sait où nous nous trouvons. En contrepartie, et c'est là le hic, nous ne savons pas ce qui s'y trame.

À la fin de cette semaine de farniente, le neveu n'est toujours pas rentré de Rome. Il nous transmet ses regrets via Salvatore. En revanche, Don Giuseppe a enfin le temps de nous recevoir. Rendez-vous le lendemain.

Déjeuner chez le parrain calabrais n'est pas chose aisée. On n'entre pas chez lui comme dans un moulin. Il faut être escorté. Salvatore vient nous chercher sur le coup de 10 heures. Depuis le centre-ville où nous nous trouvons, il faut rouler une trentaine de kilomètres. Je m'assieds à l'arrière, laissant la place du mort à Dédé. En réalité, j'ai besoin de cet isolement pour me concentrer. Sous une apparence affable, Don Giuseppe est quelqu'un de très dur. Toute rencontre avec lui nécessite une attention maximale. Il faut bien écouter chacun de ses mots et peser ceux que l'on prononce.

Par chance, le vieux parrain connaît et apprécie la France. Il y a vécu la première partie de sa vie. Fils d'un maçon italien, il grandit dans la banlieue nord de Marseille à l'époque où les émigrants venus de l'autre côté des Alpes n'étaient pas bien accueillis. On les traitait de macaronis et on les aidait peu. Pour tenir, ils se serraient les coudes. Giuseppe appartenait à une famille peu fortunée mais unie. La bonne humeur faisait oublier les mauvaises fortunes. L'enfant se révéla brillant à l'école. La fierté de son père, trop heureux de voir son fils brûler la politesse aux fils de notables lors des contrôles trimestriels. Giuseppe passa avec succès son certificat d'études. Si brillant que le directeur de son école et son instituteur convoquèrent ses parents pour les encourager à le laisser poursuivre ses études. Ils l'aideraient même à décrocher une bourse. Mais cela représentait trop de sacrifices pour la famille. Le maçon vieillissait et voulait que son fils prenne la relève. D'autant qu'il y avait encore un autre garçon et deux filles à élever. La mort dans l'âme, il lui fit part de sa décision. Giuseppe en fut déçu. Lui qui rêvait d'apprendre l'anglais dut suivre son père et son grand frère sur les chantiers. Pourtant, il n'en démordit pas totalement. La rage au ventre, il s'inscrivit aux cours du soir. Il se voyait chef d'entreprise, meneur d'hommes. Deux ans durant, il s'échina sur les chantiers et sur les bancs scolaires. Heureusement, il avait une santé de fer. Jusqu'au jour où…

Plusieurs bandes de jeunes sillonnaient le quartier où vivaient Giuseppe et les siens. L'une se distinguait par la qualité de ses vêtements et, surtout, par l'argent dépensé. Giuseppe les connaissait tous et s'en étonnait d'autant plus qu'il les savait de très modeste extraction. D'où venait le pognon ? Il découvrit que ces jeunes dévalisaient les voitures des touristes, de préférence étrangers. Un jeu d'enfant. Je suis bien placé pour le savoir puisque moi aussi je suis passé par là, quelques années plus tard ! Giuseppe céda à l'appât du gain et commit à son tour des larcins. Son père l'apprit mais, fatigué et résigné, ne lui fit aucun reproche. Le gamin put persévérer à sa guise.

Deux autres années passèrent. Giuseppe était devenu un solide gaillard, de taille moyenne mais solidement charpenté par ses travaux de maçonnerie. Teint mat, cheveux de jais et yeux noirs, il ne pouvait renier ses origines calabraises. Sa chance tourna court. Un jour qu'il forçait la serrure d'une voiture anglaise, il fut surpris par des gendarmes. La justice ne fut pas tendre avec lui : deux années de prison. En fait, le gouvernement voulait donner un signal fort en direction des touristes qui baguenaudaient sur les côtes françaises.

En prison, Giuseppe pouvait se soumettre ou s'affirmer. Il opta pour la seconde solution. Il intégra un groupe de voyous italiens, dont il ne tarda pas à devenir le chef. Oubliées, ses envies d'études, il entra définitivement dans la marginalité. Un jour de visite aux Baumettes, sa mère lui annonça que son père venait de mourir et qu'elle préférait repartir à Reggio de Calabre, sa ville natale qu'elle regrettait d'avoir quittée. Giuseppe lui promit de la rejoindre dès sa sortie. Il tint parole. Sitôt sa peine purgée, il fonça vers le pays de ses parents. Il n'y alla pas les mains vides. Grâce à ses compagnons de détention, il disposait d'un épais carnet d'adresses de presque toute la voyoucratie italienne. Il sut le faire fructifier et s'imposer tout en défendant sa famille contre vents et marées. Très vite, il fut craint et respecté. Son influence grandit jusqu'à devenir un authentique parrain.

Un jour, il me confia :

« Je connais très bien ton pays et j'ai un très grand respect pour les vrais bandits français. Ceux qui ont de l'honneur. Je sais qu'en France existe une tradition : quand deux hommes d'honneur se rencontrent, quelle que soit leur différence d'âge, ils se tutoient. »

Je ne me voyais pas tutoyer un personnage de l'importance de Don Giuseppe. C'eût été pour moi un crime de lèse-majesté.

Il sentit mon trouble :

« Tu sais, Didier, quand un homme te propose le tutoiement, il t'offre son amitié. C'est comme s'il te demande de partager son pain. Tu n'as pas le droit de refuser. Je sais que le vouvoiement d'une personne âgée est considéré comme un égard. Ce que l'on appelle "le privilège de l'âge". Mais, crois-moi, cela devient parfois un handicap. J'aimerais être plus proche des gens que j'estime mais, au nom du respect, ils se retranchent derrière des formules de politesse ampoulées. À quel titre je te tutoierais et toi tu me vouvoierais ? Qu'il ait des cheveux blancs ou pas, un homme en vaut un autre. »

Je dus faire un redoutable effort pour réussir à le tutoyer.

Cette fois, j'ai peur de me remettre à le vouvoyer lors de notre proche rencontre. C'est aussi pour ça que j'ai besoin de me concentrer.

La voiture conduite par Salvatore arrive devant le portail. Celui-ci s'ouvre immédiatement. Nous sommes attendus. Au bout de l'allée de graviers blancs se dresse une magistrale bâtisse du siècle dernier, entièrement rénovée tout en ayant conservé son cachet d'antan. Autour s'étendent de vastes oliveraies.

Don Giuseppe se tient en haut du perron. Je monte à sa rencontre.

« Alors, Didier, tes affaires ?

– Selon les jours : des fois ça me réussit, des fois pas.

– C'est vrai que ta façon de travailler est différente de la nôtre. Nous, nous recherchons du suivi, des rentrées régulières. Mais ce n'est pas toujours facile non plus. Que dirais-tu d'une promenade dans les oliviers ? »

Avec Jacky c'est la plage, avec Giuseppe ce sont les oliviers. Question de moyens. Mais si Jacky n'est pas trop homme à me parler du sable, de la mer et des oiseaux, le Calabrais est intarissable dès qu'il s'agit de ses arbres :

« Le Christ a fait de l'olivier l'arbre de paix. La paix, petit, c'est comme l'amour des siens : un grand bonheur… Je taille personnellement tous les arbres plantés à proximité de la maison, ceux que j'admire depuis mes fenêtres. Je leur donne la forme que je souhaite. Certains propriétaires les laissent pousser en hauteur, pour que la cueillette soit plus abondante. Moi je veux simplement qu'ils soient doux au regard. La beauté passe avant le rendement. »

Je l'observe à la dérobée. Il a plus l'air d'un grand propriétaire terrien que d'un simple paysan. Le port de tête altier, la noblesse du visage s'intègrent pourtant parfaitement dans ce décor beau et rude à la fois. Il continue de me parler de ses arbres, de l'amour que son père portait aux oliviers.

« Regarde Didier, l'olivier est le seul arbre qui change de couleur en quelques secondes. Tu vois ces feuilles, le dessus côté soleil est vert ; le dessous, côté ombre est gris argent. Suivant le souffle du vent, les feuilles sont tantôt à l'endroit, tantôt à l'envers. Et l'arbre change de couleur. »

Soudain, il change de sujet :

« Tu dois te poser des questions sur l'absence de mon neveu, c'est légitime. Mais s'il n'est pas encore revenu c'est parce qu'il travaille déjà sur ton affaire. Il a noué des contacts solides. Je ne devrais pas encore te l'annoncer mais les négociations sont en bonne voie. Salva m'a dit que vous en attendiez cinq cents millions, c'est cela ?

– Oui c'est exact.

– Vous les aurez. Nous avons fixé le montant de la rançon à un milliard. Le reste sera pour nous. Qu'en penses-tu ?

– J'en pense que c'est formidable. J'étais sûr que tu trouverais rapidement une solution.

– Salva m'a parlé de votre ami qui va nous quitter, c'est pourquoi j'ai fait accélérer les choses. Nous attendions votre accord pour entamer les transactions. Maintenant tout peut aller vite. On vous portera l'argent à Marseille. Vous choisirez le lieu de l'échange. Pour les détails, vois avec Salva, c'est lui qui aura l'argent. Rentrons maintenant. »

Pendant le repas nous ne parlons plus de l'affaire. Nous n'en parlerons plus jamais. Pour Giuseppe, la discussion est close. Ne reste plus qu'à encaisser l'argent. Je ne suis pas vraiment étonné. Contrairement à leur réputation, les bandits italiens détestent les vaines paroles. Droit au but. Plus rapides et plus efficaces que les revendeurs allemands. Le Don doit gérer beaucoup d'affaires, il n'a pas le temps de s'attarder sur une en particulier. Même si celle-là rapportera cinq cents millions à sa famille.

Giuseppe et Dédé évoquent leurs souvenirs de la prison des Baumettes. Ils y ont croisé les mêmes taulards ! Nous rions beaucoup. Quand il est détendu, le Don aime plaisanter et s'amuse de bon cœur.

« Au revoir, vieux soldat, lance-t-il à Dédé. »

Au moment de partir, il me prend dans ses bras.

« Fais attention à toi, minot. »

Il emploie à dessein l'expression marseillaise. C'est vrai qu'il a fait ses classes dans les quartiers nord de la ville.

« Au revoir, Padrino, et que Dieu te garde. »

J'ai hâte d'annoncer la bonne nouvelle à mes amis.

Sur le chemin du retour, j'aborde le sujet avec Salvatore. Il n'avait pas le droit de m'en parler tant que je n'avais pas rencontré le Don. Il m'annonce que, compte tenu de la santé de Jacky, la famille nous fait l'avance de la somme. Le temps de réunir les fonds, ce qui ne prendra que quelques jours. Il me demande où je veux qu'il m'apporte l'argent. Je lui confie l'adresse du père François où sont entreposées les toiles. Il y déposera l'argent et repartira avec les Picasso dans son coffre. Pourquoi se compliquer la vie ?

Intérieurement, je m'en veux de ne pas avoir contacté Giuseppe plus tôt. Jacky aurait pu profiter de son bel argent depuis plusieurs mois. Désormais, ma faute est réparée et, tous, nous allons pouvoir souffler.

Salvatore nous entraîne chez sa mère qui habite « le quartier des voleurs », comme il dit. Elle nous régale de spécialités calabraises. Puis, nous passons de bar en bar. Nous terminons dans une sorte de cabaret à écouter des chansons locales interprétées par le propriétaire des lieux. Salva, qui sait tout faire, l'accompagne à la guitare.

Il est temps d'aller nous coucher. J'ai programmé notre départ pour 9 heures. La prochaine fois que je verrais Salvatore, il transportera une valise contenant cinq cents briques.

XXIII

Le 8 octobre, je suis de retour chez moi, prêt à partir à la rencontre de Jacky auquel je prépare une belle surprise. Dédé et moi sommes rentrés la veille au soir après avoir roulé toute la journée. Malgré des relents de fatigue, je suis de bonne humeur et plein d'énergie.

Le téléphone sonne. Rare que l'on m'appelle le matin. Mes amis savent que je suis un oiseau de nuit. Je décroche en bougonnant. C'est Michel.

« Tu es rentré ? me demande-t-il.

– Bien sûr que je suis rentré, puisque je te réponds ! Mais je n'ai pas trop le temps de te parler, je dois partir. On se voit à mon retour, j'aurais des choses à te raconter.

– Non, reste, j'ai à te parler.

– Maintenant ? Ça ne peut pas attendre ?

– On voit que tu n'es pas au courant. Attends-moi, j'arrive, je ne suis pas loin. »

Il raccroche sans me laisser la possibilité de répliquer. Au courant de quoi ? À en juger par le ton de sa voix, ce qu'il veut m'annoncer n'a pas l'air réjouissant. Je crains le pire. Je suis très en dessous de la vérité.

Michel arrive enfin.

« Alors, que se passe-t-il ? »

Pour toute réponse, il jette sur la table la dernière édition du *Provençal*. La nouvelle fait la Une : « LES 119 PICASSO VOLÉS À AVIGNON RETROUVÉS À MARSEILLE ».

« Tu n'en savais rien ? me questionne Michel interloqué.

– J'étais en Italie avec Dédé. Nous sommes rentrés hier soir.

– Vous n'avez pas écouté la radio sur la route ?

– Euh… Non… Nous avons discuté. Un peu dormi aussi… Mais qu'est-ce qu'ils ont fait bon Dieu ? Qu'est-ce qui leur a pris ? »

Je suis tellement abasourdi que je m'assois sur le premier siège à ma portée. Je ne comprends plus rien. Jacky m'avait pourtant promis de ne rien tenter avant la réponse des Italiens. Je me faisais une joie de lui annoncer la bonne nouvelle. À présent tout est anéanti. En une seconde, le rêve a viré au cauchemar.

Je tire le journal vers moi pour connaître les détails de l'affaire. Sept personnes ont été arrêtées. « L'un des membres de la bande – des trafiquants internationaux – est mort d'une crise cardiaque. » Les détails se trouvent à l'intérieur. Quatre hommes à bord de deux véhicules, une Renault Estafette et une Ford Camaro immatriculée en Belgique, ont été arrêtés en pleine rue, deux autres dans un hôtel de la Cannebière, le dernier aurait été pris alors qu'il faisait le guet. Sept hommes qui « ont commis le plus fantastique vol de tableaux de tous les temps », comme le dira la télévision peu après. Seulement, sur les sept personnes citées, je n'en connais que deux : César et le jeune Francis dont je me demande ce qu'il vient faire dans cette galère. Les cinq autres doivent appartenir à l'équipe des intermédiaires chargés de revendre la marchandise. Je ne savais pas qu'ils étaient si nombreux. Ce qui me rassure, un peu, c'est l'absence de Jacky et de Marcel.

Les faits rapportés par la presse me paraissent confus. Il y est question d'un mystérieux indicateur allemand qui a informé la police marseillaise trois semaines auparavant. Celle-ci chargea l'un de ses inspecteurs de se faire passer pour un acheteur. Il contacta des membres de la « bande » et leur proposa trois milliards de centimes. À ce prix-là, les choses allèrent fissa. L'échange devait avoir lieu à Marseille, près de l'église des Réformés, au-dessus de la Canebière. Tout le secteur fut placé sous haute surveillance policière. Aucun des « gangsters » ne s'en aperçut. Deux d'entre eux quittèrent un grand hôtel à bord de cette voiture immatriculée en Belgique. L'acheteur les attendait aux Réformés. La suite est encore plus nébuleuse. La police referma son piège, arrêtant les deux revendeurs tout en récupérant les tableaux cachés dans une estafette jaune estampillée Hertz. Il est également question d'une fusillade mais pas de blessé. Bilan : sont envoyés sous les verrous un Allemand, un Belge, un Français qui habite en Allemagne, et plusieurs Français, soit de la région parisienne, soit de Marseille. « La diversité des truands composant cette équipe apporte la preuve incontestable qu'il s'agit d'une organisation internationale », conclut le journal, avant d'ajouter, non sans raison : « Ils ont toutefois fait preuve d'une naïveté certaine en acceptant de traiter une négociation avec des inconnus sur lesquels ils ne possédaient aucun renseignement précis et qui s'avèrent être, en réalité, des policiers. » Détail supplémentaire : le dénommé Theodorus Timmers, repris de justice de nationalité belge, a été retrouvé mort dans sa cellule au cours d'une ronde de nuit. Il aurait succombé à une attaque cardiaque.

Ce qui m'étonne d'entrée est qu'il ne soit plus question de la Lloyds. Les crétins ont essayé de revendre les toiles à une tierce personne. Il ne faut quand même pas être né de la dernière pluie pour flairer le piège.

La principale chose à retenir c'est que les toiles sont désormais entre les mains de la police. Mes pensées vont à Jacky. Il doit se trouver en pleine panique. Un coup terrible pour lui. Je veux aller le voir sans tarder mais j'ai peur de ne pas trouver les mots pour le réconforter. Néanmoins, je décide de foncer à Marseille. Au moins pour avoir des nouvelles de Marcel. Michel propose de m'accompagner. Il voit bien que je ne suis pas en état de conduire, mon moral en a pris un sacré coup.

Le trajet s'effectue dans un silence de plomb. Je ne cesse de penser à Jacky. Tous ses rêves viennent de s'effondrer. Il va laisser sa famille sans un sou et cela doit le ronger de l'intérieur encore plus sûrement que son cancer.

Au *Welcome*, les discussions vont bon train. Évidemment, personne ici ne sait que Michel et moi avons participé au vol d'Avignon. Nous sommes deux habitués parmi une foule de bavards qui commentent les faits. J'avise Toussaint qui me fait signe.

Toussaint est un pêcheur professionnel. Un vrai. Un inconditionnel de la mer. Un téméraire aussi qui ne craint jamais de sortir par mauvais temps. Discret et serviable, il est devenu l'ami de tous et se trouve au courant de tout ce qui se passe dans le microcosme marseillais.

« Il faut que je te parle de Marcel, me glisse-t-il à l'oreille.

– Tu sais où il est ?

– Sois dans une heure à mon bateau, je t'emmènerai le voir. »

Tandis que le pêcheur s'éloigne, Michel et moi restons encore une demi-heure au *Welcome* à écouter les ragots. Rien de bien passionnant. Les Marseillais commencent déjà à affabuler. Ils ne sont pas peu fiers de savoir que des « compatriotes » ont participé au vol historique. Ils ne peuvent pas savoir que parmi les sept hommes arrêtés, un seul a effectivement déménagé les tableaux. Il est vrai qu'il est marseillais.

En sortant, j'annonce mon rendez-vous à Michel. Il préfère ne pas m'accompagner, craignant qu'à trois dans le bateau de Toussaint nous nous fassions remarquer. Il remonte à Aix chez Tonton. Je l'y appellerai dès que nous aurons fini. Il me rejoindra à un bar en face de l'entrée du Vieux Port.

Toussaint est sur son bateau. Il y passe plus de temps que chez lui. Il le brique, le répare, l'améliore, trouve toujours quelque chose à y faire. Il y invite aussi ses amis à déguster un poisson grillé pêché le matin même. J'y ai passé d'excellents moments d'amitié sur cette quille toujours propre.

Toussaint m'explique :

« Marcel a réussi à s'arracher. Il est venu se mettre en planque chez moi.

– C'est lui qui t'a dit de venir me voir ?

– Oui, il m'a dit de t'attendre au *Welcome*. Il savait que tu y passerais. On va prendre ma voiture, il n'est pas loin. »

En effet, le parcours ne dure que quelques minutes. Toussaint se gare devant un petit immeuble récent en bord de mer. L'ascenseur nous dépose au quatrième étage. Marcel est là, assis dans un fauteuil du salon. Depuis les incidents de la veille, il n'a pas dû fermer l'œil. Il a les traits tirés, l'air hagard. Le petit Marcel a perdu de sa superbe.

Je lui demande d'entrée :

« Que s'est-il passé ? Pourquoi vous avez fait ça ? »

Il me résume la situation. Tout est parti de lui et de César. Constatant eux aussi que les transactions piétinaient, ils ont décidé de mettre un coup d'accélérateur. Ils ont convoqué Nino pour lui expliquer leur « vision de la situation », comme dit Marcel. Ils lui ont fait comprendre qu'il avait intérêt à se grouiller. Histoire de l'affoler, Marcel a même commis l'erreur de lui avouer que j'étais en pourparlers avec des Italiens. Tel que je le connais, Nino a pris peur. Si mes négociations aboutissaient, il pouvait dire adieu à sa rondelette commission. Marcel et César lui ont rappelé qu'ils restaient intransigeants sur le montant de la rançon et que l'échange devait impérativement se faire à Marseille. Il remonta dare-dare à Paris. Là, difficile de savoir ce qui s'est passé exactement.

La vérité ne tardera pas à faire jour et, comme souvent en pareil cas, se révélera différente de la version de la police française qui s'arroge un peu trop facilement la victoire. Cette vérité, c'est l'existence de ce que la presse appelle un « chasseur de primes ». RTL livrera l'information en premier, donnant le point de départ à des élucubrations. On parle d'un homme qui se serait fait passer pour un riche amateur d'art et de Picasso en particulier. Apprenant que les toiles volées se trouvaient à Marseille, le bonhomme aurait débarqué en claquant beaucoup d'argent dans les boîtes de nuit et les casinos pour attirer l'attention. Puis, après les premières négociations, il aurait fait venir un expert pour estimer les tableaux. Expert qui aurait été pris en otage par les bandits tant que l'argent n'était pas en sa possession. La police aurait tendu sa souricière avec beaucoup de prudence du fait de cette prise d'otage et de l'extrême violence désormais connue des gangsters. N'importe quoi.

Oui, il y a bien eu un chasseur de primes, mais au comportement nettement différent. Les revendeurs, ne trouvant pas leur bonheur en France, montèrent jusqu'à Bruxelles et

Amsterdam. Là, le bruit courut qu'une équipe se vantant de posséder les tableaux volés était en quête d'un acheteur. Bruit qui ne tarda pas à remonter aux oreilles d'Interpol. La police néerlandaise se servit alors d'un « intermédiaire » pour appâter les vendeurs, le fameux chasseur de primes. Un homme rompu à ce genre d'exercice qui ne risquait pas d'être identifié comme appartenant aux forces de l'ordre. Il affirma agir pour le compte d'un gangster américain disposant d'une filière pour revendre des tableaux volés, spécialement des Picasso. Pour prouver ses dires, ce Hollandais affirma posséder une société d'import-export basée à Amsterdam qui se chargerait du transfert des toiles vers l'Amérique. Les vendeurs ne foncèrent pas pour autant tête baissée dans le piège. Avant d'accepter de parler à cet intermédiaire, plusieurs semaines s'écoulèrent. Ils finirent par se voir dans un hôtel de Düsseldorf. À ce rendez-vous vinrent Heinz Tilmans et Gérard Donadini, Français vivant en Allemagne. Ils fixèrent le montant de la rançon : deux millions de dollars payables en différentes devises (dollars, livres et francs). Le Hollandais répondit qu'il lui faudrait une à deux semaines pour réunir ces fonds sans attirer l'attention des autorités. Auparavant, il souhaitait examiner les tableaux afin de vérifier leur bon état. Nouveau rendez-vous fut pris à l'Holiday Inn d'Avignon. La police française fut prévenue, et confortée dans son idée que les toiles n'avaient jamais quitté la Provence. À cette réunion dans une chambre s'ajouta un troisième homme, Gabriel « Gaby » Carcassonne. Dans la chambre voisine, la police ne manqua pas une miette de la conversation. Ledit Gaby affirma être capable de réunir les toiles et de les apporter en un temps record, comme s'il les avait sous la main. Les voleurs voulaient voir l'argent. Nouveau délai réclamé de la part du Hollandais et nouveau rendez-vous. Au Novotel d'Aix-en-Provence, là où Marcel et moi avons joué les observateurs anonymes. L'endroit était effectivement truffé de flics cachés parmi le personnel de l'hôtel. Ils prirent des photos des trois revendeurs. Le Hollandais arriva accompagné d'un garde du corps qui n'était autre qu'un inspecteur de police.

L'affaire aurait dû s'arrêter là puisque, suite à cette rencontre, j'avais demandé à Jacky de tout arrêter, le temps, au moins, que j'aille sonder les Calabrais. Mais Marcel poussa à la roue. Loin de geler la situation, il jeta de l'huile sur le feu. Une ultime rencontre fut organisée au Hilton de l'aéroport d'Orly. La police française plaça ses hommes partout. Nullement méfiants, les vendeurs fixèrent le jour et le lieu de l'échange : 7 octobre à la Canebière. Les valises contre les clés du véhicule contenant les toiles…

César et Marcel entrèrent en lice à ce moment. À eux d'amener les toiles sur le lieu de rendez-vous. Les vendeurs n'avaient aucune idée de l'emplacement de leur cachette.

Le 7 octobre au matin, Nino rejoignit les deux complices au *Bar des Danaïdes*, sur le square juste à côté de l'église des Réformés. Ensemble, ils repérèrent les lieux où ils comptaient garer l'estafette : un emplacement pour les livraisons rapides. L'échange devant avoir lieu le soir même à 20 heures, les places seraient libres. Marcel en profita pour annoncer qu'il décalait le rendez-vous d'une heure, justifiant ce changement par le fait que la circulation serait beaucoup plus fluide à 21 heures. Il s'agissait, en réalité, d'une tactique classique pour déstabiliser un tantinet l'adversaire.

Ayant du temps devant eux, ils en profitèrent pour déjeuner calmement. Le rendez-vous chez le loueur de voiture était fixé à 17 heures pour prendre possession de l'estafette. Là, César remplit le contrat de location à l'aide de faux papiers et paya cash. Il disposait d'une heure pour récupérer les toiles chez François. Marcel l'attendait sur la route du retour pour l'escorter en voiture jusqu'à ce que l'estafette soit stationnée dans un parking à proximité du lieu de rendez-vous. Ils y arrivèrent à 20 heures.

Tout en gardant constamment un œil sur le véhicule regorgeant de toiles volées, les deux amis inspectèrent les lieux. Si un dispositif policier était en place, ils avaient bon espoir de le repérer. Avec l'habitude, un flic en planque se reconnaît aisément. Ils effectuèrent plusieurs rondes à pied et en voiture mais ne décelèrent rien d'anormal. À 21 heures, moment prévu pour le rendez-vous, ils s'offrirent le luxe d'une ultime ronde automobile, se disant que si les flics traînaient dans le coin, ils s'inquiéteraient sûrement de ce retard et manifesteraient quelque nervosité. Toujours rien. Marcel déposa César à l'estafette. Dès que le véhicule de location libéra sa place de stationnement, Marcel y gara sa voiture.

Pour se rendre sur le lieu de l'échange, César devait faire le tour du pâté de maisons en raison des sens interdits. Marcel, coupant par une petite rue et marchant vite, arriva sur place avant lui. Il ne participerait pas à l'échange mais se posterait en observateur. Il se glissa sous un porche avec vue imprenable sur les événements à venir.

César s'arrêta alors pour prendre en charge le jeune Francis à un arrêt de bus. Sa présence avait constitué une sacrée pomme de discorde entre les deux amis. Normalement, c'est moi qui aurais dû me trouver assis à la droite de César. D'une part, je me trouvais en Italie où j'étais injoignable et, d'autre part, je n'aurais sûrement pas cautionné cet échange douteux. César, de son côté, affirma qu'il ne voyait pas l'intérêt d'être accompagné. En cas de souricière placée par la police ou des truands, une personne supplémentaire ne ferait pas grande différence. Ce qui l'inquiétait plus était que nous allions devoir donner une petite part à Francis, sans avoir été concertés. Mais Marcel avait été inflexible. Francis monta dans l'estafette, armé d'un fusil, au cas où.

Le véhicule de location roula vers la place de livraison rapide qui, par chance, était libre. César avait à peine enclenché la marche arrière que tout bascula.

« Je n'ai rien vu venir, m'affirma Marcel. Il en sortait de partout. Ils devaient être planqués dans les couloirs des immeubles. Ils ont serré César en quelques secondes. Impossible d'intervenir, ils étaient au moins une vingtaine. »

Une escouade de flics en civil se rua sur l'estafette, ouvrit la portière avec force et tira brutalement César à l'extérieur en hurlant :

« Ne bouge pas ! Police ! »

Pas le temps de réagir. Il se retrouva couché au sol. Dans sa chute, sa tête heurta le bitume et le laissa groggy quelques instants. Les flics lui passèrent les menottes et le délestèrent de son 11-43.

« Enfoiré ! cria l'un des flics. Tu voulais nous allumer ! »

La police ne devait pas s'attendre à ce que quelqu'un se trouvât sur le siège passager. Francis eut la possibilité de sortir avant l'assaut de son côté. Il tira un coup de fusil en l'air, jeta son arme et s'échappa en courant. Il fut néanmoins repris quelques centaines de mètres plus loin. Au commissariat, Francis tenta de se taillader les veines et refusa de décliner son identité. La police ne mit pas longtemps à découvrir qu'il s'était récemment évadé de la prison de Bourges où il purgeait une peine pour vol qualifié...

Marcel continua d'observer de loin. Personne ne s'intéressait à lui. Un fourgon de police déboula sirène hurlante. Marcel vit qu'il contenait déjà trois personnes mais n'en reconnut aucune. Des motards ouvrirent la route jusqu'à l'hôtel de police. Une autre équipe de flics inspecta l'intérieur de l'estafette. Les toiles s'y trouvaient. Le véhicule fut conduit, lui aussi sous bonne escorte, jusqu'à l'Évêché, surnom donné au commissariat central du fait qu'il est installé, depuis 1908, dans l'ancien palais épiscopal.

Arrivé sur place, le premier fourgon fut rejoint par un autre duquel descendirent d'autres prisonniers. Avec soulagement, César constata que Marcel ne faisait pas partie du lot. Une dizaine de voitures de police envahirent bientôt la cour. L'opération avait été bien montée. En route, César avait eu le temps de mûrir sa défense : il dirait qu'il n'était qu'un chauffeur livreur, ignorant tout de la provenance des toiles. Il avait l'habitude de ce genre de situation. Son instinct de survie était en marche.

Rapidement, les abords de l'église des Réformés retrouvèrent leur calme. Marcel quitta les lieux comme un simple badaud. Il préféra se planquer pour plusieurs jours. Sa confiance en César était totale, il savait que jamais il ne balancerait. Mais il ne savait pas de quels renseignements disposaient les flics. Pour lui, quelqu'un avait donné le lieu et l'heure de la transaction aux poulets.

Voilà les faits.

XXIV

À la fin du récit de Marcel, je ne peux retenir mon mécontentement :

« Mais pourquoi cet affolement ? Vous saviez bien que je devais aller voir les Italiens.

Vous vous êtes fait avoir comme des débutants !

– Je sais, je ne vais pas chercher d'excuses. On s'est conduits comme des caves. Quand je dis "on", je devrais plutôt "je". Je porte l'entière responsabilité de ce fiasco. C'est moi qui ai poussé tout le monde à faire vite. »

Connaissant l'impétuosité du petit Marcel, je ne m'étonne plus de rien.

« Et Nino ? Je n'ai pas vu son nom dans la liste des mecs arrêtés.

– Il a dû faire comme moi : se mettre au vert.

– Faudra quand même le retrouver. J'aurais quelques explications à lui demander au sujet de son ami Henri. »

Nino, qui devait se tenir en retrait au moment de l'assaut, a disparu de la circulation. Personne n'a de ses nouvelles. Il doit se sentir un poil fautif de nous avoir entraînés dans cette pitoyable affaire. Je ne le reverrai que bien des années plus tard quand, très malade, il viendra finir ses jours à Marseille. Je n'aurai pas le cœur de lui poser des questions.

Je ne crois pas que Nino soit directement lié au chasseur de primes. Lui, comme nous, est un dindon de cette triste farce.

Les véritables fautifs sont dans mon camp : Marcel et César. Ils n'auraient jamais dû faire confiance à cet acheteur hollandais alors que Marcel avait, en même temps que moi, relevé des signes très inquiétants au Novotel d'Aix. Son impatience nous coûte cher.

Désormais, César se trouve aux mains des flics qui ne vont pas se montrer tendres avec lui. Il aura beau jeu de soutenir que dans cette affaire il n'est qu'un pion. Il réagira avec sang-froid, soutenant que sa mission consistait à déposer une estafette dont il ignorait totalement le contenu. Receleur peut-être, mais voleur non. Aucun lien ne pouvant être établi entre lui et les tableaux, il s'en tirera à relativement bon compte. L'instruction durera quatre ans. Au bout de deux ans de détention préventive, tous les prévenus seront relaxés en attente du jugement. Tilmans et Donadini disparaîtront et seront jugés par contumace. En mars 1980, César écopera de deux ans, qu'il aura déjà effectués en préventive…

Pour l'heure, je suis surtout inquiet pour le grand absent de ce coup foireux :

« Jacky était au courant ? »

Là, Marcel se sent encore plus mal.

« Non, vu son état de santé. On n'a pas voulu lui perturber l'esprit avec tout ça. On voulait lui amener l'argent sur un plateau. »

Jacky s'est fait berner lui aussi. S'il avait été averti de l'action de ses deux amis, il les aurait arrêtés tout de suite et ordonné d'attendre mon retour pour prendre une décision en commun. De mon côté, je n'aurais pas hésité : quelle que soit la somme annoncée par le Hollandais, j'aurais défendu les Calabrais parce que, avec eux, c'était du sûr, net et sans bavure.

« Comment il va Jacky ?

– Pas très bien, me répond Marcel. Son état s'est dégradé. Il est alité et sous perfusion.

– Tu te rends compte des conséquences de ton impatience ? Tous ces gars que nous avons déçus ? Jacky en premier. C'est terrible pour lui. Dans quel état d'esprit il doit être ? Mais il n'est pas le seul. Il y a Michel qui s'est quand même mouillé en nous prêtant une maison et a assuré notre sécurité à la sortie du Palais. Il y a le vieux François qui comptait sur l'argent qu'on lui avait promis. Sans parler de ce pauvre Francis qui se retrouve impliqué dans une affaire dans laquelle il n'a rien à voir. Et puis qu'est-ce que je vais dire aux Italiens ? Parce que tout était sur des rails avec eux. Ils venaient chez François avec l'argent et repartaient avec les toiles. Comment je vais m'y prendre pour arranger le coup ? Je vais devoir m'aplatir, leur présenter mille excuses. Encore faut-il qu'ils les acceptent. Parce que eux aussi, de leur côté, ils ont perdu la face. Ils ont déjà contacté des personnalités en place, finalisé la transaction. De quoi ils ont l'air maintenant ?

– Ok, Didier, j'ai fait une énorme connerie. Si tu veux, je viens avec toi en Italie. Je leur expliquerai que tout est de ma faute. J'ai tort à mille pour cent, tu n'y es pour rien. Dis-moi ce que je dois faire.

– Les Italiens, je m'en occupe. Je t'avoue que celui qui m'inquiète le plus, c'est Jacky. Je n'ose même pas aller le voir, je ne sais pas quoi lui dire.

– Pour Jacky j'ai une idée. Avant que nous mettions en place les Picasso, nous devions, César et moi, braquer un fourgon postal. Tout était prêt. Nous avions repéré les lieux, les horaires, tout. On devait faire le coup, César, Francis et moi. Si tu veux, on y va avec ton ami Michel. »

J'observe Marcel. Je ne l'ai jamais vu comme ça. Sa proposition est presque une supplique. Il est tellement dévoré par la culpabilité que son visage s'en trouve transformé. C'est pour lui une souffrance profonde.

Dans son coin, Toussaint s'est fait oublier. Tout ce qu'il a entendu, il ne le répétera jamais à personne. Muet comme une carpe sortie de ses filets.

« Ok, Marcel, finis-je par dire. Parle-moi de ton fourgon.

– J'ai continué de me tenir au courant des fonds qu'il transporte. J'ai un super tuyau. On pourrait le taper après-demain, il sera bien plein. Tout est prêt : les armes, les voitures. Ça se passera en rase campagne. Une promenade de santé !

– Pas de précipitation. Ne me refais pas le coup des Picasso. »

Marcel encaisse difficilement.

« Tout a été étudié, je t'assure. Tu peux même demander à Toussaint, on devait faire le partage chez lui ! »

Toussaint me confirme d'un signe de tête.

« Ça nous laisse combien chacun ?

– Il y aura entre cent cinquante et cent quatre-vingts briques, me répond Marcel. On fera parts à quatre. Il y aura un quatrième. Un garçon avec qui je n'ai jamais travaillé mais qui nous est imposé par le gars qui nous refile l'affaire. Je ne peux pas faire autrement, j'ai promis de l'accepter. Si tu veux, on peut se faire une répétition générale dès demain.

– D'accord, je viendrai avec Michel. »

En rentrant chez moi, je me sens abattu. La fatigue du voyage en Italie, le contrecoup de la bérézina des tableaux, mais surtout la culpabilité de ne pas avoir rendu visite à Jacky. J'aurais dû trouver le courage de m'installer à son chevet pour le réconforter par des propos amicaux. Peut-être que ma seule présence lui aurait suffi. Je m'en veux.

XXV

Le lendemain matin, Michel et moi sommes chez Toussaint pour récupérer Marcel. Un rapide café et nous taillons la route pour étudier le topo. Avant de partir, je prends le pêcheur à part :

« Je vais te demander un service. Passe chez Jacky et dis-lui que je viendrai le voir demain après-midi. Je compte sur toi. »

Nous commençons par nous poster en retrait. Il est encore tôt. Le fourgon postal passe devant nous. Nous le prenons en filature durant quelques kilomètres. Route dégagée, peu de circulation, endroit et moment idéaux pour mener une attaque. Marcel nous montre l'emplacement choisi pour l'interception. Rien à redire.

Ensuite, il nous conduit au lieu où seront transférés les sacs. Un sous-bois entouré d'une végétation très dense. Lieu idéal pour ce genre de manutention. Nous vérifions les emplacements des véhicules, les plans de fuite, les voies de secours.

Marcel parle avec calme, ne cesse de solliciter notre avis, répond posément à toutes nos questions. Autorité et orgueil restés au placard, il n'est plus que déférence et conciliation.

Tout me paraît correct. On voit que l'affaire a été préparée par des professionnels. Je n'y déniche pas la moindre faille. Tout dépendra de l'attitude du convoyeur. Mais je sens Marcel tellement déterminé que le postier a intérêt à filer droit.

Le soir, nous avons prévu de dîner puis de dormir chez Toussaint. Nous repartirons ensemble aux aurores.

Dès mon arrivée, je demande des nouvelles de Jacky à notre hôte.

« Avant que je lui parle de toi, il avait l'air abattu, me raconte-t-il. Mais en entendant ton nom, il s'est presque mis à frétiller. Comme un poisson qui vient d'être sorti de l'eau et que l'on rejette à la mer parce qu'il est trop petit. Il t'attend avec impatience. »

Quelques heures plus tard, Raymond nous rejoint. Le quatrième élément du groupe, l'inconnu qu'on nous impose. Plus jeune que nous, de type méditerranéen, costaud et plein d'assurance, rien ne paraît l'impressionner. Pour autant, il ne roule pas des mécaniques et s'intègre parfaitement. Nous nous découvrons des amis communs. Entre voyous, on a l'habitude de se renifler. Celui-là, je le sens plutôt bien.

Raymond nous quitte pour rentrer chez lui. Il promet d'être là à l'heure pile.

Avant d'aller nous coucher, Marcel me dit en aparté :

« Je sais que Toussaint a été voir Jacky pour toi et que tu comptes passer le voir demain après-midi.

– C'est vrai. Dès le coup fini, je compte aller lui dire un petit bonjour.

– Tu vas lui apporter de l'oseille ?

– Oui. Il comptait sur l'argent des Picasso pour acheter la boutique du vieux Titin à sa femme. Si tout se passe bien demain, je pourrai lui donner un coup de main financièrement.

– Je sais, il m'en avait parlé de la boutique à Titin. Je voudrais me joindre à toi. À deux, ce sera plus facile pour l'aider. Et puis, de toi à moi, j'aurais la conscience plus tranquille.

– Le Titin, il en veut quarante briques de son gourbi. Si on met vingt chacun, on pourra le lui obtenir. Faisons la surprise demain à Jacky.

– Je préfère que tu y ailles seul. Je ne sais pas trop où j'en suis avec les poulets. Je préfère ne pas trop me montrer.

– Je lui ramènerai ta part, en précisant que tu me l'as proposé spontanément. »

Comme promis, Raymond se pointe à 5 heures pétantes. Prêts à partir. Toussaint nous confie deux grands sacs marins, utilisé pour son matériel de pêche, pour transporter l'argent.

« Mettez tout là-dedans, nous dit-il. Les gens du coin les connaissent, ces sacs, ils sont habitués à me voir rentrer et sortir avec eux. Ils ne s'étonneront pas si vous les trimbalez. »

Nous récupérons le véhicule volé qui nous servira à bloquer le fourgon. Il fait encore nuit noire quand nous nous planquons derrière un bosquet d'arbres. Le chauffeur du fourgon ne pourra pas nous voir depuis la route.

Le voilà.

Sitôt passé à notre hauteur, Michel démarre et se colle derrière lui, sans allumer ses codes. Il ne veut pas se signaler brutalement dans les rétroviseurs du fourgon. De toute façon, le jour se lève et offre une clarté suffisante pour permettre de rouler sans phares. Afin de donner l'illusion qu'il s'agit d'une autre voiture, Michel les allume à la sortie d'un virage précédant une longue ligne droite. C'est sur cette portion de route que nous sommes censés taper. Une visibilité sur plusieurs centaines de mètres qui nous permettra de voir arriver tout véhicule, même de loin. À cette heure-ci, il n'y a personne sur cette départementale.

Tous les quatre mettons nos cagoules. Michel double le fourgon avant de se rabattre brutalement sur lui, le bloquant par une queue de poisson. Le postier appuie sur sa pédale de freins. Son fourgon n'est pas encore arrêté que Marcel et moi sommes déjà sur le bitume. Nous courons chacun d'un côté. Ouvrons les portières quasiment en même temps. Resté en retrait, Raymond braque le rayon d'une puissante lampe torche sur le visage du chauffeur, l'éblouissant totalement. Marcel pousse l'homme à l'intérieur. Nous savons qu'il n'est pas armé. Michel s'installe devant le volant. Raymond grimpe sur le siège passager, tenant le postier en respect. Michel reprend la route. Nous le suivons. Il est temps. Des phares annoncent la venue d'un véhicule en sens inverse. Nous fonçons vers le lieu du triage.

En quelques secondes nous sortons les sacs du fourgon pour les balancer dans le coffre de la voiture. Personne ne veut traîner, de peur d'être surpris par un chasseur matinal.

Il ne nous reste plus qu'à neutraliser le chauffeur pour l'empêcher de donner l'alarme trop vite.

« J'ai un service à vous demander, les gars, dit-il quand nous nous approchons avec une paire de menottes. Je vais certainement rester un bon moment avant qu'on ne me retrouve. Je voudrais pisser. »

Nous nous regardons tous les quatre, prêts à éclater de rire.

« Vas-y, mais fais pas le con, l'avertit Marcel. Ne nous oblige pas à te tirer dessus.

– Je ne suis pas fada. Dans un an, j'ai la retraite, et je voudrais la prendre en vie. »

À bord du fourgon, je remarque un Thermos coincé sous le tableau de bord. Je le tire et remplit de café la timbale de métal que je tends au chauffeur, désormais plus léger.

« Tiens, bois. Tu vois qu'on n'est pas des sauvages. »

Nous le menottons côté passager, les mains suffisamment loin des commandes pour lui interdire d'actionner le klaxon et de faire un appel de phares.

En partant, nous lui adressons tous les quatre un petit signe amical. Son visage se fend d'un grand sourire. Il ne gardera pas un trop mauvais souvenir de notre visite. Va-t-il oser raconter aux poulets que les malfrats l'ont autorisé à aller pisser et lui ont offert un café ?

À 7 heures, nous voilà de retour dans l'appartement de Toussaint.

Après un copieux petit-déjeuner, nous faisons les comptes. Cent trente briques. Moins que prévu. Moins la part qui revient à celui qui nous a indiqué le coup. Moins les millions que nous allons offrir à Toussaint. Marcel et moi ne l'avons pas prévenu, de peur qu'il ne refuse, mais nous sommes tous d'accord sur le principe. Nous lui mettrons la somme entre les mains et gare à lui s'il proteste.

En gros, on s'en tire avec presque vingt-cinq bâtons chacun. Si je retire les vingt que j'ai prévus pour Jacky, il ne m'en reste plus lourd. Aucune importance. Ce coup-là, je l'ai fait pour lui.

Sitôt l'argent encaissé, Raymond s'en va :

« On n'est pas des frangines les gars, on ne va pas se faire du gringue, mais je tiens à vous dire que j'ai apprécié votre façon de bosser. »

Il a bien tenu son rôle.

Marcel me confie les vingt millions que je dois apporter à Jacky dans l'après-midi, ajoutés à ma part. Michel s'interpose.

« Je veux participer avec vous, nous déclare-t-il. Je connais Jacky depuis peu mais je l'aime bien et j'ai bien compris ce qu'il a perdu dans l'affaire des Picasso. Et ce qu'il a perdu c'est bien plus que de l'argent. »

Il pousse vingt millions vers moi. Son ton est sans appel, je le sais.

« Si tu veux nous rendre service, je lui dis, c'est pas seulement à Jacky qu'il faut penser mais à François. Il a gardé les toiles pendant plus de huit mois, ça mérite bien une petite récompense.

– Tu as raison, je vais lui faire parvenir une dizaine de briques. Il pourra se l'offrir, son voyage en Italie. Mais donnez quand même dix briques de ma part à Jacky. J'y tiens. »

Face à cet argent qui s'étale devant moi, je prends une décision :

« Je vais aller voir Jacky tout de suite. Il ne m'attend qu'en début d'après-midi mais je suis pressé de lui faire la surprise. Et puis, avec le cadeau que je lui amène, cela m'étonnerait qu'il renaude. »

Me voici devant la porte de l'appartement de Jacky, un sac en bandoulière. La porte s'ouvre. Marie se tient face à moi. Son regard trahit ses nuits sans sommeil et ses douleurs. Pourtant, c'est avec un généreux sourire qu'elle m'accueille. Elle me tombe même dans les bras.

« Enfin, te voilà, me dit-elle. Jacky ne m'en a jamais parlé mais je sais qu'il t'attend tous les jours. Rentre vite. »

En quelques enjambées, je suis dans la chambre. Marie referme la porte derrière moi.

Il est allongé dans son lit, sous perfusion. Les cernes autour de ses yeux sont profonds, son visage est d'un jaune cireux, mais il ne semble pas avoir perdu de poids.

« Excuse-moi d'avoir tant tardé à venir. Je n'ai pas pu faire autrement.

– Tu es là aujourd'hui, c'est l'essentiel. »

Son timbre de voix est le même. À la fois doux et énergique.

« Marcel et moi tenons à t'offrir un gage de notre amitié. Ça nous a pris un peu de temps mais le voici. »

J'ouvre la sacoche pour lui montrer l'argent qu'elle contient.

« Il y a cinquante briques. Michel en a ajouté dix. C'est pour le bouclar de Titin. Tu pourras l'offrir à Marie, comme tu avais prévu de le faire. »

Sa stupéfaction est telle qu'elle donne à son visage un air comique. Je ne peux retenir un petit rire de plaisir.

« Vous avez fait ça !… Tu peux pas savoir, Didier… Vous me sauvez la vie… Je ne sais pas quoi dire… Y a quelques minutes encore, je ruminais l'échec de ma vie, tout ce pognon que j'ai flambé sans rien laisser derrière moi. Et maintenant tout bascule dans le bonheur… Je ne sais pas comment vous remercier.

– Surtout pas de remerciement, tu gâcherais tout. Pense que c'est la vie qui te doit ça.

– Il faut fêter ça. Allons au *Welcome* voir les amis.

– Mais ta perfusion ?

– Ma séance d'aujourd'hui est terminée. J'ai le droit à une promenade quotidienne. »

Nous descendons vers la plage. Jacky marche à petits pas, s'arrêtant souvent pour reprendre son souffle. Nous passons devant le vallon des Auffes, cet écrin au cœur de la Corniche avec ses cabanons aux mille reflets et ses bateaux de pêche qui somnolent au soleil.

« Regarde cette palette de couleurs, comme c'est beau ! s'extasie Jacky. C'est un endroit unique, peut-être le plus beau de Marseille. J'ai eu la chance de grandir dans ce site. J'aurais dû être pêcheur. Beaucoup d'amis de mon père l'étaient. J'aimais bien sortir avec eux. Ils me voyaient plus souvent que le maître d'école. Mais le destin en a décidé autrement. Comme je te l'ai déjà dit, je ne regrette rien. Et puis, grâce à vous, ma vie se termine en beauté. J'ai fait un beau parcours qui m'a permis de rencontrer des hommes tels que vous. Pourtant, tu le sais aussi bien que moi, Didier, chez les voyous, il y en a beaucoup, des enfoirés. »

Nous arrivons au *Welcome*. Jacky y est reçu comme le Messie. On l'installe à une table. Tout le monde l'entoure. Le patron offre une tournée générale.

« Que Dieu vous bénisse, lance Jacky en levant son verre. Et longue vie aux truands ! »

Est-ce grâce à nous ? Jacky vivra encore une petite année. Le temps pour lui de voir Marie s'installer dans son commerce. Il s'éteindra doucement, comme une bougie, entouré par l'amour des siens.

Le jour de son enterrement, je passerai filer des pourboires aux employés des pompes funèbres.

« Vous savez, me dira l'un d'eux, nous avons conservé le sourire de votre ami. Ça nous arrive très rarement de rencontrer quelqu'un qui sourit au moment de quitter la vie. »

Pour ma part, l'épilogue de ce qui restera un vol record doublé d'un fiasco total se situe en Calabre. J'ai des comptes à y rendre.

Peu de temps après l'attaque du fourgon postal, Salvatore débarque à Marseille. Je lui explique le plus clairement possible comment nous avons perdu les tableaux. Il est déjà au courant bien sûr, mais veut ma version des faits. Je ne lui cache rien, surtout pas nos erreurs. Il demande à voir Jacky pour le saluer. Je l'y emmène et nous passons un bon moment. Jacky confirme mes dires et l'assure que je n'étais pas au courant des manœuvres enclenchées par César et Marcel.

À la fin de cette journée, je fais une proposition à Salvatore :

« Il faut que j'aille voir Don Giuseppe. Je lui dois des excuses.

– Laisse-moi préparer le terrain. Je vais t'organiser une rencontre. Je t'appelle dans quelques jours pour te donner la date. Mais notre parrain est un homme bon. Je suis certain qu'il comprendra. »

Deux jours plus tard, Salvatore m'appelle. Je saute dans ma voiture. Cette fois j'effectue le trajet seul et tant pis pour la fatigue. Tout au long des mille cinq cents kilomètres, j'appréhende la réaction du Don. Il n'est pas parvenu à son niveau en accordant son pardon et en faisant fi des revers. C'est un homme dur, je le sais. Il se doit d'imposer son autorité à tous les niveaux.

Pourtant, c'est quelqu'un de très affable qui m'accueille dans sa douce propriété. Il s'est renseigné sur les détails de notre fiasco. Et, sans doute, en sait-il plus que moi. Il me conseille de bien analyser cette mésaventure pour en tirer profit à l'avenir.

« N'oublie jamais que l'on finit toujours par être la victime d'un de ses amis », conclut-il.

Nous nous embrassons chaleureusement et nous quittons en bons termes. Mais nous ne nous reverrons jamais. Je n'aurai plus l'occasion de lui proposer des affaires et nos chemins ne se croiseront plus.

XXVI

Très peu de temps après, le 13 octobre, un certain Raymond Brisacier, garagiste à Paris, est arrêté alors qu'il tente d'échanger des bons du Trésor dans un bureau de Poste du 7e arrondissement de la capitale. Bons qui sont formellement identifiés comme provenant du casse de Nice. La police procède à une perquisition à son domicile et découvre trois cent mille francs en titre ainsi qu'une importante somme d'argent. En trois mois, c'est l'une des premières pistes dont elle dispose.

Pas la seule. La perquisition effectuée villa de Castagniers se met à parler. Les fins limiers n'ont pas à se torturer les méninges pour établir un lien entre les tenues d'égoutier et notre casse. Ils remontent la piste. Et déclareront ce lieu « quartier général du gang », ce qui est entièrement faux. Cette enquête compte quelques dommages collatéraux.

Lors de leur intervention à cette villa, les gendarmes avaient relevé le numéro d'immatriculation d'une Peugeot 504 reposant dans le garage. Voiture volée. Nous lui avions posé les numéros d'une plaque prise au hasard sur un véhicule du même type. À ce moment-là, les pandores durent se contenter de vérifier dans leur fichier. Constatant que la 504 n'avait pas été déclarée volée, ils n'allèrent, logiquement, pas plus loin. Cette fois, le propriétaire de la vraie 504, un honnête voyageur de commerce, a la surprise de voir débarquer chez lui une escouade de policiers venue l'arrêter. Il clamera son innocence et sera finalement relâché. Il a dû avoir chaud.

Une autre piste vient d'Amérique. Début octobre, Albert a contacté la CIA en se vantant d'être le cerveau du casse de Nice. Il poussa le culot jusqu'à leur proposer ses services pour fracturer ambassades et autres lieux protégés. Les Ricains s'empressèrent d'avertir leurs homologues français des racontars de ce jobastre !

La deuxième phase de l'enquête est due à une autre erreur humaine : deux types sont pris la main dans le sac alors qu'ils essayent de négocier des lingots en provenance du casse. Ce sont les fameux guetteurs qu'Albert tenta de nous imposer au début du casse et que nous refusâmes. Faisant fi de nos avertissements, il continua de les employer à ses frais. Pour les « remercier », il leur aurait remis dix-huit lingots d'or.

Spaggiari a commis une bourde monumentale en leur confiant ces lingots, preuve qu'il n'est pas un « vrai » voyou. Il aurait dû se douter qu'ils n'étaient pas de taille à revendre une marchandise aussi « brûlante ». Il faut du sang-froid et des contacts. Ne sachant où donner de la tête, les deux compères firent ce qu'il ne fallait surtout pas faire : battre le rappel de tous les receleurs du secteur. Bien évidemment, cela remonta aux oreilles des enquêteurs qui n'eurent plus qu'à se rapprocher. Les deux obtus baratinèrent un pauvre bougre en lui racontant que ces lingots représentaient le fruit d'années d'honnête labeur. Ils voulaient les vendre pour ouvrir un commerce. Ayant eu quelques infimes soucis avec les forces de l'ordre, les deux hommes ne pouvaient procéder eux-mêmes à la vente. Le pigeon les crut sur parole et, rêvant à la commission qu'ils leur avaient fait miroiter, s'en alla voir une agence du Crédit Agricole de Roquefort-les-Pins ! Inimaginable qu'un homme se disant « cerveau » ait pu ainsi faire confiance à de tels baltringues. Pourquoi ne pas les avoir payés en argent liquide ?

Sans commentaire.

Ces arrestations successives commencent à faire du bruit. De l'Évêché transpire une rumeur selon laquelle une rafle est en préparation. Nous possédons nos propres indics ! Je me trouve alors plus ou moins en planque à Marseille, dans un appartement prêté par un ami. L'Arménien vient me mettre au parfum :

« Oh, Didier, tu ne devrais pas rester là, ça va péter.

– Les flics ?

– Oui, ils vont rafler tous les garçons fichés à Marseille et aux alentours. »

Je ne bouge pas mais me fais de plus en plus discret. Pratiquement personne, hormis des très proches, ne sait que je loge dans cet appartement.

26 octobre : la grande rafle.

Une trentaine d'individus sont arrêtés à Paris, Marseille et dans d'autres villes du Sud. Je lis les noms dans le journal. Un égoutier et un guetteur sont tombés dans les filets de la police qui n'a pas trop mal travaillé.

La presse, qui en fait ses choux gras, affirme que le « cerveau » de l'affaire est en cavale. Pour elle, il s'agit de Gaétan Zampa.

Cette thèse d'un Zampa cerveau, commanditaire, juge de paix ou simple complice du casse de Nice sera souvent reprise dans des études plus ou moins sérieuses. Même des biographes de gangsters, pourtant bien documentés, continueront de colporter cette erreur. En 2010, une biographie du caïd mentionnera encore : « Zampa doit fournir à Spaggiari tous les moyens dont il a besoin : des hommes, du matériel, de l'argent, des armes. Spaggiari, lui, profitera de ses connivences bien placées à la mairie de Nice, en particulier au service du nettoiement et des égouts. Dans l'ombre, Gaétan Zampa pilotera lui-même cette opération à distance[1]. » Archi-faux !

Zampa n'a participé ni de près ni de loin au casse. Qu'il ait été au courant, c'est évident, dès le départ. Au moment où nous formions nos équipes, il nous a contactés pour nous demander d'intégrer un homme à lui, Daniel. Il ne s'agissait pas de faire entrer le loup dans notre bergerie mais de rendre un service.

Il est vrai qu'au tout début de notre opération, le nom de Zampa revint dans nos conversations. Il était considéré plus ou moins comme le « parrain » de Marseille, et plusieurs d'entre

1. José d'Arrigo et Roger Grobert, *Zampa*, La Manufacture de livres, « Documents », 2010.

nous se demandèrent s'il ne fallait pas lui offrir une part du butin. Tour de table. Les six premiers répondirent par l'affirmative. Je fus le septième. Je répondis avec force :

« Ceux qui viennent touchent, ceux qui ne viennent pas ne touchent pas. »

Je ne voyais vraiment pas pourquoi nous devions payer une sorte de tribut à Zampa. Les trois autres se rangèrent à mon avis. Je savais qu'ils n'étaient pas de chauds partisans de Tany. N'ayant pas reçu l'unanimité, la proposition fut refusée.

Nous acceptâmes néanmoins Daniel, qui creusa avec nous sans jamais s'intégrer complètement. Sa manie de se recoiffer constamment nous agaçait. Il est plus que probable que ce Daniel tînt Zampa au courant de l'avancée de nos travaux. D'où la réflexion que Gaétan me fit au sujet de mes lunettes. Mais il se désintéressa très vite de notre affaire. Il refusa catégoriquement d'y participer, estimant que nous courions droit à l'échec. Il nous répéta à plusieurs reprises : « Tout ce que vous allez gagner c'est un séjour en prison ! » Zampa n'a ni participé ni touché de part. Peut-être que Daniel lui a offert une partie de son butin, mais cela ne regarde qu'eux.

Le jour où la police déploie ses rets, nous, les égoutiers, sommes déjà au vert. Bien planqués, introuvables. L'argent nous aide à mieux nous cacher. Moi, je suis monté à Paris où je me sens en totale sécurité. J'y reste quelques semaines avant de redescendre discrètement en Provence. Je continue de me faire tout petit.

Au bout d'une année, nous refaisons surface les uns après les autres. Entretemps, Albert s'est évadé de manière spectaculaire en sautant de la fenêtre du bureau du juge. Sa formation de parachutiste lui a été précieuse.

Tout semble désormais en sommeil. Nous reprenons nos habitudes. Cette année d'inactivité ayant fortement écorné nos économies, nous nous réunissons pour envisager l'avenir.

Le Gros a une idée : nous associer à l'une des importantes équipes du moment. Le principe est que chaque groupe investisse un capital de cinq cents millions. Ce milliard nous permettrait de prendre des parts dans deux casinos. L'offre est alléchante mais notre méfiance reprend le dessus.

« Rien nous prouve que ça collera entre nous, s'inquiète l'Arménien. Ces gars-là sont plus trafiquants que voleurs.

– On s'en fout, c'est tous des braves mecs, lui répond le Gros. On les connaît depuis pas mal de temps. On peut pas faire un coup comme Nice tous les jours. Faut assurer le quotidien, faire entrer de l'oseille. Le blé, quand y a pas de rentrées, ça part vite. Deux casinos c'est l'assurance de revenus réguliers.

– On n'y connaît rien en casino ! Les braquer, à la rigueur, mais les gérer…

– Personne ne te demande de les gérer. Tu toucheras des dividendes, comme un rentier. »

Le fond de notre rétention repose sur les guerres constantes qui secouent et ensanglantent les casinos. Règlements de comptes à grand renfort de revolvers. Or l'autre équipe, dont nous parle le Gros, est mouillée jusqu'au cou dans ces fusillades. Nous associer pourrait laisser supposer que nous prenons fait et cause pour eux alors que nous ne sommes aucunement concernés par ces querelles.

Je fais une contre-proposition :

« En tant que spécialiste des discothèques, si vous voulez des revenus réguliers, j'ai autre chose à vous proposer. Avec les cinq cents briques dont tu nous parles, on peut ouvrir trois discothèques. Comme ça on reste entre nous et chacun touchera son pourcentage. On sera peinards. »

Le Gros n'est pas favorable à mon idée. Nous sommes cinq sur dix à ne pas être favorable à la sienne. Nous estimons former une équipe très soudée qui se suffit largement à elle-même. Le casse de Nice a démontré que nous sommes capables d'aller très loin. À quoi bon chercher ailleurs ce que nous avons déjà ?

Chacun campant sur ses positions, la scission est inévitable. En définitive, le Gros repart pour la Côte d'Azur où il se reconvertira dans les machines à sous. Il y gagnera beaucoup d'argent, mais sera abattu peu de temps après…

XXVII

Quel bilan tirer du casse du siècle ?

D'abord un résumé : un quart de gamberge, un quart d'improvisation, un quart de chance, un quart de sueur. Le tout conditionné par un courage à toute épreuve !

Nous aurions pu renoncer après avoir effectué une première reconnaissance dans les égouts. Aurons-nous la force et l'endurance pour transporter tout ce matériel ? N'allons-nous pas attirer l'attention de curieux ou même d'égoutiers en inspection ? En tant que profanes, aurons-nous la technique pour réaliser et étayer un tunnel de huit mètres ? Nous ne disposions d'aucune réponse mais notre instinct nous suggérait de faire fi de ces obstacles. Notre intuition de malfrat nous poussait vers la réussite.

Trois cent dix-sept coffres ouverts. Même pas le dixième de ce que contenait la chambre forte. Cela nous sera beaucoup reproché. Mais il faut se souvenir que ces trois cent dix-sept coffres montrèrent beaucoup plus de résistance que nous l'espérions. Nous aurions dû faire comme dans les films : nous procurer un modèle de coffre identique et nous exercer dessus. Dans la réalité, un tel acte est impossible. Pour autant, nous n'avons jamais été des amateurs.

On nous a aussi reproché de n'avoir pas attaqué certains coffres par l'arrière. En effet, les armoires collées dos à dos au milieu de la salle n'étaient constituées que d'une simple feuille d'acier, facile à percer. Comment pouvions-nous le savoir ? Les autres coffres, posés contre les murs, eux, étaient protégés par une épaisse plaque que nous n'avons jamais réussi à percer. Si nous avions disposé des bons renseignements, nous aurions appris qu'en dépit des apparences, il existait deux modèles d'armoires. De plus, la logique aurait voulu que les armoires centrales fussent mieux protégées que celles accolées au mur, parce que plus facilement accessibles.

À part la surveillance du concierge, du service de nettoyage, des habitudes des gendarmes et des policiers du commissariat, des égoutiers, tout le reste s'est fait plus ou moins au petit bonheur la chance. La haute stratégie n'a jamais eu sa place au sein de notre casse. Nous l'avons fait à notre manière, en contrôlant tout par nous-mêmes et en nous fiant à notre bon sens.

Beaucoup d'observateurs, notamment des policiers, se déclareront étonnés de la constance dans notre labeur physique. Ils oublient qu'il existe deux catégories de marginaux : les fainéants qui refusent toute forme de travail et vivent de rapines ou de coups faciles, et ceux qui se sont mis en marge de la société pour des raisons personnelles issues de leur enfance mais ne rechignent jamais au labeur. Ces derniers sont des adolescents qui ont grandi dans les rues, des enfants en révolte contre certaines inégalités. Ni fainéants, ni vicieux. Ils cachent même, souvent, une forme de pureté d'âme qui les éclaire de l'intérieur. Aucun d'eux ne crache sur les millions de gens, honnêtes travailleurs et bons pères de famille à qui il faut du courage pour, tous les matins, s'en aller au turbin récolter de quoi nourrir leur famille. Jamais il ne nous viendrait à l'esprit de traiter ces hommes de « caves ».

Des médias écriront que deux complices d'Albert espionnèrent les habitudes du concierge et les horaires de l'entreprise de nettoyage. Faux. Nous n'aurons jamais sous-traités ces étapes primordiales. Si Spaggiari a effectivement envoyé des hommes à lui, il ne nous en a jamais informés.

D'ailleurs nous serons agacés par ce qui sera dit, écrit et filmé sur ce casse. On dira sur nous tout et n'importe quoi. L'offensive démarrera quelques mois après le vol, avec un livre signé d'un certain René-Louis Maurice. Il nous qualifie de « casseurs de banlieue » d'une « incompétence crasse » ! Des casseurs de banlieue n'auraient jamais eu ni l'ambition nécessaire, ni les capacités morales, ni la détermination de travailler quatre longs mois et parvenir à l'intérieur de la banque.

Moult écrits nous irriteront encore plus, reprenant des ragots, tirant des conclusions hâtives d'un fait divers hors norme. Des auteurs opportunistes bâclant une prétendue enquête pour se faire un peu d'argent sur notre dos. Nous leur abandonnons bien volontiers ces miettes tombées de la table, mais à condition de ne pas écrire des inepties. Honoré Gévaudan, le célèbre flic qui se chargea de l'enquête, se montrera beaucoup plus précis dans son livre *Ennemis publics*[1]. Il y reconnaîtra que ses fonctions et ses principes d'éducation lui interdisent de saluer « l'exploit des égoutiers de Nice », mais on sent poindre une forme de respect. Il condamne mais n'injurie pas. Surtout, en grand professionnel, il sait faire la différence entre des spécialistes du banditisme et des amateurs à la petite semaine.

Des scribouillards décriront des scènes surréalistes sur les prétendues inondations marquant notre dernière sortie avec le butin. Faux.

Certains parleront d'un blessé grave. Faux.

Après la déferlante médiatique orchestrée autour d'Albert Spaggiari, d'autres journalistes commenceront à mettre en doute le fait qu'il fût le « cerveau », mais commettront d'autres boulettes, affirmant que le photographe disposait, grâce à un ami, des plans des égouts qui rendirent le casse réalisable. Faux.

Toutes ces accusations et autres approximations finiront par glisser sur nous. Ce qui nous restera sera le souvenir de cet exploit fait en douceur et sans violence. Un pied de nez, non une revanche, à une société qui ne s'est pas toujours montrée tendre avec la plupart d'entre nous.

Il y a un aspect de l'histoire dont nous sommes fiers et dont personne ne parlera jamais : durant les quatre mois de la réalisation du casse, personne, même parmi nos proches, ne s'est douté un seul instant de ce que nous faisions. Nous avons tout partagé au sein de la bande mais rien ne filtra à l'extérieur. Telle était

1. Honoré Gévaudan, *Ennemis publics. Mes grandes enquêtes criminelles*, Lattès, 2010.

la condition indispensable pour préserver notre sécurité. Notre discrétion fut notre alliée et le restera durablement car, comme personne d'entre nous ne se vantera du casse, nous ne risquerons pas d'être balancés par un indic. La police passera loin de nous.

Reste le cas d'Albert.

C'était un personnage hors du commun. Il affichait des convictions qui n'étaient pas les nôtres, mais il ne manquait pas de courage. Il nous l'a prouvé à plusieurs reprises, notamment quand il a pris sa Range Rover pour descendre les bouteilles jusqu'au bout du Paillon. Néanmoins, il ne faisait pas partie de notre monde. Entre voyous, on se « sent ». Avec un minimum d'expérience, on repère tout de suite les voyous aguerris et les autres. Une façon de parler, de se conduire. Quoi qu'il dise, quoi qu'il fasse, Albert n'était pas un voyou.

Nous l'aimions bien. Il a vite compris qu'il était inutile de nous prendre la tête avec ses idées politiques et nous fichait la paix. Il nous parlait de l'Algérie et de ses guerres. Moi, je l'interrogeais sur l'Indochine car mon père y avait vécu en tant que militaire. Spaggiari avait des souvenirs vivaces et une conversation intéressante. De plus, il savait recevoir et, dans sa bergerie, nous nous sentions comme chez nous.

Sa première erreur fut d'aller voir la CIA. Une telle attitude aurait pu se révéler très dangereuse pour nous.

Nous lui reprocherons surtout son récit burlesque. Dans ses envolées littéraires, il invente de façon romanesque des faits qui n'ont jamais existé. Par exemple cette scène d'amour dans les égouts ou son équipe d'anciens combattants des nobles causes ou encore ce vénérable vieillard du milieu qui nous aurait donné son aval et indiquer comment agir.

Spaggiari s'est approprié le casse, nous reléguant au poste de sous-fifre. Il nous décrivit même comme des ringards à l'intellect restreint, s'offrant généreusement tous les mérites. Au moins n'a-t-il jamais balancé le moindre d'entre nous et pour cela il mérite notre estime. Il n'était pas des nôtres, n'était pas régi par nos lois, mais ne tomba pas dans le rang des « donneuses ».

Nous n'avons pas très bien compris pourquoi il a parlé aussi vite. Il aurait été victime d'un chantage de la police après la découverte d'une cache d'armes dans sa bergerie de Bézaudun : s'il avouait, sa femme ne serait pas inquiétée pour complicité de recel. Pourtant, au pire, l'un et l'autre auraient fait une ou deux années de prison. Pour le reste, c'est-à-dire pour le casse, la police n'avait rien à part les divagations des deux pieds nickelés revendeurs de lingots. En restant muet, Spaggiari aurait pu s'en tirer à bon compte… Mais il aurait dû sacrifier le titre de gloire qui l'a rendu célèbre : le cerveau du casse du siècle !

Ses prétendus aveux déclencheront la colère de certains d'entre nous. Le Chinois se montra le plus remonté :

« Il nous fait passer pour des cons !

– Qu'est-ce que ça peut faire ?

– Ça fait qu'à l'écouter c'est lui qui a creusé les huit mètres de tunnel à lui tout seul.

– Et alors ? Tant qu'il prend tout sur lui, les flics ne pensent pas à nous. »

Je ne réussirai jamais à convaincre totalement mon ami qui ne sera rassuré que par le fait que la police ne remontera jamais jusqu'à lui. Pourtant, l'enquête continuera de progresser et plusieurs d'entre nous tomberont jusqu'à être condamnés. Trois égoutiers et un guetteur écoperont de quatre à huit ans de prison. Leurs noms, je les connais, bien entendu… comme je connais les vrais noms de tous les participants du casse de Nice.

Pendant longtemps tous les livres et documentaires affirmeront qu'Albert organisa tout jusqu'au moindre tour de travail de chacun de nous. Faux. Nous ne l'aurions pas supporté. Ce n'est pas comme cela que s'est écrit l'histoire. C'est lui qui a eu besoin de nous et non l'inverse. Sans nous, il aurait peut-être tenté un braquage qui aurait mal tourné. Peut-être serait-il mort l'arme à la main, il en rêvait.

Il faut se souvenir que huit ans avant notre exploit, une autre succursale de la Société Générale de Nice avait fait l'objet d'une attaque à main armée. Les quatre bandits s'étaient enfuis avec le butin mais la police les avait poursuivis et coincés dans une ruelle. La fusillade qui s'ensuivit fit un mort et un blessé parmi les malfrats.

C'est nous qui avons pris les décisions aux moments clés et trouvé les solutions à chacun des problèmes. Pas Albert.

Quant aux mercenaires, aux centurions, et autres légionnaires tant vantés par Spaggiari, ces habitués des rizières du Vietnam, ils n'ont existé que dans son imagination. Mais peut-être faut-il les mettre à l'actif d'Albert et non à son passif. À partir du moment où il décide d'être bavard sur le casse, il ne peut quand même pas soutenir l'avoir réalisé seul. Alors en inventant ces anciens soldats à l'idéal perdu, il détournait l'attention de nous. Pas si mal.

D'Albert, nous n'aurons des nouvelles directes que deux ans après notre exploit commun. Il vient nous réclamer sa part sur un lot de bijoux dont, volontairement, nous avons retardé la vente. Il ne manque pas de toupet de débarquer ainsi après tout le mal qu'il a déblatéré sur nous. Puisqu'il nous a confisqué notre gloire, nous conservons sa part d'un montant d'ailleurs très faible. Que la réussite lui soit montée au cigare et qu'il soit parti en vrille dans son monde à lui, nous pouvions l'excuser. Mais qu'il se soit attribué le droit de raconter notre histoire dans un récit hautement fantaisiste nous reste en travers de la gorge. Nous pourrions lui réclamer une part sur ses droits d'auteur sur le film qui est en train de se tourner. Cela ne l'amuse pas. Il repart furieux et fera courir le bruit que nous lui avons étouffé sa part du magot.

Ce sera notre dernière entrevue. Plus jamais nous n'aurons le moindre contact avec lui. En juin 1989, nous apprendrons sa mort à l'âge de 56 ans, après treize ans de cavale.

Albert, si tu croises un jour notre compère le bon larron, demande-lui qu'il glisse pour nous la bonne parole à son pote et, comme dit la chanson : « Qu'il ait pitié des pauvres truands. » Nous avons aimé ta façon de te faire la malle du bureau du juge. Une pirouette géniale. Dans la grande tradition de ce que nous avons fait ensemble. « Ni armes ni violence et sans haine. » Salut l'artiste.

XXVIII

Retour aux affaires. Plus exactement aux discothèques.

Peu après le casse de Nice, je me suis installé à Marseille où je me suis associé à Gilbert Hoareau pour reprendre *L'Annabel's*. Club qui mérite un nouvel essor. À l'emplacement de l'ancien *Méditerranée* tenu par les Guérini, il est destiné à une clientèle « mûre », 40 ans et au-delà. Son avantage est de rester ouvert jusqu'à 6 heures du matin. Les noctambules sont sûrs d'y trouver de quoi boire dans une bonne ambiance à toute heure. La musique est assurée alternativement par un orchestre et par un disc-jockey. La formule marche bien et, soir après soir, je vois défiler tous les truands de la ville ! De quoi faire enrager mes « amis » les flics.

Dans la foulée, je m'occupe du *Campus*, autre discothèque, dont je rachète des parts. Réservé aux jeunes, à commencer par les étudiants. Ils y sont entre eux et s'amusent sans être embêtés par de vieux barbons. J'ai fait réaménager de fond en comble un grand local. Le résultat est à la hauteur de mes ambitions, élégant et pratique. Les jeunes s'y bousculent dans la bonne humeur. Certains soirs, je suis obligé de refuser du monde. Mon succès surprend beaucoup dans une ville qui a tendance à vivre sur ses acquis.

Mon retour aux affaires implique un retour aux vols. Pendant un temps, je délaisse les braquages. La réussite du casse de Nice nous a donné des ailes et des envies. En dépit des innombrables difficultés rencontrées, de l'énergie et du temps dépensé, nous nous sentons prêts à repartir au charbon, c'est-à-dire dans les sous-sols ! Nous sommes d'autant plus galvanisés que nous avons des concurrents sur ce terrain. Peu de temps après Nice, un autre casse par les égouts fait la Une des journaux qui nous en attribuent la paternité alors qu'aucun de nous n'y a participé. Il faut croire que l'idée est dans l'air du temps car ces voleurs ont forcément démarré leur chantier avant que le nôtre soit connu.

Toujours est-il que la moitié des égoutiers de Nice se retrouve pour creuser un tunnel à Marseille. Spaggiari et ses sbires ne sont plus dans le coup. Cette fois, cela reste strictement entre nous. La banque est protégée par un système d'alarme, nous en avons la certitude. Mais nous avons aussi la clé qui permet de débrancher l'alarme. Elle nous a été fournie par un contact qui nous a rencardés sur cette affaire. Huit cents coffres en aluminium nous attendent. Nous allons les repérer. Pas de mauvaise surprise, ceux-là sont fermés par une banale serrure reposant sur quatre rivets. Ils s'ouvriront d'un simple coup de barre à mine. Temps de travail dans la salle des coffres : environ trois heures.

Dans des conditions assez similaires à notre aventure niçoise, l'expérience en plus, nous creusons un tunnel de dix-huit mètres en partant de la rivière du Jarret qui, dans une partie de la ville, est souterraine. Dix-huit mètres, ce n'est pas une mince affaire, mais nous sommes organisés, notamment pour l'évacuation des gravats. Nous fabriquons un petit chariot qui coulisse sur des rails. Au bout du tunnel, une équipe tire sur une corde pour faire avancer ce chariot dont le contenu est versé dans la rivière. Puis, avec la même corde, mais dans l'autre sens, nous le ramenons à son point de départ.

Au terme de deux mois de travaux, sans jamais avoir rencontré de problème majeur, nous butons sur le mur de la banque, beaucoup plus épais que son homologue de la Société Générale. Nous commençons par l'attaquer à la perceuse mais la tâche se révèle trop complexe, nous n'y arriverons jamais. Dans notre équipe se trouve un spécialiste en explosifs. Il nous explique que l'on peut faire sauter une partie du mur en creusant des trous placés en étoile dans lesquels sera inséré un explosif. Deux chicanes destinées à contenir le souffle de l'explosion devront être creusées en supplément. Nous nous lançons dans ce nouveau chantier en suivant ses indications à la lettre.

Une nuit, alors que tout est en place, nous procédons à un premier essai. Nos guetteurs en surface sont aux aguets, chargés d'écouter le moindre bruit et de surveiller les alentours. Notre copain spécialiste déclenche une première explosion. Nous nous planquons dans les recoins du tunnel.

Boum !

Le bruit nous semble assourdissant mais nos guetteurs nous affirment n'avoir rien entendu. Après un moment, ils confirment que la rue n'est secouée par aucune forme d'agitation. Tout va bien.

Nous remettons des explosifs en place dans le but, cette fois, de percer un trou dans ce foutu mur qui nous empêche d'entrer dans le sous-sol de la banque. Le travail s'effectue dans le calme. On ne plaisante pas avec la dynamite.

Boum !

Une sonnerie retentit. Les guetteurs nous alertent. Nous décarrons vite fait. Aucun de nous n'y comprend goutte. Nous sommes certains d'avoir débranché l'alarme de la banque. Pourtant, une sonnerie déchire bel et bien le silence de la nuit. Nous repartons sans savoir. La réponse ne viendra que le lendemain quand nous apprendrons que la police ne s'est pas dirigée vers la banque mais vers un supermarché situé de l'autre côté du boulevard. L'onde de choc de l'explosion a dû faire trembler ses soubassements et déclenché l'alarme. Si nous l'avions su avant, nous aurions continué notre travail sans risque d'être inquiétés. Quand, à l'ouverture de la banque, les employés verront le trou et appelleront la police, tout le monde se perdra en conjectures sur les raisons de notre abandon.

Une équipe opérant sur la Côte d'Azur nous demande de nous joindre à elle. Mission : creuser un tunnel pour atteindre le sous-sol d'une banque de Menton. Du déjà-vu pour nous. Notre étude des lieux nous amène à conclure que le tunnel sera court car le mur de la banque jouxte presque la paroi des égouts. À peine deux mètres à creuser. L'inconvénient est que la terre est très friable et que, malgré nos étais, elle n'arrête pas de nous tomber dessus. Régulièrement le tunnel menace de s'effondrer et nous perdons beaucoup de temps à le consolider.

Comme toujours nous procédons par deux équipes se relayant. La formule a fait ses preuves depuis Nice. Nous nous reposons dans l'appartement qui nous sert de planque. À l'encontre de toutes nos directives, l'autre équipe ne nous attend pas. Elle se sent si près du but qu'elle veut entrer tout de suite dans la banque. Elle n'a pas pris suffisamment de précaution. Une alarme se déclenche. La police arrive sur les lieux. Le coup est foiré.

Tout cela, nous l'apprenons au petit matin quand les autres daigneront nous faire part de leur déconvenue. Nous sommes furieux. Tout ça pour rien. Ce que ne nous disent pas nos complices, c'est que l'un d'eux a été arrêté. À cette annonce, nous décidons de quitter Menton pour revenir sur nos terres.

Et c'est près du *Mistral* que nous creuserons notre dernier tunnel. À Aix-en-Provence, au cœur de la ville. Ici aussi, le tunnel n'excèdera pas trois mètres. De plus, nous pouvons nous brancher sur un câble souterrain qui nous fournit de l'électricité. Pourtant les risques sont grands. Nous creusons dans un quartier très fréquenté et risquons de nous faire repérer. Comme à Nice, nous devons évacuer les gravats au loin, ce qui s'avère très compliqué. Néanmoins, nous parvenons contre le mur de la banque. Il faut l'attaquer au burin et à la chignole. Nos premières tentatives sont catastrophiques : beaucoup trop de bruit. Nos guetteurs nous informent que des passants semblent s'interroger sur la source de ces coups sourds associés à des percements stridents. Nous prenons mille précautions pour diminuer ces échos mais rien n'y fait. Les badauds sont à deux doigts d'alerter la police. Nous laissons tomber et repartons avec notre matériel sous le bras et notre déception dans le cœur.

Cela met définitivement fin à nos activités d'égoutiers. Mais nous avons fait des émules car, pendant encore une bonne dizaine d'années, des banques continueront de se faire attaquer par les égouts. Nous n'y serons pour rien.

XXIX

Heureusement, les discothèques continuent de m'assurer des revenus réguliers. Nos échecs successifs ont sérieusement écorné mes finances. Bon an, mal an, ma vie continue. Y compris ma vie de famille.

Sur les conseils de Vittorio, un ami vivant là-bas, nous partons, ma femme et moi, pour le Pérou. Mon épouse ne peut avoir d'enfant. Nous nous envolons avec l'intention d'en adopter un. Après examen de notre dossier, notre demande est acceptée. Une fillette de 2 ans et demi nous attend dans une crèche de Lima. Nous lui rendons une première visite. Ladite crèche est située au centre d'un bidonville. On y ressent douleurs, tristesses et manquements. Une femme d'un certain âge nous présente la fillette, Erika. Celle-ci nous toise et affiche un caractère ombrageux qui, malgré sa gentillesse, ne la quittera jamais. Nous sommes néanmoins prêts à l'accepter et à nous efforcer de lui offrir une vie meilleure que celle qui l'attend ici. À notre deuxième visite, je remarque un petit garçon de 3 ans et demi qui nous tourne autour et semble très lié à Erika. Cela m'intrigue. Je ne peux m'empêcher de demander à la responsable de la crèche :

« Qui est-ce ?

– C'est le frère d'Erika.

– Comment ? Vous voulez les séparer ?

– Oui c'est la procédure habituelle.

– Ils ne sont que deux ?

– Au départ, ils étaient quatre mais deux sœurs ont déjà été adoptées. »

Tout cela me paraît cruel :

« Ces deux enfants sont déjà séparés de leur famille. Si, en plus, nous les séparons l'un de l'autre cela provoquera des souffrances supplémentaires.

– Vous avez raison, mais que voulez-vous y faire ?

– Les adopter tous les deux. »

La femme met un moment à encaisser le choc.

« Les deux ? Je ne sais pas si c'est possible.

– Il doit sûrement y avoir une solution. Cela prendra le temps que ça prendra mais nous refusons de séparer ces deux enfants. »

Je ne me doute pas que cela prendra finalement un mois. Un mois de longues discussions avec un juge des enfants qui sonde à la fois nos motivations et nos finances.

Nous sommes hébergés par Vittorio qui nous soutient dans notre action et nous aide autant qu'il le peut. Mais je ne compte pas passer un mois à me tourner les pouces. Pour nous changer les idées, Vittorio nous emmène dans les discothèques locales. Elles me paraissent d'un ennui à mourir. La musique, style salsa, est toujours la même. Les locaux sont si vétustes qu'ils tombent en décrépitude.

« Il n'y a rien de mieux ?

– Non, me répond mon ami. Je t'ai montré les plus belles boîtes de la ville.

– Surtout, ne me montre jamais les pires. »

Vittorio est un fils de bonne famille qui a quitté la France suite à quelques démêlés avec la justice. Il est parti depuis si longtemps qu'il n'a pas suivi l'évolution des discothèques chez nous. Je lui fais un rapide topo :

« On pourrait ouvrir une vraie boîte, ici. Une boîte à la mode avec de la musique moderne. »

Mon idée est tout simplement de copier *Le Mistral* que j'avais relancé et qui continuait de très bien marcher à Aix. Vittorio me suit sur ce pari un peu audacieux.

Depuis mon séjour chez les maristes, je me débrouille plutôt bien en espagnol, ce qui facilite les relations avec les entrepreneurs péruviens. Nous louons un local que nous réaménageons de fond en comble. Nous lui offrons des allures de luxe qui ne nous coûtent pas très cher.

Entretemps, les négociations avec le juge aboutissent. Ma femme et moi devenons parents d'une petite Erika et d'un garçon que nous surnommons Didier, comme moi, alors que son vrai prénom est Abraham. Je les raccompagne tous les trois en France où je les installe sous le soleil provençal.

Puis je retourne à Lima voir où en est ma petite entreprise. La décoration est de plus en plus clinquante, à base de cuivre et de bois, spécialités locales. Il faut trouver un nom à cet établissement. Ma fille se prénommant Erika, le fils de Vittorio se prénommant Max, nous optons pour *Erimax* !

Pour la musique, je fais venir de France un DJ qui a travaillé pour moi au *Campus*. Je lui demande de miser à fond sur le disco, style qui démarre très fort en France.

L'Erimax ouvre ses portes… sans aucun succès. Nous avons beau essayer de faire de la publicité un peu partout dans la ville, personne ne semble s'intéresser à une discothèque tenue par des Français qui diffuse une musique disco. Mon idée n'était pas bonne.

Et puis une nuit, des gens qui ont vaguement entendu parler de notre établissement débarquent à la recherche d'un local pour terminer une soirée de mariage très agitée. L'établissement qui les accueillait les a foutus dehors en raison du bruit.

« No hay problema ! »

La soirée se poursuit dans une folle liesse. Les noceurs sont contents de l'ambiance et de la musique qui les change de leur traditionnelle salsa. Or, tous appartiennent à la jet-set locale. Ils nous font une publicité d'enfer et, presque du jour au lendemain, *L'Erimax* ne désemplit pas. En un an, nous rembourserons nos investissements.

Fort de ce succès, je loue une belle maison dans le quartier chic de Lima, et j'effectue de nombreux allers-retours vers la France pour y retrouver ma femme et mes enfants. La vie au Pérou me convient parfaitement. Je m'y vois même finir mes jours, mais c'est impossible en raison de ma famille pour qui il n'est pas question de quitter la France. Je sais que mon installation à Lima ne durera qu'un temps. De plus, je continue de m'occuper, à distance, du *Campus* et de *L'Annabel's Club*.

Néanmoins, j'en profite. Sur la lancée de *L'Erimax*, j'ouvre un restaurant à Lima. Je ne commets pas la même erreur qu'au Lacs. Hors de question de m'occuper d'un restaurant péruvien ou chinois ! Ce sera un restaurant pour lequel je fais venir un chef français. Installé dans un quartier chic de la ville, il est très rapidement apprécié.

Je gagne pas mal d'argent et mes voyages vers la France se multiplient, ce qui attire l'attention des douaniers. Ils se mettent dans la tête que mon pognon vient du trafic de drogue. J'envisage de monter en France un commerce de meubles péruviens artisanaux. Je fais venir un premier chargement. À leur réception, je m'aperçois que tous sont constellés de petits trous disgracieux. Les douaniers les ont percés pour vérifier qu'ils ne contiennent pas de la poudre. Cet incident marque le début d'une longue série d'ennuis liés à la drogue.

La discothèque et le restaurant péruviens semblant tourner tout seuls, je m'en éloigne de plus en plus souvent. Mes séjours en Provence s'allongent, ce qui me permet de profiter de ma famille et de mes amis.

Après une longue absence, je consens à revenir à Lima. J'y entraîne mon associé Gilbert Hoareau, dit le Libanais, propriétaire de *L'Annabel's*, à qui je suis fier de présenter ma réussite sud-américaine. Je lui en ai un peu trop rabattu les oreilles et il a hâte de vérifier de visu. Peut-être ouvrira-t-il à son tour une affaire là-bas.

Les choses ont beaucoup changé. Plus exactement, c'est Vittorio qui est transformé. Le succès de *L'Erimax* lui a donné la grosse tête. Grand amateur de femmes, il est devenu le playboy de Lima et fréquente la jet-set qu'il arrose copieusement. Il passe même à la télévision locale. Ses revenus n'étant pourtant pas extensibles, il a visé plus haut, et… plus mal. Il aurait, selon la police, trempé dans le trafic de drogue. Quand je débarque à Lima, Vittorio a disparu. En cavale, me dit-on.

Les gens du cru me demandent si je veux continuer à m'occuper de *L'Erimax*. Compte tenu du contexte, je n'y tiens pas. L'endroit souffre d'une réputation de « plaque tournante de la drogue », même si jamais rien n'a été prouvé. À contrecœur, je préfère fermer. Et puisqu'il n'est plus question pour moi de rester au Pérou, je ferme aussi le restaurant. Là, j'y laisse des plumes, car mon investissement de départ n'est pas remboursé.

Ainsi, après une ascension quasi mirobolante, je quitte Lima presque par la petite porte, m'y promettant de ne plus jamais y revenir. Dommage.

XXX

Retour au pays. Retour à mes activités de braqueur. Les tunnels étant terminés pour moi, je me remets aux vieilles méthodes qui ont du bon. En ce domaine, les choses évoluent vite. Les années 1970 marquent le début d'une sécurisation à outrance. Les pépères fourgons postaux de mes débuts ont cédé la place à des véhicules blindés. Les chauffeurs bonhommes à des gardes armés et entraînés. Les banques elles-mêmes sont mieux protégées : gardiens, vitres pare-balles, systèmes d'alarme, caméras. Il n'y a pas encore les sas à l'entrée mais ça viendra. Pour nous se pose la question de notre propre sécurité. Pour en débattre, nous organisons une réunion au sommet, quelques jours avant de construire un gros coup.

À une dizaine, nous montons dans le voilier d'un ami. Direction l'île du Frioul au large de Marseille, histoire de mettre de la distance avec une éventuelle surveillance policière. Question du jour : dans quelles circonstances devons-nous faire usage de nos armes ?

« Imaginons que le type refuse d'ouvrir la porte du fourgon ou de la banque, on fait quoi ? On lui tire dessus ?

– Pas question. Nos armes servent à menacer. On ne tire qu'à la dernière extrémité.

– Mais c'est quoi, “la dernière extrémité” ?

– Si on nous tire dessus.

– Voilà, c'est ça. Si un gus se montre réticent ou refuse de coopérer, on le secoue un peu mais en aucun cas on ne lui tire dessus. D'accord ?

– D'accord ! répondons-nous ensemble.

– Par contre, si le gars sort une arme et nous tire dessus, alors on mitraille. Il y va de notre survie. D'accord ?

– D'accord. »

Ce jour-là, nous scellons une sorte de pacte auquel nous nous tiendrons constamment. Jamais je n'aurai l'occasion de faire usage de mon arme tout au long de ma carrière de braqueur. Personne ne nous tirera non plus dessus, ni gardien ni policier.

Les générations suivantes se montreront moins scrupuleuses et tireront à tout bout de champ. Avec les conséquences que l'on connaît.

Ma découverte de la culture sud-américaine me donne des envies. J'envisage de créer à Marseille une boîte entièrement consacrée à sa musique. Je suis certain que cela fera un malheur. Je trouve un local rue Sainte. Je prévois de confier la décoration à d'authentiques artistes péruviens et de faire venir des groupes de là-bas. Hélas, la police intervient pour m'empêcher d'obtenir les autorisations administratives. Je comprends que je me trouve dans la ligne de mire de la Grande Maison. Mon idée était pourtant bonne car, peu de temps après, la salsa fera une entrée en force dans les discothèques de la région.

Le Campus continue d'attirer jalousies et convoitises. Un jour, la police croit tenir le bon bout : la maison ne possède pas de licence IV mais de l'alcool y circule. Je me défends comme je peux :

« S'il y a de l'alcool, ce n'est pas nous qui le vendons. Ce sont les clients qui le ramènent. On ne peut quand même pas tous les fouiller à l'entrée. »

Mon explication ne convainc pas les policiers. J'insiste :

« Écoutez, si un type sort une flasque de whisky et s'en verse dans son Coca, comment voulez-vous qu'on le voie ?

– Pas d'alcool c'est pas d'alcool. Nous avons des témoins qui assurent que de l'alcool est vendu au bar.

– Ils sont où vos témoins ? Envoyez-les-moi que j'écoute ce qu'ils ont à dire.

– Tu les verras bien assez tôt. En attendant, nous allons devoir fermer ta boîte par mesure administrative.

– Ben voyons.

– À moins…

– À moins que quoi ?

– Dans ton métier tu rencontres du monde, beaucoup de monde. Tu dois être au courant de tout ce qui se trame à Marseille. Tu nous donnes quelques tuyaux et nous, en contrepartie, on te laisse tranquille.

– En clair, je deviens une balance.

– Un informateur de police.

– Un indic.

– C'est ça ou c'est la fermeture. Ça nous fait de la peine de te faire fermer, parce que ta boîte est bien tenue. Nous avons beaucoup de "connaissances" qui sont clients chez toi.

– Ok, c'est bon.

– Tu acceptes ?

– Non, je ferme. »

Je transforme *Le Campus*. J'avais eu la présence d'esprit de l'aménager de telle sorte que l'on puisse en faire un lieu de location de salles pour réceptions ou mariages. J'installe d'un côté un restaurant et de l'autre un club de jazz. Surtout, je change l'emplacement de l'entrée du club pour la placer au milieu du bâtiment. Les autorités m'ont affirmé qu'elles ne peuvent pas me donner une licence IV en raison de la proximité d'une école de chaque côté du club. La distance légale est de cent mètres. La nouvelle porte se trouve à 98,70 mètres d'un côté et 98,50 de l'autre. Je ne peux pas faire mieux. On me refuse la licence IV ! Je fais quand même tourner le club. Décor à l'ancienne, façon XVIe siècle. Je fais venir des groupes de bon niveau. Je me dois d'être exigeant sur la qualité de la musique car je sais que ma clientèle sera en partie composée d'amateurs éclairés. Il faut croire que mon flair et mon ouïe sont bons car le succès est à nouveau au rendez-vous. De nombreuses personnes aiment s'asseoir dans les fauteuils confortables à écouter des standards ou des nouveautés.

Ma vie reprend son « train-train » qui n'est pas banal : discothèques d'un côté, braquages de l'autre et, entre deux, vacances et voyages !

En 1981, suite aux renseignements fournis par un informateur, nous nous intéressons de près à une succursale du Crédit Agricole de Cavaillon. Cette ville constituant l'un des marchés agricoles les plus importants de la région, la clientèle y est nombreuse et les coffres pleins. L'intérieur de la banque est vaste, avec un grand escalier menant à l'étage. Au sous-sol, fermé par une grille identique à celle que l'on trouve dans les prisons, l'indispensable salle des coffres, celle qui nous préoccupe. Nous allons y jeter un œil : une centaine de petits coffres numérotés, ressemblant comme des frères à ceux du Crédit Agricole de Marseille, donc faciles à ouvrir. S'ils sont tous remplis comme nous l'espérons, le butin peut se révéler juteux. Les ouvrir nous prendra du temps. Impossible de passer par le sous-sol. Impensable d'attaquer en pleine journée avec les va-et-vient des clients. Notre idée est d'agir au moment de la fermeture. Pour cela, il faut monter une combine.

Par téléphone, je prends contact avec le directeur de la banque. Je me présente comme un gros investisseur qui, avec deux associés, souhaite implanter une entreprise d'envergure à Cavaillon. N'étant que de passage, nous ne pouvons le rencontrer qu'en fin d'après-midi, à 17 heures. Il est d'accord pour nous accueillir.

Le jour dit, je le rappelle peu avant l'heure prévue :

« Excusez-nous mais l'un de nos rendez-vous s'est prolongé, nous ne pourrons être à l'heure.

– Voulez-vous reporter le rendez-vous ? s'enquiert le directeur.

– Impossible, nous repartons ce soir et voudrions boucler cette affaire. Nous ne sommes pas très loin. Si vous voulez bien nous attendre, nous arrivons.

– Oui, bien entendu. Mais la banque ferme ses portes à 17 h 30.

– Nous serons là avant, ne vous inquiétez pas. Mais surtout attendez-nous ! Nous avons besoin des informations que vous allez nous fournir pour boucler notre dossier. C'est important pour nous, nous comptons sur vous.

– Je ne bouge pas, promis. »

Évidemment, nous faisons en sorte d'arriver à 17 h 30 pile. Un employé nous ouvre la porte. Bien avant la vogue du « gang des postiches », nous sommes perruqués et grimés. Il nous conduit jusqu'au bureau du directeur. Nous sortons nos armes et ordonnons à tous les employés de se regrouper. Ils ne sont que six, dont une femme. Aucun client. Sous la menace de nos armes, nous les faisons descendre au sous-sol. Là, nous les ligotons séparément et les faisons asseoir à même le sol. Me rendant compte que ce sol est en béton et que l'unique femme porte une jupe, je glisse sous ses fesses quelques magazines. Elle affirmera à la police que nous avons agi en « gentlemen ».

D'une mallette nous sortons nos outils, des barres à mine et des sacs. L'un surveille les employés, un autre ouvre le coffre à l'aide d'une barre et le dernier rafle le contenu. Comme prévu, les coffres s'ouvrent facilement. Mais leur contenu nous déçoit. Au lieu de regorger de billets ou de lingots, ils sont pratiquement vides. Cela ne correspond pas du tout aux informations en notre possession. Après avoir ouvert la totalité des coffres, en moins d'une heure et demie, nous n'emportons que quarante briques. Dix briques chacun, car il faut payer l'informateur. C'est bien peu.

Je comprendrai plus tard pourquoi : nous sommes peu de temps après l'élection de François Mitterrand et le bruit s'est répandu dans toute la France que le nouveau gouvernement compte taxer les coffres personnels. Les agriculteurs du Vaucluse ont préféré planquer leurs économies.

Nous ne pouvons pas rester sur ce nouvel échec. Nous avons besoin d'un gros coup !

Il nous est fourni par un fourgon blindé qui circule autour du mont Ventoux avec à son bord sept cents à huit cents millions de centimes. Son boulot consiste à réapprovisionner les banques de la région. Il quitte son dépôt, situé juste à la lisière entre Avignon et Le Pontet, pour rouler vers Apt. Nous le filons plusieurs soirs de suite. Fidèle à ses habitudes, il emprunte systématiquement le même trajet à la même heure. Réglé comme une horloge.

Nous louons une petite maison dans les environs en guise de planque. À partir de là, nous sillonnons la route empruntée par le fourgon à la recherche d'un endroit où le stopper. En amont, nous installons un barrage pour bloquer la circulation le temps de notre attaque. L'endroit prévu pour vider le fourgon est visible par les voitures qui descendent mais non par celles qui montent vers le mont Ventoux. Et dans ce sens, la circulation est plus fournie que dans l'autre. Pour cette partie du plan, nous volons du matériel et des véhicules de chantier. Nous finissons par trouver l'endroit à peu près idéal, en bordure d'une aire de repos réputée pour son point de vue touristique. Aux environs de 22 heures, il n'y aura personne. À cela s'ajoute, bien sûr, une voiture et des itinéraires de secours.

Ces recherches et préparatifs nous occupent plusieurs semaines. Nous sommes huit sur le coup. À chacun sa fonction : ceux qui attaqueront le fourgon blindé et ceux qui dévieront les automobilistes. La question des armes se pose à nouveau. Le chauffeur, désormais escorté par un collègue sur le siège passager, est armé. Une nouvelle fois, décision unanime : nous ne tirerons que pour nous défendre.

Le braquage se déroule comme prévu. Un camion-benne attend dans un parking en bord de route. Nous suivons le fourgon. Quand il arrive en vue du camion, nous prévenons notre chauffeur qui se met en route, se plaçant juste devant le fourgon. Celui-ci ralentit et finit par s'arrêter totalement quand notre camion stoppe à l'endroit déterminé, près d'une aire de stationnement, légèrement en contrebas. Des deux côtés du fourgon surgissent les braqueurs. Le moment où tout se joue : quelle va être la réaction des deux hommes ? À la vue de nos armes, ils se montrent dociles. Ils descendent de leur cabine et nous accompagnent jusqu'à l'aire de repos où ils ouvrent la porte arrière de leur véhicule.

Pendant ce temps, deux complices expliquent aux automobilistes que la route est barrée en raison de tirs de mines pour un chantier. Il leur faut patienter quelques minutes. Personne ne s'en étonne.

L'intérieur du fourgon nous surprend. Beaucoup moins de sacs que prévu. Nous raflons le tout et, en quelques minutes, balançons tout dans le coffre de notre voiture.

Revenus à la planque, nous procédons au comptage. Cent trente millions. Loin, très loin des sept cents briques annoncées. L'année 1981 ne nous porte décidément pas chance.

XXXI

Côté discothèque, mes affaires marchent bien et irritent une nouvelle fois la police locale. Elle n'a guère apprécié mon tour de passe-passe avec *Le Campus* et m'a inscrit sur sa liste rouge. Je ne sais pas qui leur a mis dans la tête que je suis l'un des « parrains » de Marseille. Moi qui fais tout pour ne pas me faire remarquer et rester dans l'anonymat. Moi qui ai toujours refusé de figurer en tête d'affiche.

Toujours est-il que les flics veulent absolument me faire tomber. Ils regardent dans la mauvaise direction : mon club de jazz. S'ils allaient voir du côté de mes braquages, je tomberais sûrement plus vite… et pour plus longtemps. En tant que gérant du club, je ne prête le flanc à aucune critique. Ma comptabilité est limpide et aucun incident ne vient jamais perturber aucune soirée. Les amateurs de jazz ne sont pas des sanguins. De plus, aucun voisin ne se plaint du bruit. Les poulets ont beau chercher, ils n'ont rien contre moi. Alors, ils me font un coup en vache.

Un soir, ils débarquent en masse. Ils font arrêter la musique et allumer toutes les lumières. Contrôle de police. Chaque client doit montrer ses papiers et répondre à diverses questions. Ce qui engendre plus qu'un malaise.

Je prends à part un flic que je connais.

« Pourquoi faites-vous ça ? Vous savez que je suis clean.

– Ce n'est pas que ça nous amuse mais nous avons des ordres.

– Et vous allez revenir souvent ?

– Aussi souvent qu'il le faudra.

– Jusqu'à… ?

– Jusqu'à ce que tu fermes. »

J'ai compris. Je ne tarde pas à fermer mon club, au grand dam des amateurs de jazz.

N'en déplaise à ces messieurs de la police, je ne suis pas une personnalité influente dans le milieu marseillais. Ma sempiternelle prudence m'en préserve. Certes, je connais du monde, beaucoup de monde. Pratiquement tous les voyous de la ville. Du moins ceux qui possèdent une certaine envergure, pas les petites frappes qui opèrent à la périphérie.

Parmi les garçons que j'ai rencontrés dans ma vie, l'un sort résolument du lot : Francis Vanverberghe, dit « le Belge ». Un voyou de grande classe pour qui je nourris une certaine admiration. Charisme et détermination sans faille. Il suffit de le voir pour comprendre sa dangerosité. Cela transpire de son attitude, de ses gestes, de sa façon de parler. Un authentique dur mais d'un abord agréable. Le prendre pour un charlot serait une cruelle erreur. Francis fait montre d'une remarquable élégance. Je l'ai rencontré du côté d'Orange où j'avais ouvert une éphémère discothèque, un ancien poste d'essence racheté pour une bouchée de pain et transformé en boîte de nuit. Elle n'a jamais bien marché car mal située et, en dépit des travaux, le décor restait très froid. C'est là qu'un soir je vis débarquer Francis le Belge accompagné de son beau-frère. Ce dernier, je le connaissais déjà pour l'avoir hébergé à Paris alors qu'il était en cavale. Le courant entre Francis et moi passe immédiatement. Jovial, agréable, un vrai seigneur de la voyoucratie. Toutefois, je lui conseille de ne pas traîner dans le secteur. Je sais ma discothèque surveillée par les gendarmes. Je l'ai même appris à mes dépens lorsqu'un soir, un peu éméché, en tentant de me garer au fond du parking, j'ai failli emboutir leur voiture planquée dans les fourrés. Francis comprit la situation, n'insista pas et partit.

Nous nous revoyons de manière très irrégulière. Pour moi, c'est un gars droit qui ne cherche jamais la bagarre. Il répond au feu par le feu. Nous n'avons pas l'occasion de travailler ensemble. Il passera onze années en prison, pour une affaire dans laquelle il n'aurait dû écoper que de cinq ans, et tombera sous les balles adverses en septembre 2000. Je le reverrai à Paris peu de temps avant son assassinat. Il me paraîtra souriant et plein d'optimisme, comme il l'a toujours été. Il s'intéressera de près à mes affaires de bingo et nous nous promettrons de passer des vacances ensemble en Espagne. Promesse qui ne se concrétisera pas.

La mort fait presque partie de notre lot quotidien. Surtout quand on opère du côté de Marseille où les truands ont la gâchette facile. Dans la guerre qui, au début des années 1970, opposa le clan Zampa à celui du Belge, je connaissais personnellement au moins la moitié des personnes tuées. Oui, dans notre métier on décède beaucoup de mort violente mais cela fait partie de la donne. Si on s'en inquiète trop, autant arrêter tout de suite. Ce qui n'empêche pas de prendre des précautions élémentaires, quoique je sois mal placé pour en parler.

Quand j'ai débarqué à Marseille, la ville était encore en proie à de sanglants règlements de comptes. À l'époque, j'habitais un appartement en compagnie d'un chien que je sortais tous les soirs, quasiment à heure fixe. Je n'ai jamais dérogé à cette habitude. Si des tueurs avaient eu des visées contre moi, ils auraient pu agir à ce moment, me flinguer en pleine rue, mon chien au bout de la laisse. La seule différence était que je sortais avec deux calibres glissés dans ma ceinture…

Une autre fois, à la même époque, j'ai raccompagné en voiture un caïd de Marseille, ami du Belge. Lui était visé. Il le savait et faisait attention. Au volant, je pris la route la plus directe pour rentrer chez lui.

« Non, Didier, me dit-il, ne passe pas par là.

– Pourquoi ?

– Tu vois le bar là-bas ? C'est le repaire de gens qui ne m'aiment pas beaucoup.

– Et alors ?

– Alors, s'ils te voient avec moi, ils vont penser que tu es dans mon camp et te mettre sur leur liste. Dans ton intérêt, il vaut mieux que tu restes neutre. »

J'ai trouvé ce geste d'une rare élégance.

XXXII

Mon arrestation a lieu en juin 1990.

Quelques heures après m'avoir emmené à l'Évêché, et avant de me présenter au juge Debacq, les flics me font sortir pour que je sois présent à la perquisition de mon appartement. Je les regarde fouiller partout. J'essaie de rester stoïque mais en entrant dans la chambre de mes enfants, voyant leurs lits vides accolés tête-bêche, je ressens un choc. Je m'écroule sur le premier lit et enfonce ma tête dans les couvertures en criant de rage. Je ne sais pas quand je reverrai mes jumeaux. Un policier me met une main sur l'épaule et me dit d'une voix douce :

« Allez, viens Didier, ça va aller. »

Tant bien que mal, je me ressaisis.

La perquisition donne un résultat. Sans doute pas celui qu'ils attendaient. Ils ont trouvé une boîte de balles. Calibre 38.

« Tu nous expliques ? me demande l'un d'eux.

– C'est un crime de détenir des balles ?

– Qui dit balles, dit arme. Où est-elle ?

– Si vous ne l'avez pas trouvée, c'est qu'il n'y en a pas.

– On est renseignés. On sait que tu ne sors jamais sans ton calibre en poche. Alors, ou tu nous dis gentiment où il est, et on te promet de ne pas l'inclure dans ton dossier. Ou alors on pulvérise ton appartement à coups de masse pour le retrouver. »

Je ne réponds pas. Ils lisent sur mon visage que j'ai besoin de réfléchir et me ramènent au commissariat.

Durant presque deux heures je pèse le pour et le contre. Je n'ai aucune envie d'aider la police. Par principe et par méfiance. Leur fournir la moindre information, c'est déjà mettre le doigt dans l'engrenage, entrouvrir une porte par laquelle ils vont s'engouffrer à coups de pied. D'un autre côté, je dois rendre mon appartement à son propriétaire. Je me vois mal lui expliquer pourquoi les murs sont défoncés, les lavabos retournés et le parquet arraché ! De plus, mon arme est propre. Elle n'a jamais tiré, hormis pour l'entraînement. Elle ne peut m'impliquer dans aucune affaire.

Je leur apporte ma réponse, sous forme de question :

« Vous me promettez que mon arme ne figurera pas dans mon dossier ?

– Tu as notre parole ! »

Pour ce que ça vaut…

« On veut simplement voir à quoi elle ressemble. »

Je sais pertinemment qu'ils vont l'envoyer au labo dans l'espoir de faire pression sur moi.

« Vous avez regardé sous l'évier ? »

L'un des flics s'avance vers moi :

« Il n'y a rien sous l'évier. J'ai même démonté le siphon. Que dalle ! Tu nous prends pour des amateurs ?

– Sous l'évier, il y a un tas de sachets plastiques.

– Oui, je les ai vus. Tous vides.

– Mon flingue est là.

– Tu te fous de nous. J'ai vérifié les sachets, je te dis. Y a rien dedans.

– Allez vérifier. »

Ils retournent dans la cuisine et découvrent mon arme dans un sachet plastique mélangé aux autres. C'est un 36 fabriqué dans un métal ultraléger. Il ne pèse pratiquement rien. Le flic s'était contenté de soupeser le tas de sachets. En l'absence d'un poids marquant, il en a conclu qu'ils étaient vides, sans se donner la peine de vérifier. Ses collègues n'ont pas fini de le chambrer !

Ils tiendront parole et ne parleront pas au juge de cette arme. Je ne serai donc pas poursuivi pour détention illégale d'arme. Par contre, on ne me rendra jamais ce petit bijou de revolver. Un policier le gardera sûrement par-devers lui. Comme quoi, les extrêmes se rejoignent souvent…

On me place en garde à vue dans une cellule surpeuplée de petits malfrats qui se demandent ce que je viens faire parmi eux. Si l'intention de la police est de me faire craquer, elle en a pour ses frais. Je dors mal mais ne vais pas me mettre à genoux pour autant.

Le deuxième jour, j'ai droit à un interrogatoire poussé. Six flics se relaient pour me poser des questions disparates dans l'espoir que je m'embrouille dans mes réponses.

Ça démarre mal pour eux :

« On sait que tu es un trafiquant, pas un braqueur. On a les preuves.

– Effectivement, tu fais bien ton métier, tu es au courant de tout ! »

L'heure est venue d'entendre mes chefs d'inculpation. Tous liés au trafic de stupéfiant. Cela va du trafic lui-même en passant par le blanchiment et l'association de malfaiteurs. De quoi me valoir une vingtaine d'années derrière les barreaux. Des braquages, des casses, rien, pas un mot. Tous ces chefs d'inculpation sont faux parce que ne reposant sur rien de solide. Je suis à peu près serein. À peu près seulement car je connais la perfidie de la police lorsqu'il s'agit de monter un dossier. Les flics me prennent pour un parrain de la nouvelle French Connection. Ils sont complètement à côté de la plaque.

Leur affaire est construite à partir d'informations en provenance des États-Unis. Les Américains ont démantelé un laboratoire de transformation de l'héroïne près de Phoenix, en Arizona. Un laboratoire mis en place par des truands français. Je ne les ai jamais rencontrés et encore moins côtoyés. Pourtant, les flics n'en démordent pas. Mes nombreux voyages au Pérou leur ont mis la puce à l'oreille. Ne pouvant me surveiller sur place, et la police péruvienne étant fluctuante, ils pensent qu'à peine arrivé à Lima, je montais dans différents avions pour atterrir discrètement aux États-Unis et, de là, rejoindre Phoenix. Une balade de plusieurs jours.

En réalité, l'origine de mon dossier remonte au 2 novembre 1985. Ce jour-là, François Scapula, un Marseillais natif d'Endoume, fut arrêté à proximité de Zurich. Depuis le début des années 1980, Scapula était devenu un gros bonnet du trafic de drogue. Un chimiste hors pair capable de transformer la morphine-base en de l'héroïne d'excellente qualité. Plus l'héroïne est pure, plus les revendeurs peuvent couper les doses. Il commença par travailler au Liban, en compagnie d'un ancien confiseur lui aussi recyclé chimiste, Philippe Wiesgrill. Après plusieurs années passées au Liban, sous la surveillance complice de l'armée syrienne, affirma-t-il par la suite, Scapula s'envola pour la France, puis la Thaïlande et, enfin, les États-Unis. À Phoenix. Partout, il continua son travail de chimiste, qui lui rapporta des millions de dollars. Aux States, il traita notamment trois cent cinquante kilos de morphine-base d'origine iranienne. C'est dire si, en l'arrêtant, la police suisse a mis la main sur un gros poisson. Si quelqu'un sait bien tout du trafic de drogue international, c'est bien Scapula. Plutôt que de tenir sa langue, il se mit à table. Il raconta tout. D'où son peu glorieux surnom de François la Balance. D'abord interrogé par les Américains, il balança la famille Benevento, l'une des plus puissantes de New York. À cause de lui, des têtes sont tombées en France mais aussi en Italie et aux États-Unis. Toutefois, dans sa frénétique envie de parler, Scapula balance des noms qui n'ont rien à voir avec ses activités. Il accusera même Francis le Belge d'avoir organisé et financé l'exportation de vingt kilos d'héroïne de l'Espagne vers les États-Unis, entre 1984 et 1985. Lors de son procès, Francis se défendra avec véhémence. Il traitera Scapula de « pion rapporté » et ajoutera : « Il a dit ce qu'on avait envie d'entendre. Malheureusement, ça ne tient pas ! L'histoire des vingt kilos d'héroïne n'a jamais existé. C'est une construction intellectuelle inventée par Scapula ou plutôt qui lui a été soufflée. Par les flics et le juge. On voulait ma peau, il fallait me faire tomber. »

Or, justement, mon nom se trouve lié à celui de Francis. On m'accuse de l'avoir rencontré dans un bar de Sitges, au sud de Barcelone. Bar où je n'ai jamais mis les pieds. En fait, je soupçonne les flics d'avoir glissé mon nom dans les prétendus aveux de Scapula. Depuis mon arrivée à Marseille, je les dérange. D'une part, je refuse de coopérer avec eux, d'autre part, j'affiche un train de vie insolent : bel appartement, belles voitures, voyages nombreux. Et mes innombrables contacts dans le milieu. Pour eux, tout cela est louche. Ils n'ont pas totalement tort. Seulement mes revenus complémentaires proviennent de vols, non de drogue.

Ils me ressortent aussi une histoire fumeuse. Un bruit qui a couru à Marseille : je me serais personnellement occupé d'un container contenant cinq cents kilos de cocaïne. Je balaie cette accusation fantaisiste.

« Mais des bruits, à Marseille, il en circule tous les jours ! »

Finalement, sur la base des déclarations de la Balance et de quelques éléments épars non prouvés, ils m'accusent de tous les maux.

Je n'ai que dégoût pour les repentis. De peur d'affronter l'univers carcéral, des voyous qui ont mené grande vie et ont largement profité du « système » bradent leur propre honneur, n'hésitant pas à envoyer leurs frères d'armes aux galères. Des voyous, ça ? Sûrement pas ! Ils n'en possèdent pas la qualité de cœur qui honore les vrais voyous. Des traîne-lattes, des carpettes, des moins que rien, des traîtres, voilà ce qu'ils sont réellement. Lors d'une audition face au juge d'instruction, quand il me demandera ma définition d'un repenti, je lui répondrai :

« Pour moi, monsieur le juge, un repenti c'est quelqu'un qui frappe trois fois sa coulpe en disant “c'est ma faute, c'est ma faute, c'est ma très grande faute”. Mais ce n'est pas celui qui dit “c'est Untel qui a fait le coup”, dans le but de s'acheter tardivement une bonne conscience… et d'obtenir une réduction de peine. »

Au bout de plusieurs heures d'interrogatoire, les flics marseillais n'ont toujours pas trouvé la moindre aspérité sur laquelle s'agripper. Ils tournent en rond.

« Ça fait un bout de temps qu'on te surveille, finit par me lancer l'un d'eux. On a un dossier gros comme ça contre toi. »

Je les regarde un à un :

« Ça fait trois mois que vous me surveillez. Je vous ai retapissés depuis le premier jour. Toi, tu roulais dans une Citroën qui a une bosse au-dessus des deux chevrons, toi tu m'as suivi à la Poste le jour où je suis venu retirer un paquet, toi tu étais derrière moi quand je me suis rendu chez mon notaire, toi tu te planquais dans un fourgon sur la plage à l'avant duquel tu avais déposé une feuille blanche… Vous voulez que je continue ? Alors si j'avais eu quelque chose à me reprocher, je serai parti depuis belle lurette ! En ce qui concerne votre prétendu dossier, vous n'avez rien contre moi. Sinon vous ne m'auriez pas surveillé aussi longtemps.

– Mais alors, tu savais qu'on était là ?

– J'aurais pu me mettre en cavale si je n'avais pas eu la conscience tranquille. »

Ils me regardent interloqués.

« Ne vous inquiétez pas, je ne vais pas vous balancer au juge, lui dire que vous avez agi comme des amateurs. Je ne voudrais pas salir vos réputations. »

Ma réflexion met un terme à l'interrogatoire.

Le lendemain, on me conduit au palais de justice. Première confrontation avec le juge Debacq. En route, un des flics me met au parfum :

« Tu as compris que nous n'avons pas de billes contre toi dans ce dossier.

– Alors pourquoi me présenter au juge ?

– Ça ira pour ce que tu as fait dont nous ne sommes pas au courant. »

Au moins est-il sincère. Les policiers ne disposent d'aucune preuve contre moi. Ma situation n'est pas dégagée pour autant.

Debacq est un homme courtois. Il me confirme chacun des chefs d'accusation et me pose beaucoup de questions. Comme il est d'un abord agréable, je réponds à toutes. À ma manière. À la fin de l'entrevue, il me dit :

« Vous avez parlé pendant trois heures et pourtant vous n'avez rien dit. »

J'ai multiplié les réponses bidon et fait des digressions dont il s'est bien sûr rendu compte. Sans état d'âme et surtout sans l'amorce d'une preuve, le juge rédige mon billet d'écrou. Malgré les protestations de mon avocat, Me Temime :

« Jamais je n'ai vu un dossier aussi creux. Vous n'avez rien d'autre que du vide. C'est inadmissible ! Il est injuste que mon client soit en prison. »

Transfert à la prison des Baumettes. J'y suis en pays de connaissance. Certes, c'est mon premier séjour, mais j'y retrouve beaucoup de visages connus. Un colis m'attend d'ailleurs dans ma cellule et de nombreux amis viennent me rendre visite.

Pour mon premier dimanche, un repas est organisé par huit amis. Sous la bienveillance joviale des matons. Le vieux Loule Renier, que je connais bien, remarque :

« C'est la première fois que tu viens en prison mais on dirait que tu es là depuis vingt ans ! »

Avec un dossier bidon, un bon avocat et un bon moral, je ne compte faire qu'un séjour éclair dans cette prison qui a vu passer presque toute la pègre phocéenne. J'y resterai dix-huit mois.

Ne voulant pas rester enfermé dans ma cellule, je demande à être transféré aux vivres, puis à la comptabilité. Grâce à mes « relations », ces demandes sont acceptées. La comptabilité présente un avantage supplémentaire : elle se situe juste à côté de la salle de sport. J'y passe beaucoup de temps et me maintiens en forme.

Je ne peux pas dire que ma vie en prison soit particulièrement pénible. J'y ai des amis et y suis bien traité. Ce qui me manque est ma famille. J'apprends que mon fils Didier, qui a désormais 15 ans, s'est mis au haschisch. Il a toujours été révolté, et mon incarcération l'a fait basculer. Sa mère ne sait pas comment faire. J'en parle au juge Pénat, à la terrible réputation, qui a repris mon dossier – Debacq ayant bénéficié d'une promotion parisienne. Je réclame une liberté conditionnelle pour m'occuper de mon fils. Tout juste s'il m'écoute. Cela me mine profondément.

Vingt ans plus tard, la trentaine assumée, mon fils ira très bien. À sa demande, je lui confierai le nom de sa famille d'origine au Pérou. Il se rendra à Lima où il fera connaissance de son père, un alcoolique qu'il qualifiera lui-même de « *basura* ». Par contre, il apprendra la mort de sa mère. Ce voyage ravivera certains souvenirs chez Didier : il se reverra, tout enfant, en train de faire ses besoins dans un trou creusé à même la terre… Sur place, il rencontrera également certains de ses frères et sœurs et restera en contact avec eux. Sa sœur, Erika, établira aussi un contact, mais uniquement via Internet. Elle refusera de se rendre au Pérou, considérant que ce n'est pas son pays.

Ces deux enfants sont de caractère et de morphologie très dissemblables. Je réussirai à leur inculquer certaines valeurs et cette période haschisch ne sera, heureusement, qu'une parenthèse douloureuse dans la vie de mon fils. Je suis fier de tous les deux.

Pendant mon séjour en prison, afin de ne pas ponctionner mes réserves financières, je conseille à mes deux épouses, l'actuelle et la précédente, de se regrouper sous le même toit, dans ma maison de Nîmes. Debacq eut beau qualifier cette situation d'immorale, la cohabitation entre femmes et enfants se déroule sans heurt. D'un côté Didier et Erika, de l'autre Cédric et mes deux jumeaux. Une grande famille.

Ma détention s'éternise. Je commence à trouver le temps long. Je ne revois le juge que très irrégulièrement et comprends que mon dossier n'a pas avancé d'un centimètre. Point mort. Sans preuve. En France, la procédure judiciaire souffre d'une redoutable lenteur. Une autre personne, le fils de Loule, impliquée dans le même dossier que moi effectuera cinq ans de préventive !

Ma plus grande crainte est que, constatant le vide de mon dossier, la police en monte un autre. Qu'elle invente des histoires à partir du Pérou ou d'ailleurs. Après tout, ils ont la déposition du gérant d'un bar de Sitges qui soutient mordicus que j'y ai rencontré Francis. Puisqu'ils en sont à fabriquer de faux témoignages, tout est possible. Il n'en sera rien.

Je crois voir le bout du tunnel après six mois de prison mais fausse alerte. Il me faut attendre encore un an pour bénéficier d'une liberté provisoire.

La décision finira par tomber : non-lieu. Dossier vide, le juge s'en rendra enfin compte officiellement. Je n'arrête pas de le lui répéter depuis le début de cette pénible affaire. Dix-huit mois de perdus. Mes avocats me conseillent de porter plainte pour détention arbitraire et de réclamer des dommages. Trop content d'avoir recouvré ma liberté, je n'en fais rien.

XXXIII

À ma sortie de prison, je tente de rentrer dans le rang. Depuis pas mal de temps, je songe à travailler dans le bâtiment, et pas seulement parce que j'ai creusé plusieurs tunnels pour aller casser des coffres ! L'idée de construire un immeuble à partir des fondations jusqu'au résultat me plaît. J'y trouve quelque chose de valorisant. Une façon aussi de laisser une trace derrière soi.

Pour apprendre le métier, j'intègre une entreprise de travaux publics nîmoise. Au bout de quelques mois, les flics débarquent. La financière. Fraude fiscale. Je suis interrogé. Encore une nouvelle cabale ? Non, tout se passe bien. Grâce au témoignage du comptable, les perdreaux comprennent vite que je n'ai rien à voir avec la comptabilité de la société. Je suis innocenté mais la boîte ferme. Je me retrouve à la rue.

Afin de renflouer mes finances, j'effectue deux braquages. Mais le cœur n'y est plus. Mon séjour en prison m'a changé. M'a assagi tout au moins. J'aspire à une existence plus calme.

Je vais en Espagne faire fabriquer des bingos électroniques. Des grossistes viennent me les acheter pour les placer dans différents cafés et restaurants sur toute la côte. Jusqu'au jour où le fisc débarque. Il doit y avoir erreur car les bingos sont tolérés. Sans preuve qu'un joueur a gagné de l'argent, ils ne peuvent être considérés comme machines à sous. Le fisc s'entête. Les flics saisissent tout mon lot, qui représente tout de même huit cents appareils. Je dois fermer mon exploitation. J'écope au passage d'une amende et de dix mois de prison avec sursis ! J'ai beau plaider le fait que des machines semblables aux miennes pullulent dans tout le sud de la France, personne ne m'écoute.

Je reste le seul exploitant inculpé dans cette affaire. Pour cette broutille, mon casier judiciaire perd sa virginité. Bizarrement, le président du syndicat des jeux vidéo, qui exploite des machines identiques aux miennes mais fabriquées en Belgique, ne subit aucune enquête du fisc.

Ça suffit. Je fais vœu de retourner définitivement dans la légalité.

Je serai encore sollicité pour monter sur plusieurs coup, mais je les refuserai tous. Face à ma détermination, les propositions s'espaceront jusqu'à disparaître complètement.

Retour au bâtiment. J'achète un premier terrain sur lequel je construis mon premier immeuble. Une réussite. Les clients sont contents et, des années plus tard, continueront de me remercier. Je réinvestis dans un deuxième immeuble et ainsi de suite. Je ne supporte pas d'être inactif et n'envisage aucune retraite, ça me saperait le moral. À l'heure où j'écris ces lignes, le cap des 70 ans dépassé, je poursuis mes activités dans le bâtiment.

En entrant dans cette vie, je pensais gagner pas mal d'argent. J'en ai gagné beaucoup moins qu'en braquant des fourgons ou en pillant des banques. Pourtant, au fond, je n'ai pas changé. Mes bénéfices je les dépense illico. C'est une mentalité de voyou : tout flamber ! Le voyou roulant sur l'or avec des belles villas aux quatre coins du monde est un mythe. Dans toute mon existence, j'en ai connu un seul qui a réussi à se retirer sous les tropiques, mais dans des conditions assez modestes.

Mon seul regret est de ne pas avoir laissé un petit pactole à mes enfants. Avec tout ce que j'ai gagné, j'aurais dû leur mettre quelques liasses de côté. Je ne l'ai pas fait, j'ai toujours été une cigale. Je ne leur laisserai même pas un bien immobilier ou des objets de luxe. Tout est parti en fumée, en fêtes et en amis. C'est très gros tout ce que j'ai gagné. C'est énorme ce que j'ai dépensé. Mais la course n'est pas encore terminée. Je suis toujours en activité. Légalement, bien sûr.

J'ai tourné la page de la voyoucratie, sans regret mais non sans déception. En retournant tardivement à la vie « normale », je pensais y rencontrer des gens droits, honnêtes, fiables. J'y ai croisé autant d'hypocrites, d'hommes ne respectant pas leur parole, de traîtres que chez les voyous. Du soi-disant « bon » côté de la loi évolue une catégorie de menteurs et d'escrocs plus vils encore que les pires spécimens que j'ai croisés chez les truands ! Trop souvent à mon goût, il m'arrive de penser, face à des margoulins de cette espèce :

« Putain, j'en ai connu des enfoirés mais jamais des comme toi ! »

Heureusement, les vrais professionnels font oublier les autres. Il y a des gens bien et de fieffés salopards comme partout ailleurs. Parmi les gens bien, je tiens à saluer deux grands chefs d'entreprise qui m'ont accueilli en tant que prestataire. Grâce à eux, je ne garderai pas une opinion défavorable du monde du bâtiment.

Environ soixante-dix pour cent des gars que j'ai connus dans la voyoucratie sont décédés de mort violente. Parfois même très violente, dans d'innombrables règlements de comptes pas toujours justifiés. Vivre en voyou c'est plus dangereux qu'être torero ou pilote de Formule 1. La mort vous attend à chaque virage, le coup de cornes à chaque rencontre. Mais on n'y pense plus. Simplement, quand le danger se faisait plus pressant, je me tenais à l'écart, obéissant à ma légendaire prudence. Cela me vaudra, je l'espère, de décéder dans mon lit.

Ma vie de voyou, je ne la renierai jamais. J'y ai rencontré des gens d'exception. Un vrai voyou est un homme d'une rare qualité, d'une honnêteté sans faille envers ses amis et les gens qu'il aime. Cela peut paraître paradoxal mais il est plus fiable que n'importe quel individu dans « le civil ». Si je n'avais pas décidé de vivre en marge, jamais je n'aurais rencontré des gars de cette trempe. Il faut l'avoir vécu pour bien le comprendre. Pourquoi un homme risque sa vie pour aller sauver un de ses amis en prison ? Pourquoi un homme est prêt à prendre les armes, affronter des tueurs, pour sauver l'honneur d'un ami ? Ce geste, et beaucoup d'autres, sont dénués d'arrière-pensées.

Ils sont spontanés, au nom de l'amitié. Moi-même, pourtant d'un naturel calme et gentil, j'ai pu me montrer implacable dès que je sentais ma vie en danger, sans ressentir le moindre remords. C'est peut-être une bizarrerie de l'être humain. Je ne me la suis jamais expliquée mais l'ai plusieurs fois vécue.

Ma vie désormais rangée me permet de tirer des bilans et de renouer des liens.

Avec mon père tout d'abord. Il habite Nîmes où il s'est retiré depuis sa retraite. Je vais le revoir souvent. Ensemble, nous nous occupons de son jardin, nous prenons l'apéro au soleil. Nous parlons beaucoup. Il me raconte dans quelles conditions il s'est séparé de ma mère. Jamais, je n'ai parlé autant avec lui. Ses explications éclairent sa vie et, indirectement, la mienne d'un jour nouveau. Ma mère nous a montés l'un contre l'autre, creusant un fossé qu'il nous a fallu combler avec beaucoup d'affection. De mon côté je rappelle à ce militaire autrefois intransigeant que, pour mon premier mariage, je lui avais demandé un peu d'argent qu'il m'avait refusé. À son tour, il comprend à quel point sa décision m'avait atteint. Il mourra paisiblement, au soleil.

Je revois aussi ma mère. Cela fait presque vingt ans que je n'ai plus aucun lien avec elle. Mais je n'ai pas le même engouement qu'avec mon père. Je ne la connais pas. Et n'ai pas très envie de la connaître. Trop de choses nous séparent, trop de souvenirs liés à mon enfance. De plus, elle ne se montre pas chaleureuse. L'une de mes sœurs, devenue religieuse, est restée très proche d'elle. Elle continue de la vénérer mais, en dépit du portrait qu'elle m'en dresse, je ne réussis pas à recoller les morceaux. Quand ma mère décèdera, je ne me rendrai pas à son enterrement. Mes sœurs la feront incinérée mais, à ce jour, je ne sais toujours pas dans quel columbarium est placée l'urne. Il faudra que j'y aille. Un jour…

Ma vie est animée par six enfants. Et aussi d'une petite-fille, Myriam, à travers laquelle je retrouve le sourire de Christelle, sa mère.

Tous connaissent mon passé de braqueur. Aucun ne m'en a jamais fait le reproche. Ils m'aiment tendrement et savent que je n'ai jamais été ni un sauvage, ni un violent. Simplement un marginal doté d'un certain talent pour aller prendre l'argent où il se trouve. Y compris au bout d'un tunnel de huit mètres.

Je me suis fait à ma nouvelle vie, qui n'a plus rien à voir avec celle d'antan. Je ne tremble plus à la vue d'un contrôle de police, n'ai plus la crainte qu'ils trouvent un calibre ni qu'ils débarquent chez moi à l'aube. Je dors paisiblement, du sommeil du juste comme on dit. Je travaille. Je paye mes impôts. Si l'inspecteur Carretier qui, à mes débuts de voyou, me faisait la morale, était encore en vie, il serait heureux d'apprendre que j'ai fini par suivre, un peu tard, ses conseils.

Mes pensées me ramènent aussi vers les femmes qui ont traversé ma vie. Les principales, tout au moins. Dont Michèle, qui m'a rejoint à une période personnelle et professionnelle difficile, et qui m'a fait découvrir ce que je n'avais jamais connu auparavant : le grand amour. Le puissant, le vrai, le fort, celui qui rend heureux. Et, parfois, si malheureux. Je ne mourrai pas con, je sais ce qu'est aimer.

Je considère que le ciel m'a accordé beaucoup de chance. J'espère partir comme mon ami Jacky avec un sourire. Un sourire pour cette vie qui a été si chouette avec moi. Je lui dois bien ça.

Merci la vie.

ÉPILOGUE

Été 2008.

Trente-deux ans que nous sommes sortis des égouts de Nice. Trente-deux ans que le casse de Nice continue d'alimenter la chronique.

Sur les quinze exécutants, sept manquent désormais à l'appel. Deux tiers morts sous des balles ennemies, un tiers dans un lit.

Avec le Chinois et l'Arménien, nous entamons un pèlerinage sur les lieux de notre exploit. Sans nostalgie. Pour voir. Pour nous souvenir. Pour faire revivre, le temps d'une journée, ceux qui nous ont quittés.

Nice a oublié que, grâce à nous, elle fit la Une de l'actualité internationale. Bien de l'eau a coulé sur le Paillon. Notre tunnel est rebouché depuis des lustres, les égouts surveillés et cadenassés.

Au cœur du quartier Ferber, le magasin de photographie d'Albert Spaggiari n'a pas changé. On peut toujours y lire « Photos La Vallière ». La devanture est identique, blanche, sobre. L'agencement intérieur aussi, avec son comptoir d'accueil placé sur la droite en entrant. Ne manque qu'Albert !

Dans la petite impasse sur la gauche du magasin, la petite maison qui nous servit de planque, avec ses volets à l'italienne, tient toujours debout. Un peu vétuste, elle s'intègre désormais mal avec le voisinage qui baigne dans la tristesse. À l'angle s'est installé un snack qui répand une mauvaise odeur de friture. Ce nouveau décor nous déçoit.

« Ça a vachement morflé ! s'exclame l'Arménien.

– Pourquoi ? Tu crois que nous on n'a pas pris un coup de vieux ? Regarde nos tronches ! » lui répond le Chinois.

Un dernier regard imprégné de tendresse nostalgique à ce qui fut notre gourbi. Nous l'appelions ainsi à l'époque. Revient le sentiment de réconfort lorsque nous refermions la porte derrière nous après une nuit passée dans les égouts.

Nous traversons l'avenue. La circulation y est beaucoup plus dense qu'autrefois. Le quartier a pris une autre dimension. Ce n'est plus une banlieue mais une ville grouillante.

Nous entrons dans le PMU d'en face où nous venions souvent nous détendre. Combien de cafés y avons-nous consommés ? Malgré le beau soleil de juillet, nous ne restons pas en terrasse et préférons prendre place au fond de la salle, près de la fenêtre toujours protégée par d'épais barreaux. La clientèle de quartier a cédé sa place à une faune plus cosmopolite.

Nous récupérons notre véhicule pour rouler sur la Promenade des Anglais jusqu'au parking Masséna où nous nous garons. À pied, nous remontons l'avenue Jean-Médecin. Le bâtiment de la Société Générale se dresse devant nous. J'en profite pour tirer un peu d'argent au distributeur placé à l'extérieur.

« De la fraîche en provenance de la Société Générale, ça ne vous rappelle rien ? Allez, je vous paie un coup en face. »

Nous nous asseyons à la terrasse de la brasserie qui fait l'angle entre la rue de l'Hôtel des Postes et de la rue Gustave-Deloye. La plaque d'égout grâce à laquelle nous avons pu situer la banque repose à quelques mètres de nous. Nous avons encore à l'oreille le bruit qu'elle faisait quand un véhicule lui roulait dessus. Le sens de la circulation est inversé par rapport à 1976. Les bus empruntent toujours le même circuit. Nous nous souvenons des instants d'angoisse.

« On se chiait dessus, tellement on avait peur qu'ils nous aplatissent comme des crêpes », rappelle le Chinois.

Oui, maintenant nous pouvons le dire, nous avons eu peur. L'effondrement de la galerie fut notre hantise quotidienne.

La station de taxis, l'arrêt de bus, le dépôt de nuit, l'hôtel, rien n'a changé. Petite incertitude sur le nom de ce dernier. Il devait s'appeler, à l'époque, *Hôtel des Postes*. Il porte aujourd'hui le titre d'*Hôtel de Verdun*. Nous ne nous rappelons plus très bien.

« On marche un peu. Vous devenez fainéants en vieillissant ! » lance le Chinois.

Rue Deloye, rue Gioffredo, rue Chauvin. C'est là que débutait le parcours dans les égouts. Nous regardons le sol en marchant. Nous nous souvenons avec précision de chaque passage difficile, du bruit des conduites d'eaux fétides se déversant dans le boyau, de l'odeur répugnante, des rats qui filaient entre nos bottes. Moi c'est l'odeur qui m'a le plus marqué. Je l'ai toujours dans le nez. Les effluves nauséabonds ne s'oublient jamais. Longtemps après le casse, marchant dans la rue, quand un parfum malodorant surgit d'un égout, loin de le rejeter, je ressens presque un étrange plaisir. Il ravive en moi tant de souvenirs…

Avenue Félix-Faure : la « cascade ». Avenue Saint-Jean-Baptiste.

« Dis donc, l'Arménien, tu marchais mieux avant, constate le Chinois.

– Je me faisais la même réflexion en te regardant », lui répond-il.

Le bar-restaurant *l'Aube de l'Islam* est toujours là. Nous lui avons fait une sacrée pub en 1976. Après la découverte du casse, sa façade fit la Une des journaux et fut filmée par des caméras du monde entier. Deux grandes plaques d'égout se trouvent à proximité. C'est par elles que nous avons introduit le matériel nécessaire à notre opération.

« Je me demande comment les poulets ont su que c'est par ces plaques que nous avons descendu le matos. »

Ma réflexion les laisse un moment muets.

« Sûrement Spaggiari, finit par répondre l'Arménien. Il a dit que c'est lui qui avait tout gambergé. Un peu plus, un peu moins… »

Avenue Gallieni. Le Palais des Expositions. Nous approchons de l'entrée du Paillon. L'entrée des artistes !

Le bar PMU est lui aussi à sa place. Il nous a un peu gênés autrefois, mais nettement moins que la gendarmerie toute proche. Elle est fermée. Certainement transférée à un endroit plus stratégique.

Pour descendre au Paillon, un portail peint en vert remplace les rails de protection que nous démontions pour faire descendre nos véhicules. Nous sommes tentés de l'enjamber pour aller voir sous le pont qui couvre le début de la partie souterraine du Paillon. Mais trois papys enjambant un portail en pleine journée, ça ne fait pas sérieux.

Nous nous contentons de nous pencher au-dessus de la rambarde métallique posée sur la passerelle au-dessus du Paillon. Les yeux dans le vague, nous nous accordons un instant de recueillement.

Accoudés à cette rambarde, comme agrippés à notre passé, nous revoyons cette équipe d'égoutiers entrant et sortant, se glissant sans bruit dans les ténèbres. Le Gros, le Corse, Jo, Alex, l'Arménien, le Chinois, le Grand, le Chauve, Tchou-Tchou… et moi. C'était hier.

Nous demeurons silencieux encore quelques instants. Tous les trois, nous rêvons sûrement à la même chose. La machine à remonter le temps nous transporte trois décennies en amont, en cuissardes et salopettes, la peur au ventre, les pieds dans la merde, unis par une même détermination, une même hargne et un même espoir.

Depuis, nos cheveux ont blanchi, nos visages accusent le poids des ans, des rides ont creusé des sillons qui nous éloignent de notre jeunesse. Mais dans nos regards se lit la même amitié pure et sincère.

« On y va, les gars ? »

Sur la route du retour, nous croisons un homme de notre âge. Je m'arrête pour l'interroger :

« Pardon, monsieur, il y a longtemps que la gendarmerie est partie ? »

Jovial, avec un fort accent méridional, ce Niçois pure souche me répond :

« Oh ! Peuchère ! Ça fait déjà quelques mois ! Vous les avez manqués. »

Je ne peux m'empêcher de lui répliquer :

« Non, monsieur, c'est eux qui nous ont manqués. »

TABLE DES MATIÈRES

Achevé d'imprimer par Corlet, Imprimeur, S.A. - 14110 Condé-sur-Noireau
N° d'Imprimeur : 155793 - Dépôt légal : juin 2013 - *Imprimé en France*